中国社会科学院创新工程学术出版资助项目

国家社科基金重大特别委托项目
西南边疆历史与现状综合研究项目·研究系列

中国社会科学院创新工程学术出版资助项目

国家社科基金重大特别委托项目
西南边疆历史与现状综合研究项目·研究系列

云南30年的沿边开放
历程、成就和经验

陈铁军 / 著

社会科学文献出版社
SOCIAL SCIENCES ACADEMIC PRESS (CHINA)

"西南边疆历史与现状综合研究项目·研究系列"编委会

名誉主任 江蓝生

主　　任 马大正

副 主 任 晋保平

成　　员（按姓氏笔画排序）

马大正　方　铁　方素梅　吕余生
刘晖春　刘楠来　江蓝生　孙宏开
李世愉　李国强　李斌城　杨　群
宋月华　张振鹍　周建新　贺圣达
晋保平

总　　序

"西南边疆历史与现状综合研究项目"（以下简称"西南边疆项目"）为国家社科基金重大特别委托项目，由全国哲学社会科学规划办公室委托中国社会科学院科研局组织管理。"西南边疆项目"分为基础研究和应用研究两个研究方向，其中基础研究类课题成果结集出版，定名为"西南边疆历史与现状综合研究项目·研究系列"（以下简称"西南边疆研究系列"）。

西南边疆研究课题涵盖面很广，其中包括西南区域地方史与民族史等内容，也包括西南边疆地区与内地、与境外区域的政治、经济、文化关系史研究，还涉及古代中国疆域理论、中国边疆学等研究领域，以及当代西南边疆面临的理论和实践问题等。上述方向的研究课题在"西南边疆项目"进程中正在陆续完成。

"西南边疆研究系列"的宗旨是及时向学术界推介高质量的最新研究成果，入选作品必须是学术研究性质的专著，通史类专著，或者是学术综述、评议，尤其强调作品的原创性、科学性和学术价值，"质量第一"是我们遵循的原则。需要说明的是，边疆地区的历史与现状研究必然涉及一些敏感问题，在不给学术研究人为地设置禁区的同时，仍然有必要强调"文责自负"："西南边疆研究系列"所有作品仅代表著作者本人的学术观点，对这些观点的认同或反对都应纳入正常的学术研究范畴，切不可将学者在研究过程中发表的学术论点当成某种政见而给予过度的评价或过分的责难。只有各界人士把学者论点作为一家之言，宽厚待之，学者才能在边疆研究这个颇带敏感性的研究领域中解放思想、开拓创新，唯其如此，才能保证学术研究的科学、公正和客观，也才能促进学术研究的进一步深入和不断繁荣。

自2008年正式启动以来，中国社会科学院党组高度重视"西南边疆项目"组织工作，中国社会科学院原副院长、"西南边疆项目"领导小组组长江蓝生同志对项目的有序开展一直给予悉心指导。项目实施过程中，还得到中共中央宣传部、全国哲学社会科学规划办公室、云南省委宣传部、广西壮族自治区党委宣传部、云南省哲学社会科学规划办公室、广西壮族自治区哲学社会科学规划办公室以及云南、广西两省区高校和科研机构领导、专家学者的大力支持和参与，在此一并深表谢意。"西南边疆研究系列"由社会科学文献出版社出版，社会科学文献出版社领导对社会科学研究事业的大力支持，编辑人员严谨求实的工作作风一贯为学人称道，值此丛书出版之际，表达由衷的谢意。

"西南边疆研究系列"编委会

2012年10月

前　言

纵观云南 30 年的沿边开放历程，是云南实现从封闭半封闭到全方位开放转变的 30 年。伟大成就无论怎样讴歌赞颂都不为过，但研究绝不能沉湎于事务主义，成为一本沿边开放的历史流水账，必须要有理论的高度和深度。不仅要看到过去之辉煌，更应当关注今日之问题和未来之挑战。对沿边开放 30 年要多一些理性思考，这就要求我们一点不能骄傲自满，一点不敢掉以轻心，深入分析各个方面存在的问题、产生的原因和努力奋斗的方向，悟出高超的智慧，释放巨大的潜能，达到期望的目标。

一　不同模式，立足实际

中国的对外开放是由有限范围、地域、领域内的开放，转变为全方位、多层次、宽领域的开放；由以试点为特征的政策性开放，转变为在法律框架下的制度性开放；由单方面为主的自我开放市场，转变为我国与世贸组织成员之间的双向开放市场；由被动地接受国际经贸规则的开放，转变为主动参与制定国际经贸规则的开放；由只能依靠双边磋商机制协调经贸关系的开放，转变为可以多双边机制相互结合和相互促进的开放。云南的沿边开放不同于中国东部地区的沿海开放，各自的经济发展水平不一样，所处的国际环境不同，无论在开放的时间、开放的对象、开放的模式、开放的路径上均不尽相同。

1. 对外开放的进程不同，我国是由沿海到沿边的推移

我国对外开放的实践过程是循序渐进推进的，也是从"倾斜开放"向"均衡开放"发展的，已经形成了多层次、有重点、全方位的开放格局。沿海开放是我国对外开放的重点，今后仍然是开放的重点；沿边开放是我国对外开放的重要一翼。从开放的发展过程上看，沿海开放从十一届三中全会确立对外开放为基本国策以来，沿边开放比沿海开放已经整整晚了15年。20世纪80年代中国沿海开放建经济特区，云南沿边地区还处于战争对峙阶段。1979年，广东、福建两省率先开放，对外经济活动实施特殊政策和灵活措施。1980年，中央决定设立深圳、珠海、汕头、厦门经济特区，成为我国对外开放的先导示范基地。1984年又批准了14个沿海开放城市，1988年沿海开放扩大到北方辽东半岛，在沿海地区全面铺开。而云南80年代才恢复传统的边境贸易，1992年6月，国务院决定昆明市畹町、瑞丽、河口实行沿海经济开放地区的一些政策措施。

2. 对外开放的对象不同，云南的沿边开放是南南合作

沿海开放主要是面向西方发达国家和亚太新兴工业化国家和地区，这些国家和地区市场的容量很大，拥有较雄厚的资金和较先进的技术与管理经验。20世纪80年代以来，发达国家正在向外转移资金密集型产业和劳动密集型产业，而我国沿海地区正是充分利用劳动力成本低等方面的比较优势积极吸引外资，我国沿海地区很快成为国际产业转移的主要承接地。云南的沿边开放主要面对的是周边东南亚国家，这些国家由于长期受战乱等多种因素影响，经济和社会发展相对落后。云南省的沿边开放是典型的"南南合作"，其中，柬埔寨、老挝和缅甸被联合国列入最不发达国家之列。到20世纪90年代，印度支那三国及缅甸才恢复经济建设，重建家园，提出"变战场为市场"，这几个国家当时经济基础比较薄弱，劳动力文化素质较低，技术力量较弱，能源交通等基础设施比较落后。经济发展呈现"五高五低"的态势，即：发展不平衡程度高，总体发展水平低；贫困人口比例高，人均国民收入水平低；资源开发价值高，经济实力和开发水平低；参与区域合作的积极性高，对外开放程度低；对合作的期望值高，自谋发展能力低。

3. 开放的模式不同，云南是以国际区域合作为主

沿海开放的模式是：引进外国资金、人才、先进技术和管理经验，加速经济现代化建设进程。沿海地区加快与国际市场的对接和交换、参与国际竞争和国际分工，成为国际市场的组成部分和我国经济融入世界经济体系的先行地区，并为我国经济体制与世界市场经济体制逐步全面对接创造条件，进一步带动和促进整个中国经济的现代化和国际化。云南的沿边开放是在平等互利的基础上与周边国家开展广泛的区域合作，发挥各自的商品优势和生产要素优势，获得国际分工和交换的比较利益，促进本地区资源的合理开发和利用，加速产业结构和经济结构的合理调整，振兴边疆民族地区经济。如大湄公河次区域经济合作是建立在平等、互信、互利的基础上，是一个发展中国家互利合作、联合自强的机制，也是一个通过加强经济联系，促进次区域经济社会发展的务实的机制。合作范围涉及交通、通信、能源、旅游、环境、人力资源开发、贸易和投资、禁毒八个领域。

4. 开放的任务也不同，云南肩负更多的任务

云南沿边开放的模式与沿海开放不同：云南的沿边开放不仅承担着经济发展、减贫扶贫的重任，还肩负着边疆的稳定、民族的和谐、"安邻、富邻、睦邻"等重任。从地缘政治看，周边国家是我国安全的屏障；从地缘经济看，周边国家是我国的主要合作伙伴；从自然环境看，中国与周边国家同处一个生态循环系统。云南省有15个少数民族与周边国家跨境而居，多民族和谐共处，云南的沿边开放还要为推动周边各国共同发展，为富裕周边、消除贫困、缩小南北差距做出贡献。云南沿边开放还肩负着生态建设和环境保护的任务。云南地处长江、珠江、澜沧江、怒江、红河、伊洛瓦底江等重要国内国际河流的上游地区，云南的生态环境状况也直接影响着中下游地区的生态安全。云南是东南亚国家重要生态屏障，宁可发展速度慢一点，也要保护好生态环境；宁可减少一些资源开发，也要避免对今后发展及下游区域带来不利影响。

二 辉煌成就、先行先试

沿海地区发展历史悠久，具有较雄厚的经济基础。国内发达的工业基础、先进的技术力量、充足的劳动力和方便的海上交通条件，构成了向西方开放的特殊优势。而云南由于历史、自然、区位的原因和政策的失误，开放较晚，加之与周边国家经济发展水平差距不大，各自的外汇和剩余资本都有限，与沿海开放存在较大的差距。但云南省从自身的实际出发，谋远务近、先易后难，循序渐进与踏实推进，从单项到多项，由低级到高级，从沿边合作到与经济腹地的合作，从非制度性安排到制度性合作；讲求实际，注重实效，先行先试，有计划、有步骤、有重点地务实推进，逐步深化。正是坚持开放不动摇，云南各族人民励精图治、自强不息，逐步摆脱贫困、走向富裕，摆脱封闭、走向开放，摆脱落后、走向进步，实现了一次次自我超越，创造了一个个奇迹。

1. 中国第一个以国际公开招标的工程

1984年建设的云南鲁布革水电站，是我国第一个利用世界银行贷款的基本建设项目，也是我国第一个以国际公开招标方式建设的工程。根据与世界银行的协议，世界银行贷款项目必须进行国际招标。最终日本大成公司中标，这对中国建筑业的影响和震撼是空前的。"鲁布革冲击波"，冲击着传统的生产方式，对中国传统的投资体制、施工管理模式乃至国企组织结构等都提出了挑战。创出了高效率、低成本的工程施工管理特点，是具有里程碑意义的基本建设投资体制改革的试点工程。

2. 中国第一个国际次区域合作

1992年，亚洲开发银行倡导的大湄公河次区域合作（GMS）正式启动。GMS合作范围包括中国滇桂两省区、柬埔寨、老挝、缅甸、泰国、越南，总面积256.86万平方公里，总人口约3.62亿。云南是代表中国参与GMS合作的省份（广西于2005年加入），GMS国家是云南省水电开发、矿产、农业、旅游等领域具有相对竞争优势的产业和企业"走出去"参与国际合作的重点市场，在中央政府的支持和指导下，云南与GMS各国相关地区合作关系不断深化，云南-老北工作组、云南-泰北工作组、滇越五省市经济协商会、滇越边境五省联合工作组等合作机制运行良好，各领域合作稳步推进。

3. 中国第一个跨境贸易人民币结算

自1993年开始，云南就在全国率先批准境外银行使用人民币结算头寸购汇和境外银行人民币透支业务。主要是逐步推动商业银行与毗邻国家建立人民币边贸结算关系，启动边境贸易人民币结算。2004年，国家批准在云南省试行与缅甸、老挝和越南的边境小额贸易以人民币结算予以办理出口退税政策，云南省边贸人民币结算逐步增加，促进了边境贸易的不断扩大，同时也为国家扩大试点范围、推进人民币区域化和国际化进程积累了宝贵经验。

4. 中国第一个境外替代种植合作

自 20 世纪 90 年代起，为清除境外毒品，云南企业在政府有关部门的支持和鼓励下，在缅、老北部开展了粮食、橡胶、甘蔗、茶叶、水果等农经作物替代罂粟的种植。到 2010 年，云南省在缅甸、老挝北部开展境外罂粟替代种植面积已达 310 余万亩，累计投资 10 多亿元人民币。随着替代种植工作的推进，替代项目遍及老挝北部七省、缅甸北部掸邦和克钦邦，境外罂粟种植面积明显减少，当地的农业有了较快的发展。替代种植取得显著的经济效益、社会效益和禁毒效果，得到了国际社会的一致肯定和赞扬。联合国前秘书长安南说，在禁毒方面，全世界都应该学习中国。联合国禁毒署已将"减少毒品种植，实施替代发展"确定为今后全球禁毒工作的重点之一。

5. 中国第一条国际河流跨国航运

2000 年开通澜沧江—湄公河国际航运。中国、老挝、缅甸、泰国签订了从中国思茅港到老挝琅勃拉邦商船自由通航的协定，并在中国政府资助下，四国联合组织实施了航道改善工程，实现了澜沧江—湄公河国际航运的安全通航。十几年来，澜沧江—湄公河国际航运逐步发展，逐年上台阶，运输品种从单一的件杂货发展到现在的集装箱、重大件、冷藏鲜货、国际旅游多品种兼有的综合运输服务。在运输快速发展的同时，国际运输船舶数量也从最初的 8 艘发展到现在的 115 艘，运输船舶最大载重吨位从最初的 80 吨发展到现在的 380 吨。2010 年，全年完成了 40 万吨的货运量，达到了历史高位。

6. 中国第一个边境自由贸易区

2000 年经国务院批准，设立了"瑞丽姐告边境贸易区"，正式启动了"境内关外"特殊管理模式，边境贸易区实施出入境管理、投资贸易、税收、工商管理、金融管理等方面的优惠政策。按照"境内关外、双线管理"，集贸易、加工、仓储、旅游四大功能为一体的特殊模式实行管理。

"境内关外"政策已显示出强大的政策效应，取得了显著的经济效益和社会效益。经贸合作领域从过去单一的进出口贸易，扩展到双向投资和服务贸易，极大地促进了中缅贸易额的增长。瑞丽口岸的区位优势越来越明显，已成为中国对缅贸易额最高、货物吞吐量最大、管理进出境人员最多、管理进出境车辆最多的边境内陆口岸；成为我国西南地区重要的人流、物流、信息流的集散地。

7. 中国第一条国际高速公路跨国运输

2008年被联合国官员称为"亚洲公路网中最激动人心的一个路段"的昆曼公路通车。昆曼公路全长1807公里，其中云南境内段688公里，老挝境内229公里，泰国境内890公里，老挝境内由中国出资3000万美元建设1/3路段。昆曼公路是中国连接中南半岛的交通动脉，是GMS南北经济走廊的重要干线。昆曼公路的建成，使阻碍人员和货物跨境流动的壁垒大幅减少，成本降低，时间缩短，经济发展机会增加，各国联系更为紧密；促进了中国云南、老挝北部、泰国北部和中部资金流、信息流、人流、物流的形成，带动了沿线贸易、运输、商业、金融、通信、劳务以及其他服务业的发展，促进了中老泰经济发展和区域经济的繁荣。

8. 中国第一个对外投资的水电BOT项目

2009年建成的瑞丽江一级水电站，位于缅甸北部掸邦境内紧邻中缅边境的瑞丽江干流上，总装机60万千瓦，设计年发电量40亿千瓦时，概算总投资32亿元人民币。该项目是目前中国在缅甸投资的最大BOT水电项目，也是缅甸建成投产的最大水电站，由云南联合电力开发有限公司以BOT（建设—运营—移交）方式开发、运行和管理。工程建设，创下了国际国内水电建设多项新纪录。这一合作模式，既充分发挥了缅甸的资源优势，又充分发挥了云南企业的资金、技术和管理优势，并为进一步合作，实现互利共赢、共同发展，闯出一条新路。

三 宝贵经验、深刻启迪

沿边开放是一个学习和积累经验的过程。开放前，云南并没有成熟的经验，与中国的其他省份相比，无相似的经验可借鉴，这是一个全新的需要探索和学习的过程，这个过程不出一点问题，都十全十美，是不可能的。世界上没有任何一种模式只有成功没有失败，没有任何一种模式能够永远有效。任何一种模式运行一段时间以后，原来的好处就会越来越少，坏处越来越多。尽管在云南沿边开放的历程中，遇到了这样和那样的问题，受到过这样和那样的挫折，但是，云南打开大门，对外开放，与世界打交道的方向是正确的，在对外开放中获得的利益，远远大于因闭关锁国而导致经济发展迟缓造成的损失。

1. 更加注重互利共赢，提升沿边开放的水平

互利共赢是科学发展观关于"统筹国内发展和对外开放"目标的具体体现，是中国政府坚持走和平发展道路的理性选择，是中国在 21 世纪抓住机遇应对挑战的智慧之路。要和平、促发展、谋合作是世界各国人民的共同心愿；团结合作、互利互惠、共同发展是广大发展中国家的迫切要求。合作的结果是双赢，云南沿边开放既要考虑自身目标，又要考虑伙伴可能性。在着眼于自身利益的同时，只有尊重对方的利益，只有将历史的恩怨、社会制度的异同和意识形态的差异放在求同存异、寻找利益交汇点的大原则下去处理，才能实现国际合作利益最大化和国际争议最小化。这既是眼前利益也是远期利益，既是经济利益又是政治和安全利益。云南的沿边开放应该在平等互利的基础上，挖掘合作潜力，拓展合作渠道，丰富合作内涵，创新合作模式，扩大相互贸易和投资；应该在团结协作的基础上，就重大国际问题加强磋商和协调，努力采取一致行动，推动 GMS 朝着均衡、普惠、共赢的方向发展。只有当自由贸易通过互利共赢的途径，给各国带来各自最大的国家利益时，才能激发各国开放的积极性，推进经济区域化的良性发展。

2. 更加注重包容性增长，增强可持续发展能力

包容性增长是在充分尊重各方实情和充分考虑各种利益的前提下，兼容并蓄，全面统筹，彼此尊重与合作的和谐式增长；是不同国家、民族共同发展、平等参与、成果共享的发展模式。与传统的发展模式相比，包容性发展将更具有开放性、普遍性、可持续性，缓解以往由于发展机会不平等造成的发展结果不平衡，做到权利公平、机会均等、规则透明、分配合理。云南沿边开放要对各国发展道路的多样性包容，要尊重各国文明的多样性，尊重各国各自选择的发展道路和在经济社会发展实践中的探索，在此基础上促进国际合作，并且把各国文明与发展道路的多样性转化为深化合作的活力与动力。要通过包容性增长使各国不仅共享发展机遇，而且共同应对发展中的挑战。云南与周边经济的相互依存日益深化，经济政策的协调日益重要。不仅在政策选择上不能以邻为壑，而且还要相互帮助，大国帮小国，富国帮穷国，使所有成员都能共享区域化和一体化的成果，使各国人民的生活都能得到改善。云南与周边国家要实现经济社会各个方面发展的平衡与互动，实现实体经济与虚拟经济平行发展，国内市场与国际市场均衡发展，以及经济与社会相互协调发展。国家间的矛盾要通过对话协商而不是对抗来解决，从而更加有利于各国之间的安全合作与和平发展。

3. 更加注重以民为本，使开放成果惠及全体人民

沿边开放要坚持"以民为本"，任何偏离这一根本宗旨的行为，都将与自己的初衷背道而驰。要把保障和改善民生作为根本出发点和落脚点，坚持社会公平正义，着力促进人人平等获得发展机会，不断消除人民参与经济发展、分享经济发展成果方面的障碍；坚持以人为本，着力保障和改善民生，努力做到开放为了人民、开放依靠人民、开放成果由人民共享。云南沿边开放特别要解决"见物不见人"的问题，即大通道建起来了，基础设施改善了，边疆民族地区依旧落后。大多数地区和大多数群众（特别是占当地人口80%的农民）并没有参与到对外开放的进程中，也没有参与周边国家的经济合作，更没有分享到对外开放带来的好处，人民的收入水平并未提高。云南省城乡与区域之间发展不平衡，贫困规模大、程度深，贫困落后地区经济发展基础非常薄弱，长效减贫机制尚未完全建立，成为地区整体经济社会发展的障碍。沿边开放要立足于带动边疆经济社会的发展，促进当地的就业、技术进步、财政增收，实现利益共享。要有完善保障和改善民生的制度安排，把促进就业放在经济社会发展优先位置，加快发展各项社会事业，推进基本公共服务均等化，加大收入分配调节力度，坚定不移走共同富裕道路，实现人的全面发展。

4. 更加注重生态和环境合作，构建 GMS 生态安全屏障

鉴于生态、环境保护的跨境、共享的特点，以及流域内各国开发利用间的相互关系与相互影响，云南与周边国家已经成为一个共生区域。

各国如果立足于争，有可能得到更多水资源，但也可能失去整个区域的安全信任，破坏自己的安全发展空间。合作是消除一切分歧的最好方式和手段，只有通过合作才能使各国消除隔阂，抛弃成见，促进与周边国家的睦邻友好，保障生态、环境的安全，也才能最大限度地预防和减少水资源利用活动对其他国家造成的损害。GMS 各国要想实现跨境水资源的公平合理有效地开发利用，就必须在富有诚意、平等协商的基础上积极进行合作，才能最大限度地维护各国利益，从而有效预防和避免水资源利益冲突。云南作为 GMS 的生态屏障，在环境生态方面承担了重要义务和责任。要坚定秉承可持续发展的理念，奉行睦邻友好政策，以邻为伴，与邻为善，绝不做以邻为壑、损人利己的事。实施水资源可持续利用，推进生态安全保障体系建设；集中精力治理环境问题，推进环境质量保障体系建设；加快产业结构的调整，推进生态经济体系建设；实施生态移民工程，推进人口生态体系建设；让江河依然清澈，森林依然茂密，天空依然明朗，大地依然翠绿。促使人与自然和谐共生、共融共通、互谦互让，最终实现良性循环和全面发展。

目　　录

第一章　云南沿边开放的时间历程 …………………………… 1
　第一节　历史的沿革 ……………………………………………… 1
　第二节　以边境贸易为重点的沿边开放（1981~1990）………… 7
　第三节　以 GMS 合作为重点的沿边开放（1991~2000）……… 19
　第四节　以自由贸易区为重点的沿边开放（2001~2010）…… 36

第二章　云南沿边开放的演进历程 …………………………… 56
　第一节　由孤岛开放向内外联动开放演进 …………………… 56
　第二节　从竞争性开放向互利共赢性的开放演进 …………… 67
　第三节　由贸易驱动向投资驱动的开放演进 ………………… 77
　第四节　由产品贸易为主向服务贸易为主的开放演进 ……… 85
　第五节　由自由贸易向区域一体化的开放演进 ……………… 95

第三章　云南沿边开放取得的瞩目成就 ……………………… 105
　第一节　颇具规模的周边贸易 ………………………………… 105
　第二节　迅速崛起的"走出去"和"引进来" ……………… 113
　第三节　互利共赢的能源合作 ………………………………… 127
　第四节　睦邻、安邻、富邻的农业合作 ……………………… 138
　第五节　不断拓展的服务贸易合作 …………………………… 149
　第六节　全面发展的社会、生态合作 ………………………… 163

第四章　云南沿边开放产生的深刻影响 ……………………… 174
第一节　沿边开放对云南产生的影响 ………………… 174
第二节　对外开放对云南边疆民族地区的影响 ……… 183
第三节　沿边开放对中国的影响 ……………………… 195
第四节　沿边开放对周边国家的影响 ………………… 205

第五章　云南沿边开放的宝贵经验 ……………………………… 217
第一节　统筹好沿边开放与国际大通道的关系 ……… 217
第二节　统筹好沿边开放与风险防范的关系 ………… 228
第三节　统筹好沿边开放与生态保护的关系 ………… 239
第四节　统筹好沿边开放与国内发展的关系 ………… 252
第五节　统筹好沿边开放与优惠政策的关系 ………… 263

主要参考文献 ……………………………………………………… 271

第一章
云南沿边开放的时间历程

中国的对外开放是由有限范围、地域、领域内的开放，转变为全方位、多层次、宽领域的开放；由以试点为特征的政策性开放，转变为在法律框架下的制度性开放；由单方面为主的自我开放市场，转变为我国与世贸组织成员之间的双向开放市场；由被动地接受国际经贸规则的开放，转变为主动参与制定国际经贸规则的开放；由只能依靠双边磋商机制协调经贸关系的开放，转变为可以多双边机制相互结合和相互促进的开放。云南的沿边开放不同于中国东部地区的沿海开放，各自的经济发展水平不一样，所处的国际环境不同，无论在开放的时间、开放的对象、开放的模式、开放的路径也不尽相同。系统回顾云南沿边开放30年不平凡的发展历程，全面了解云南边境贸易、吸收利用外资、对外投资、对外经济合作以及国际次区域合作的历程，对于进一步拓展对外开放的广度和深度，推进云南开放型经济发展具有重要的理论意义和现实意义。

第一节 历史的沿革

云南的沿边开放并不是始于20世纪80年代，自古以来，云南一直是中国与东南亚、南亚进行文化贸易交流的枢纽和门户，是古代陆路"对外开放"的交通要道和货物集散地，具有十分重要的地位。19世纪后期，清政府先后将蒙自、思茅、河口、腾冲、昆明辟为通商口岸，继而修筑滇越铁路，云南的商品生产和对外经济贸易开始有了较快发展。抗日战争时期，随着滇缅公路和中印公路的通车，云南成为重要的战略后方和物资进出口通道。当时云南的进出口贸易额，分别占全国进出口贸易额的 7.5% 和 4.5%，创历史纪录。[①] 新中国成立后的前 30 年，由于国际国内局势变化和各种政治因素影响，云南的沿边开放几乎陷于封闭状态，致使云南成为我国对外开放的末端。回顾云南的沿边开放史，我们可得出一个结论：凡是云南担起国家使命、敞开开放大门的时候，都是云南经济辉煌的时刻；凡是云南闭关锁国的时候，就是云南经济衰败的时刻。

一 历史上连接中国与东南亚、南亚的纽带

云南虽地处祖国西南边陲，但却是我国最早开放的地方，只是它的开放不是向东，而是向南、向西，沿着南方丝绸之路走向中南半岛及印巴次大陆。"南方丝绸之路"的历史可以上溯到遥远的古代。春秋之前，它是一条南北民族迁移、开展民间贸易的自然通道。我国的先民就借中国最古老的国际通道之一的南方丝绸之路，从德宏、保山等地出境到达东南亚、印度和中东，与当地有了通商往来。丝绸、香料、茶叶、马匹、珠宝、金银、锡铜、棉纱、食盐等丰富的商品伴随着马脖上摇出的铃声，穿越中国西南边陲的云南，在内地与东南亚、南亚、西亚甚至欧洲之间流动。战国之后，由于商业的发展，这条古道逐渐演化为一条巴蜀商人秘密通商的民间"走私通道"。在公元前 4 世纪，便有驮着蜀布、丝绸、漆器的商队从蜀地出发，直达腾越与印度商人交换商品，或继续前行到达伊洛瓦底江上游，越过亲敦江和那加山脉到印度阿萨姆邦，然后沿着布拉马普特拉河谷抵达印度平原。而此时著名的"北方丝绸之路"和同样著名的"南方海上丝绸之路"尚未开通。这条从我国西南通往印度的古道就成了当时中国与外界交流的通道。

官方对"南方丝绸之路"的开发，早在秦统一之前就已经开始。据《华阳国志·蜀志》记载：公元前 316 年，蜀守李冰父子便开始修筑从成都沿岷江而下的道路，史称"僰道"。秦统一后便派常頞"开道置吏"，将云南置于秦王朝的统一之下。常頞修筑了由四川通往云南的官道——

[①] 刘满佳：《南方丝绸之路的新生——云南民族地区的对外开放》，《中国民族》2002 年第 4 期。

第一章 云南沿边开放的时间历程

五尺道,这是在民间古道的基础上,由政府组织修筑的第一条到达云南的道路。汉武帝时开始大规模开发西南夷道,至南方丝绸之路国内最后一段"永昌道"开通,前后用了30多年时间,其工程之艰巨浩大史所罕见,用"难于上青天"来形容毫不过分。东汉明帝永平十二年(公元69年),设立了汉王朝开拓西南最边远的郡——永昌郡,也是南方丝绸之路上最后一个国内、国外物资集散地。至此,西夷道、南夷道、永昌道连成一线,南方丝绸之路国内段全线贯通。为了保证国际通道的畅通,汉王朝除了以军队作保证之外,还采取了一系列后续措施,其中比较重要的是在道路沿线设置邮亭、驿站,实施"移民实边"和"屯田",将稠密的内地人口大量迁至边地。隋唐及以后各朝,又对南方丝绸之路进行了开拓、整修、扩宽、加固。在7世纪后唐宋王朝时期,开辟了经建水沿红河水路至越南的"步头路",经思茅、勐腊至老挝、泰国、缅甸东南部的"茶马古道"。

在中国对外交往关系的历史上,云南长期发挥着内陆门户的重要作用,在沟通中国与邻国的经济和文化交流上做出了贡献。早在秦汉时期,中国西南就出现了一条经昆明通往境外的国际通道,即"古代南方丝绸之路"。在19世纪初,云南通往东南亚和南亚的商路上,经常有上万匹驮马往返穿梭。这种对外贸易规模,除了少数海运发达的沿海港口外,国内没有哪个省能与之相比。云南的边境贸易已有2000多年的历史。远在商朝建立之初,云南与东南亚地区就已出现民间贸易往来。当时云南的贡品中不仅有本地产品,还有不少是来自东南亚的产品。这是当地各族人民之间长期交往和名不见经传的各国商人年复一年开展贸易活动的结果,它并不是依靠政府有意识的干预活动而产生的。

南方丝绸之路的开通,使云南在中原与境外国家之间的物资交流中扮演了重要的角色,使云南成为连接中国与东南亚、南亚的桥梁和纽带。自汉唐以来,南方丝绸之路上驿马络绎于途,商贾鹜集于市,云南与东南亚、南亚诸国的商贸往来历经汉、唐、宋、元、明、清6代未曾衰落。在这条古道上流通的不仅是丝绸、茶叶、珠宝等商品,它更仿佛是一条文化的河流,中原文化、东南亚文化、南亚文化通过此道源源不断地汇合于云南,成为云南经济社会发展的巨大推动力量。南方丝绸之路造就了古代史上开放和鼎盛的云南,并使历史上的云南在许多时候成为中央王朝的经济支柱。以元代天历元年(1328)为例,当年云南上缴金锭居全国之首,上缴银锭占全国 1/2,上缴铜则占全国百分之百。此外,滇盐、滇锡、滇茶都曾成为朝廷的经济命脉之所系。①

二 近代史上的中国第一条国际铁路

滇越铁路是云南第一条铁路,也是中国第一条国际铁路。1903 年,滇越铁路正式动工,1910 年 3 月全线竣工,铁路全长 850 公里,其中云南段昆明至河口长 466 公里。滇越铁路促进了近代云南商业尤其是对外贸易的繁荣。滇越铁路通车后,云南锡产量迅猛增加,1909 年产量仅为 4743 吨,1917 年增至 11995 吨,一跃而居世界第二位,个旧"锡都"之美名,沿着滇越铁路传播到世界各地。法、英、美、日、德的工业品经滇越铁路进入云南,在铁路沿线的城市和乡镇流通。闪光的锡锭及钨砂、猪鬃、皮张、普洱茶、云南白药,也沿着这条铁路流往世界各地。

1889 年,蒙自正式开关通商。1910 年,滇越铁路通车,成为中国首条国际铁路,它加速了云南自然经济向商品经济的转化。法、意、德、英、美、日、希腊等国商人纷至沓来,先后在蒙自开设领事馆、洋行、银行、公司、铁路局、酒店等 30 余家。滇越铁路拉开了云南早期工业化的帷幕。滇越铁路的通车,使近代技术设备的引进成为可能。1912 年建成投产的石龙坝发电厂,是中国最早的水电站,其设备全部由滇越铁路运入。此后,1914~1926 年相继成立了蒙自大关、开远通明、河口汉光等电力公司,标志着云南的电力工业已走在全国前列。通过滇越铁路源源不断运进云南的各种技术设备,推动了云南越来越多的行业开始采用机器生产,带动了云南近代工业的发展。滇越铁路带动了沿线河口、蒙自、开远、石屏、建水、个旧、宜良、玉溪、弥勒、通海、路南、昆明等一批城镇的发展,加快了云南城镇化进程,加速了云南与国际社会的接轨。滇越铁路是云南对外开放史上的一块里程碑,它客观上造就了云

---

① 秦光荣:《云南国际大通道建设刍议》,《云南日报》2006 年 9 月 26 日。

南由传统社会向现代社会过渡的转机，彰显了云南国际通道的重要战略地位。

三 二战时期的战略生命线

抗战时期，整个西南成了祖国的大后方，云南作为中国连接东南亚、南亚最重要的陆路通道，其战略地位凸显。出于战略上的考虑，国民政府与云南省政府于1937年11月决定，快速修通滇西公路下关至畹町段，建立起与缅甸境内公路、铁路相连接，直达仰光的滇缅运输线。云南省仅用9个月的时间，便抢在中国最后一个出海口被日军全部封锁之前，抢筑出548公里汽车道，打通了内连川康黔桂四省、外接缅甸印度两国的国际公路通道。而在空中，飞虎队开辟了驼峰航线。在部分江河湖泊，航运成为物资运输的有益补充。于是，整个云南成为全国重要的战略后方和物资进出口通道。

滇缅国际运输线自1938年开始运输，到1942年被入侵滇西的日军切断，总共3年零4个月的时间，运进了中国抗战急需的军火、汽油、车辆和兵工器材，运出了用以换取外援的钨砂、桐油、猪鬃等农矿产品，运送了出国作战的10万名远征军将士，运送了赴缅前线作战部队所需的给养、弹药等，为抗日战争做出了不朽的贡献，被世人誉为"中国抗战生命线"①。

抗战后期，伴随着缅北密支那反攻和滇西大反攻逐渐推进，以滇缅公路为主的滇缅运输线重又开通。与此同时，从保山经密支那通向印度雷多，连接印度公路、铁路的中印公路，于1945年1月16日全线通车。由中英美同盟国首脑决定修筑的自印度加尔各答至中国昆明并延伸至呈贡、曲靖、沾益、陆良等地的中印输油管道，于1945年4月全线完成。中印公路开通半年，共运送汽车1万辆、军事装备5万吨，并输送了大量粮食和食品。二战时期，就有从印度经缅甸到中国云南的公路和输油管道相连。中印输油管道开通半年，从印度洋沿岸向云南输送油料45万多吨。中印输油管道开了中国管道运输历史的先河，直到60年后的中哈原

---

① 秦光荣：《云南国际大通道建设刍议》。

油管道开通，中国国际管道运输历史才翻开了新的一页。

以滇缅公路及中印公路、驼峰航线、中印输油管道、滇越铁路为代表的云南国际通道，在中国抗日战争和世界反法西斯东方战场上发挥了重要作用。与此同时，云南形成了以昆明为中心、以缅甸仰光和印度加尔各答为出海口的对外开放格局，促进了经济社会空前快速发展。

四 新中国成立后的死角

新中国成立后，由于帝国主义的封锁和国内较长时间实行单一的计划经济，云南在全国生产力布局中基本上形成了一个原材料生产与调出省，对内对外贸易发展均十分缓慢。在改革开放以前，由于国际国内局势变化和各种政治因素影响，加上云南偏居西南一隅，交通不便，信息闭塞，对外开放通道几乎陷于封闭状态。外贸的萧条，对外交往的减少，使云南从对外开放的前沿退居到末端，开放的历史与封闭的现实形成强烈反差。

云南与国内其他省区相比，边境贸易是云南对外经济关系中的一个特有的内容，是云南与东南亚经济关系中的重要组成部分。新中国建立后，由于国际关系和国内政治经济形势的变化，云南边境贸易经历了曲折的发展过程。直到我国实行改革开放后，云南与邻国的边境贸易才获得迅速发展。从20世纪50年代初到60年代中期，是云南边境贸易的初始阶段。在中缅边境地区，1951年4月，我国中央人民政府政务院决定在中缅边境地区开放边民互市，允许双方边民在规定的地点开展互市。1953年4月，经中央人民政府政务院批准，云南省人民政府财经委员会发表了公告，对边境小额贸易的管理作了具体规定，公告颁布后，中缅边境地区小额贸易一度出现兴旺景象。通过小额贸易，中缅边境地区日用生活品短缺的状况有所改善。但后来边境小额贸易发展受到过多的限制。1963年，缅甸发生政权更迭，中缅边境形势出现变化，小额贸易随之中断，边境贸易全部纳入边民互市这一形式。在中越边境地区，1953年8月中越两国政府签订了开放两国边境小额贸易的议定书。1954年1月中越边境小额贸易启动。根据中越两国政府的磋商，云南省与越南北部三省相继开放了11个相对的小额贸易口岸。1963年3月，云南省与越南北部三省区就边境工作进行会谈，确定设立6个相对的边民互市口岸，以方便双方边民互市；双方边民互市准许携带双方协议中规定的品种，并免征关税，双方边民往来互市可兑换一定限额的货币。此外，双方还开展了云南省与越北三省区的地方贸易，直到1970年才取消，纳入两国国家贸易。在中老边境方面，由于老挝当时经济发展滞后，边境地区人口稀少，小额贸易比较困难，这一阶段则主要只有边民互市。

从这一阶段云南与缅甸、老挝、越南三国的边境贸易看，有几个特点。一是中缅、中越边境贸易都开展了小额贸易，但规模不大，交易商品种类有限。二是受计划经济束缚，中方参与小额贸易的经营者，1958年前主要是民营商业机构，而1958年后到"文革"结束时，则完全是国营商业机构。三是边民互市一直在进行，但对边民互市的交易地点、交易商品种类和交易数额都有严格限制。四是边境贸易在云南与邻国的经济关系中，尚未起到应有的作用。五是云南与邻国边境地区的经济发展水平较低，因而边境贸易层次不高。60年代中期"文革"开始，直到70年代后期"文革"结束，这一阶段，中国和邻国的政治经济形势都发生了重大变化，云南与邻国的边境贸易受到严重影响，小额贸易基本停止，边民互市虽还在一些互市点进行，但受到严格限制，边境贸易失去了应有的发展。

第二节　以边境贸易为重点的沿边开放
（1981~1990）

1978年12月，中共十一届三中全会明确提出大力发展我国的对外经济关系，实行对外开放政策，要求在自力更生的基础上积极发展同世界各国平等互利的经济合作，努力采用世界先进技术和先进设备。但是，由于自然条件和历史原因，云南长期处于贫穷落后的状态，贫困面大，贫困人口众多。1978年农村未解决温饱的贫困人口有2000多万。云南省与缅甸、老挝、越南三国山水相连，边境线长4060公里，全省17个地州市，有8个边境地州、25个县与上述三国接壤。边境地区双方的人民历来有通商互市的传统。双方边民语言相通，民族同宗，文化同流，传统习惯相同。双方边民之间生活、生产的共同需要，使边境贸易成为云南边境地区经济、社会生活的一个方面。与内地省区相比，边境贸易是云南对外经济关系中的一个特有的内容，是云南与东南亚经济关系中的重要组成部分。新中国成立以来，边境贸易一直是云南边疆地区解决生活物质匮乏、互补余缺、稳定边疆的重要手段，这也是早期边境贸易政策的初衷，只是到20世纪80年代，才逐步认识到边境贸易对于云南的开放，对于边疆地区脱贫致富的重要意义。

一　80年代云南打开国门——边贸切入

改革开放之初，云南积极探索对外开放的路子，发挥区位优势，首先在中缅边境恢复边境贸易。1978年12月，瑞丽经国务院批准对外开放，1990年12月正式建立口岸，与缅甸木姐口岸对接。该口岸被国务院定为国家一类陆路口岸和向第三国旅游开放口岸，为云南省第一个经国家批准的经贸、旅游型经济开发实验区。1991年，瑞丽的边境贸易总额达7.5亿多元，货物吞吐量超过80万吨，占云南全省边贸总额的70%，占全国边贸总额的34%，成为中国最大的边贸口岸，为云南省边境口岸中人员、货物流量最大的口岸，也是中缅进行边境贸易的最大口岸，被誉为"口岸明珠"[1]。云南省的沿边开放从边民互市起步，经过近30年的发展，国家的边境贸易政策也在不断完善，环境在不断地优化，初步形成了地方政府间贸易、边境民间贸易、边民互市等多层次、多形式、多渠道的边境贸易发展格局。

1. 边民互市的优惠政策

边民互市是指边境地区的居民在我国陆路边境20公里以内，经政府批准的开放点或指定的集市上进行的商品交换活动，在不超过规定的金额或数量范围内免征进口关税和进口环节税。在20世纪80年代初，国家把边民互市每次贸易金额限制在100元/天。到90年代中期，边境地区居民每人每日从边境口岸或从边民互市贸易区内带进或带出的物品提高到3000元/天（约400美元）以内。边民互市的主体是边民，由于受人员、

---

[1]《云南千年对外开放史　今朝迎来绝佳新机遇》，《都市时报》2011年6月6日。

地域、规模的限制，难以做大做强。到 2008 年这一免税额度提高到 8000 元/天（约 1250 美元）。这一政策大大推动边民集市扩大，刺激边疆民族地区的居民走出国门，参与到边民互市中来，进而增加边民收入，改善民生。

2. 边境小额贸易优惠政策

边境小额贸易系指沿陆地边境线经国家批准对外开放的边境地区与毗邻国家边境地区的企业或其他贸易机构之间进行的贸易活动。起初，国家把边境小额贸易的地点限制在离国境线 20 公里的范围之内，而云南边境地区地广人稀，居住非常分散，离国境线 20 公里以内的许多地方基本上没有城镇。云南省政府努力向中央争取政策后，中央同意把云南边境 26 个县（市）全部化为边境贸易区，全国各地的企业，只要进入这 26 个县（市）办企业，都可以从事边境小额贸易，贸易金额不限。边境小额贸易进口原产于毗邻国家的商品，除国家规定必须照章征税的商品外，其他商品进口关税和进口环节税按法定税率减半征收。过去，边境小额贸易出口必须是美元结算才能享受到出口退税的待遇，2004 年，国家放宽了这一限制，边境小额贸易出口无论是人民币结算还是对方国家的货币结算，都能享受到出口退税的优惠。国家的优惠政策，促进了边境小额贸易的发展，边境小额贸易已成为云南与周边国家贸易的主要形式，与一些周边国家的边境小额贸易超过了一般贸易。

二 80 年代的云南边境贸易——作用明显

改革开放以后，云南发挥区位优势，大力发展边境贸易。1980 年，云南省政府决定首先在中缅边境恢复小额贸易，1984 年，国务院正式发文规定，边境小额贸易由有关省、自治区人民政府管理，实行"五自"方针，即边境小额贸易按照自找货源、自找销路、自行谈判、自行平衡、自负盈亏的原则进行。根据这一方针，云南省政府结合云南边境地区的实际，于 1985 年公布了《云南省关于边境贸易的暂行规定》，进一步放宽边境贸易政策。云南省的边境贸易进入大发展时期，1990 年，云南省的边境贸易额达 20272 万美元，比 1985 年的 4462 万美元翻了两番多，五年的时间内以年均 35.3% 的速度增长。

1. 恢复区域经济的关联性

国家对边境贸易经营区域和经营资格作了严格界定。边境小额贸易，指沿陆地边境线经国家批准对外开放的边境县、边境城市辖区内经批准有边境小额贸易经营权的企业与毗邻国家边境地区企业进行的贸易活动。国家规定国境线内20公里以外的地方不能搞边境贸易，在地域上作了很大限制。边民互市贸易，指在边境线20公里以内、经政府批准的开放点或指定的集市上进行的商品交换活动。而云南边境地区地广人稀，居住非常分散，离国境线20公里以内的许多地方基本上没有人烟，规定20公里以外的地方不准搞边境贸易，等于全部封闭。云南积极探索对外开放的路子，云南省委、省政府认为这个政策规定得不符合云南实际，于是报经中央同意，1985年，把边疆26个县全部划为边境贸易区。[①] 国家规定只能进行小额贸易，即每笔贸易的金额不能超过100元人民币，超过了就不算边境贸易。云南省经过努力，不超过100元人民币只限第三国产品进口，只要属于这个地区的边境贸易，金额不限。双方边民语言相通，民族同宗，文化同流，传统习惯相同。边境贸易在调剂余缺，满足人民生活、生产需要，促进睦邻友好、富民兴边中发挥着重要的作用。

2. 突出边贸政策的倾斜性

国家政策规定在边民互市贸易中，进口商品在限额内免征关税、产品税和增值税。但规定边民互市品种限于边民生产生活需要的物品，限额为20元。云南省进一步向国家争取了取消只能在离国境线20公里以内的贸易点进行互市的规定，限额放宽到100元，这是云南边贸得以迅速发展的政策基础。随着发展的需要，云南省对边民互市进口的商品进一步放宽，不超过人民币300元的，免征进口税，超过人民币300元的，对超过部分按国家税法征收进口关税和产品税；凡属边境地区自产自用及人民生活必需的生产资料、民族特需用品和农副土特产品，免征进口关税和产品税。国家的边境政策规定边境小额贸易进口减半征收关税，这是在全国各类特定区域进口物资一律按法定税率征收关税和进口环节税的

---

① 云南的边疆县是变化的，在20世纪是26个，以后行政区划发生了变化，畹町市（1999年撤销）取消并入瑞丽市后，云南的边疆县就是25个。

情况下，国家给予边境地区的进一步政策倾斜，具有实际的优惠度和很高的"含金量"。云南在这方面做了进一步细化，对沿边城市增设边贸公司，在云南边贸的 162 种商品免征关税，26 种商品减按应征税率的 30% 计征关税。除国家限制进口的机电产品和烟、酒、化妆品等商品外，减半征收进口关税和产品税。

3. 深化对外经济贸易体制改革

从 20 世纪 80 年代开始，扩大企业经营权，形成平等、公平竞争的政策环境，加速构建与国际经济接轨的经济运行机制。按照"产权清晰、权责明确、政企分开、管理科学"的要求，对边贸企业实行规范的公司制改造，使边贸企业成为适应市场的法人实体和竞争主体；加快边贸企业集团化进程，建成一批实力较强的以大型外贸企业为龙头的工贸结合、科工贸结合、商贸结合的具有较强国际竞争力的跨国经营集团，推进全省外经贸部门的国际化进程。在经营实体的构成上，由过去指定的少数国营商号独家经营发展到经地、州政府批准的农、工、商国营和集体所有制商号的多家经营，经营网点大大扩大。初步形成了地方政府间贸易、边境民间贸易、边民互市等多层次、多形式、多渠道的边境贸易发展格局。

4. 放宽商品的管理限制

按照国家规定，边贸企业出口国家实行配额、许可证管理的商品，除国家特殊规定的以外，在出口计划内的商品免领配额和许可证。对于进口实行配额和许可证管理的商品，国家每年将向边境地区专项下达进口配额，由省外经贸主管部门发放进口许可证，并允许出口边境地区自产的国家指定公司联合统一经营的商品，进口国家实行核定公司经营的商品。云南进一步扩大当地人民政府管理边境贸易的权限，当地人民政府管理权限内的边贸、加工、劳务合作等经济合同可由各市自行审批，通过指定口岸进口的商品，到了 1989 年，不再限制边境贸易金额，边贸得到进一步发展。并适当简化边境贸易和劳务人员的出国手续；鼓励和扶持边境贸易与边境地区经济开发相结合的企业。

三 80年代的云南边境贸易——初见成效

改革开放以来,云南省的边境贸易发挥了先导作用,并占有相当大的比重,与一般贸易优势互补,使沿边开放充满了生机与活力。国家制定的扶持边境贸易发展政策不只是贸易政策,同时是民族政策、扶贫政策、兴边政策和外交政策的重要组成部分,从根本上增强了边疆少数民族地区的"造血功能",促进了边疆少数民族地区的经济发展和社会进步,巩固了与毗邻国家的睦邻友好关系,不断地推进了沿边开放战略。在20世纪80年代后期,云南边境地区的边境贸易在全线展开。边境贸易在云南对外贸易中的比重不断提高,1985~1990年,云南对外贸易以21.2%的速度增长,边境贸易进出口额从4462万美元增长到20271万美元,增长了3.5倍,年均增长速度达35.3%。在1988年时,已占云南对外贸易总额的52.1%,边境贸易已占据了云南外贸半壁江山。到1992年,云南边境贸易进出口总额也还占云南全省外贸进出口总额的43.2%,其中,进口占55.7%,出口占37.15%。① 云南与周边国家贸易是从边境贸易起步的,1985~1990年是以年均38%的速度增长,其中90%以上是通过边境贸易的形式来展开的。边境贸易政策,对于云南边疆地区的发展带来的效应是巨大的,充分发挥了"利国、富民、睦邻、安邦"的作用。

表1-1 80年代云南省边境贸易的发展及地位

单位:万美元,%

年份	1985	1986	1987	1988	1989	1990
云南的贸易总额	20953	26537	34217	44388	54768	54842
云南与周边三国的贸易总额	4462	5939	12614	23675	27167	22334
云南的边境贸易额	4462	5935	12425	23145	25294	20271
边贸占云南对外贸易的比重	21.3	22.3	36.3	52.1	46.2	36.9
边贸占周边三国贸易的比重	100	99.9	98.5	97.7	93.1	90.7

说明:80年代的云南贸易总额中不含边境贸易。
资料来源:《云南商务发展报告》,2004年。

---

① 车志敏主编《云南省跨世纪发展战略研究》,云南科技出版社,1995,第100页。

1. 边境贸易企业不断扩大

经过多年的努力，云南出现了一批专门从事边境贸易、有一定经营规模的企业，并形成了以昆明、红河、大理、保山、德宏等地区为主的边境贸易出口加工基地，在烟草、纺织、轻工、医药、建材、化工、五金、日用百货、机电、食品、饮料行业中已逐步形成了加工生产规模。许多出口商品生产企业和外贸出口企业在边境地区设立边境贸易出口企业，直接从事边境贸易进出口业务，既拓展了市场，又减少了中间环节，同时，还在境外设立窗口企业，直接面向市场发展自己，大大提高了企业素质。这些边境贸易企业对云南边境贸易的发展做出了贡献。在通过边境贸易出口的中国商品中，云南地方生产的商品约占30%。云南地方企业生产的"石林牌"棉纱、"依兰牌"洗衣粉、"中华牌"油漆、"滇池牌"的确良布、"蝶泉牌"奶粉、"春花牌"自行车、"蓝箭牌"汽车，以及金马柴油机厂生产的X195柴油机，昆明手扶拖拉机厂生产的手扶拖拉机等产品深受缅、老、越、泰等国的欢迎，在这些国家的市场上具有一定的竞争力。过境、转口贸易量加大，有实力的边贸公司、商号充分利用长期建立的客户销售网络扩大中国商品在周边国家的市场占有。

2. 开拓周边国家市场

云南周边邻国的工业基础比较薄弱，工业制成品的自给率极低，特别是与云南接壤的邻国边境省、邦、区，日用消费品短缺。云南通过边境贸易，使中国商品进入东南亚市场，对促进云南与东南亚经贸关系的发展以及云南与邻国睦邻友好关系的发展起了重要作用。据对缅甸市场的调查，1985年，中国商品在缅北市场的占有率为20%，1987年为65%；1992年，中国商品在缅甸首都仰光的占有率为25%，在缅甸第二大城市曼德勒占60%，在缅北重镇八莫占70%，腊戌占80%；1994年中国商品在缅北地区仍占60%~70%，在毛淡棉、土瓦、丹老等缅甸南部地区占30%左右。在边境贸易出口商品中，纺织、化工、轻工产品是大宗出口商品，机电产品的比重也在扩大。[①] 通过边境贸易，云南和国内有

---

① 李洁、赵云忠：《云南外向型经济》，德宏民族出版社，1997，第174页。

关省区还从东南亚国家获得了一些资源性产品,满足了国内市场的需要。木材、玉石是云南边境贸易的大宗进口商品,每年进口都达上亿元人民币,占边境贸易进口额的50%以上。云南与邻国边境贸易的发展,使双方边境地区的联系加强,地方政府间的交往增多,友好关系增强,云南边境保持了稳定、安宁、发展的景象。

3. 促进云南边疆地区的经济、社会发展

1978年12月,瑞丽经国务院批准对外开放,1990年12月正式建立口岸,与缅甸木姐口岸对接。该口岸被国务院定为国家一类口岸和向第三国旅游开放口岸,为云南省第一个经国务院批准的经贸、旅游型经济开发试验区。1991年,瑞丽的边境贸易总额达7.5亿多元,货物吞吐量超过80万吨,占云南全省边贸总额的70%,占全国边贸总额的34%,成为中国最大的边贸口岸,为云南省边境口岸中人员、货物流量最大的口岸,也是中缅进行边境贸易的最大口岸,被誉为"口岸明珠"云南边疆民族地区坚持以边境贸易为先导,以工业为依托,以农业为基础的发展道路,使云南边境地区进入大发展时期。边境贸易发展较早的德宏傣族景颇族自治州,1984年全州财政收入只有3000多万元,随着边境贸易的发展,到1993年德宏州财政收入突破2亿元,10年增长近6倍。1993年边境贸易提供的财政收入占了德宏州财政总收入的45%。在80年代,全国边贸看云南,云南边贸看瑞丽。与缅甸接壤的云南瑞丽姐告,过去较为封闭落后,2000年后农民的年人均纯收入已超过3000元,部分农民的存款超过10万元。过去羞于经营做买卖的景颇、傈僳、佤、德昂等少数民族农民,在边境贸易浪潮冲击下,开始走出山寨,进入边境贸易市场,有的走上了富裕之路。边境贸易从根本上增强了边疆少数民族地区的"造血功能",促进了边疆少数民族地区的经济发展和社会进步,巩固了与毗邻国家的睦邻友好关系,不断地推进了沿边开放战略。

4. 带动邻国边境地区的经济发展

边境贸易的发展不但促进了云南边疆的经济社会进步,而且增进了云南与东南亚邻国的友好关系。周边国家与云南接壤的地区都属该国的边远落后地区,也大都处于封闭落后状态。云南实行沿边开放后,

向邻国打开了大门,使邻国边境地区有了新的市场。邻国边境地区的一些丰富资源通过边境贸易进入了中国市场,中国的工业品及日用品通过边境贸易进入邻国,满足了邻国生产、生活的需要。邻国为了适应边境贸易的发展,也采取了一些措施,例如建立了与云南相对应的口岸及机构;进一步开发资源,扩大对中国的出口,修建通往云南口岸的道路,以方便运输;加紧边境地区的建设和开发;加强同云南边境地区工商企业的经济联系。这样,邻国边境地区的经济也开始出现新的发展。姐告经济开发区的发展,对缅甸木姐产生了联动效应。缅甸政府表示,中国方面给云南瑞丽提供的政策,缅甸政府也对木姐提供相应的政策,以促进缅甸边境地区的发展。在缅甸中央政府的大力支持下,木姐加快了建设步伐,目前木姐已成为一座新兴的小城。云南西双版纳州打洛镇对面的缅甸掸邦东部第四特区的勐拉,昔日只是一个乡级小镇。随着边境贸易的发展,双方开展了边境跨国旅游,勐拉的餐饮业、服务业、娱乐业、商业也随之发展起来。目前,勐拉已从过去的乡级小镇发展成具有现代旅馆、酒店、宗教庙宇、园林建筑的小城市。

四 80年代的云南边境贸易——初级阶段

边境贸易是边境地方经济交往的主要方式,其目的是要通过共同发展创造新的增长点,发展新产业,形成新的经济增长中心,并且以核心经济区的发展来拓展到其他的地区。由于云南与邻国边境地区的经济发展水平都较低,是经济最不发达的地区之一,山地面积大,生态环境脆弱,自然灾害频繁,自我发展能力弱。20世纪80年代,老、缅、越三国还处于贫穷国家行列,实力薄弱、人民贫困,对外较为封闭,工业化程度低,自身开发能力差。云南的边境贸易主要是在中缅边境沿线展开,而中越、中老的边境贸易大多是在90年代后才恢复的。因而与当时的生产力水平相适应的贸易方式单一,贸易市场狭小,贸易发展不平衡,边境贸易层次不高。双边贸易仍然是以消费品贸易为主,生产资料贸易、相互投资、经济技术合作、服务贸易、技术贸易等发展缓慢,带有相当的自发性、历史传统性特征。

1. 贸易方式单一，贸易层次低

在20世纪80年代，中国与缅甸开始贸易之初，双方一般是以货易货或者边境小额贸易的方式进行，规模不大，交易商品种类有限，其贸易方式一直没有根本改观，没有形成大经贸的格局。贸易的产品结构始终没能升级，特别是全球增长最快的加工贸易基本尚未起步；产品的配套能力相对较弱，商品缺乏国际市场竞争能力，难以形成规模化的制造业和加工工业。贸易质量低制约着贸易市场的拓宽。进出口商品结构相对恒定和固化，90%的属于低端产品。进口以木材、矿藏、农副产品为主，出口以高耗能、高耗物、劳动密集型、低附加值的传统产品为主。企业规模偏小，抗风险能力弱，缺乏工贸型、技贸型的外经企业，缺乏外工贸一体化的企业集团，低端市场竞争，低水平恶性竞争十分突出。

2. 贸易市场狭小，市场发育程度低

由于云南与邻国边境地区过去实行的是较集中的计划经济模式，政府干预过多，对外较为封闭，工业化程度低，市场发育不完善，市场机制不健全，资本等要素市场尚未形成，还没有形成良好的经济环境。贸易对象就是邻国边境地区，目标市场尤其是出口市场非常单一，对缅贸易长期占贸易总量的90%以上，出口产品的60%局限在缅甸北部市场，30%的产品可销往缅甸南部市场，只有10%的产品可转口到东南亚、南亚的一些国家。在80年代初期和中期，云南省的边境贸易进出口比例还基本平衡或还有少量逆差，到了80年代后期，进出口结构开始不平衡，贸易顺差加大，1989年进出口比例已达1∶1.81。到了90年代，边境贸易不平衡状态就越来越突出，长期保持贸易顺差，不能形成相互带动、相互促进的格局，越来越多的贸易摩擦也制约着双边贸易的进一步扩大，同时带来"贸易转移效应"。

3. 过境贸易为主，辐射带动有限

云南的边境贸易还处于"通道式"阶段，进出口商品以过境为主，进口的商品80%以上销到省外，满足了国内市场的需要。出口的商品80%以上来自省外，对当地经济发展的带动十分有限。木材、玉石是云南边境贸易的大宗进口商品，占边境贸易进口额的50%以上。这些进口

表1-2 80年代云南省边境贸易进出口变化

单位：万美元

年份	1985	1986	1987	1988	1989	1990
云南的边境贸易总额	4462	5935	12425	23145	25294	20271
云南的边境贸易进口额	2331	3146	6350	10083	9056	7478
云南的边境贸易出口额	2131	2789	6075	13062	16438	12793
贸易顺差与逆差	-200	-357	-275	2980	7373	5315

资料来源：《云南商务发展报告》，2004年。

商品中，很大一部分流入国内其他省区。从1990年德宏州瑞丽口岸边境贸易进口商品的流向中可以看到，进口的木材中，46%以上销往广东、江苏、上海、安徽等9省市；进口的珠宝玉石，85%调往广东、江苏、上海、北京、河南等13个省市及转口中国香港和台湾地区以及泰国；进口的海产品73%销往国内50多个城市；进口的藤条，95%供应广东、四川等4个省区；有些进口产品又被其他省区市用于再出口。由于是以过境贸易为主，外地企业逐步取代当地企业，成为边境贸易的主体，边民逐步退出边境贸易的竞争，退回到边民互市的初期贸易状态。

4. 边境贸易优惠减弱

进入20世纪90年代中期，国家开始对边境贸易按一般贸易管理，边境贸易的税收优惠政策大打折扣。云南在20世纪80年代形成的"五自"原则（自找货源、自找销路、自行谈判、自行平衡、自负盈亏）和不受配额、许可证限制等优惠被取消。国家对边境贸易按外贸规范管理办法实行配额、许可证管理可招标管理，即使能"以文代证"的商品也需报中央有关部门批准并下达计划。边境贸易政策规定，边境贸易进口环节增值税减半征收。但按照我国增值税管理办法，边境贸易进口商品只要进入流通环节，其进项税只能按实际征收额抵扣，这样进口环节所减征的增值税又在国内销售环节补征回来。[1] 边境贸易的出口退税政策大打折扣。缅、越等国也仿照我国多次"调整"边贸政策。如缅实行先出后进，进出平衡的原则和以国家需要为前提的货物进口原则。明文限制进出口

---

[1] 梁鲜桃：《西部地区边境贸易政策的调整与完善》，《国际经济合作》2005年第5期。

商品。在中国提高边贸进口关税后，也相应不断提高关税，并对中国进口的商品改人民币结算方式，要求美元通过双方结算。越南为"保证和巩固边防创造条件"连续出台边境地区优惠政策及资金扶持，促使边境地区在休养生息中得到较快恢复发展，同时，为保护民族工业，缩小贸易逆差，淡化边贸，越政府对中国16种大宗出口商品多方限制，并相应提高关税。

5. 边境贸易政策不稳定

边境贸易占云南对外贸易的比重虽然不大，但在边疆少数民族地区经济发展中发挥着"利国、富民、睦邻、安邦"的重要作用。多年实践证明，国家制定的扶持边境经济贸易发展政策不只是贸易政策，同时是民族政策、扶贫政策、兴边政策和外交政策的重要组成部分，从根本上增强了边疆少数民族地区的"造血功能"，促进了边疆少数民族地区的经济发展和社会进步，巩固了与毗邻国家的睦邻友好关系，不断地推进了沿边开放战略。国务院关于边境贸易政策的颁布和实施，对于促进云南边境贸易的发展，发挥了积极有效的作用。但是，政策本身仍有不足之处，从而在一定程度上制约了云南边境贸易的健康发展。多年的边境贸易发展，使云南边疆地区的整个经济发展对边贸的依赖很大，形成边贸兴、边疆就兴，边贸衰、边疆就衰的状况。边疆的发展主要依赖边贸，可以说，边贸是边疆经济发展的晴雨表。而国家的边境贸易政策，一般在1~3年内调整一次。我国加入WTO后，不断调整了部分商品边境贸易政策。边境贸易政策的不稳定，制约了边境贸易的长远发展。1996年国务院2号文件对边贸地域、边贸企业权限及税收政策等进行重新调整界定，使口岸外的边贸企业不享受边贸进口减半征收关税等优惠政策，口岸外的边贸业务急转直下，形成了口岸红红火火，中心城市及内陆县（市）冷冷清清的强烈反差。1996年国家调整了边境贸易税收政策，取消了162种进口商品的免税政策使边境贸易企业和税费大幅上升，经营发生困难。1990~1995年，云南与邻国的边境贸易获得了极大发展。但从1996年起，云南与邻国边境贸易额急剧下滑。1996年云南边境贸易额下滑39%，1997年又下滑45.7%。下滑幅度之大，为开展边境贸易以来所少见。

6. 服务体系不完善，贸易管理僵化

20 世纪 80 年代，由于中国和周边国家外汇短缺等原因，在边境贸易中以人民币结算的比重很大，云南的边境贸易 90% 以上使用人民币结算。但在 80 年代，边境贸易政策规定，边境贸易出口货物办理出口退税时必须提供出口收汇核销单，以人民币结算的边境贸易出口货物无法提供核销单，所以不能办理出口退税。80 年代的边境贸易结算体系，要求双方出具的信用证往往需要第三国银行担保。但缅甸的进出口企业大多不愿采用信用证结算方式，致使一些中方公司采取直接汇款和随身携带外币方式结算，避开银行的参与使贸易风险大为增加，从而制约了双边贸易发展的深度和广度。国家配额许可证管理僵化，边境贸易受数量所限，在一定程度上影响了发展。云南的种植替代进口受配额许可证数量限制，无法运回国内，影响了我国边境贸易企业开展业务的积极性。

第三节　以 GMS 合作为重点的沿边开放
（1991 ~ 2000）

20 世纪 90 年代以后，随着东南亚经济的快速发展与国际环境的缓和，以及中国和东南亚国家关系的正常化，大湄公河流域的共同开发和综合利用再次成为热点，中国与周边国家的睦邻友好关系进入了最好时期。与云南相邻的越南、老挝、缅甸等国家也开始扩大了对外交往，共同的经济需要使双方合作日益加强。大湄公河次区域（Greater Mekong Subregion）是通过澜沧江—湄公河为纽带，把中国云南省、柬埔寨、老挝、缅甸、泰国、越南联系起来，作为一个区域整体来进行以经济及制度为主的合作。GMS 合作由亚洲开发银行牵头、旨在改善次区域基础设施，以加强各国间的经济联系，扩大贸易与投资合作，促进次区域的经济社会发展，实现共同繁荣。1991 年由亚洲开发银行支持，经与湄公河沿岸中、柬、老、泰、缅、越六国进行一系列磋商，1992 年，六国举行首次部长级会议，共同制定了大湄公河次区域经济合作机制，确定了交通、能源、通信、旅游、环境、人力资源开发、贸易和投资、禁毒八项合作领域。

一　大湄公河次区域经济合作的特征

大湄公河流域是指湄公河水系干流和支流所流过的整个地区，涉及缅甸、老挝、泰国、柬埔寨、越南以及中国。湄公河的上游位于中国境内，它发源于我国青海省唐古拉山脉东北坡自北向南流经西藏进入云南，在中国境内段称为澜沧江，于西双版纳中边界244号界桩附近出境后称湄公河，流经缅甸、老挝、泰国、柬埔寨、越南，在越南胡志明市附近注入南海。干流全长4880.3公里，流域面积81.1万平方公里，是亚洲唯一的一河跨六国的国际河流。大湄公河次区域处于东南亚、南亚和中国三个经济圈的接合部，是连接中国和东南亚、南亚地区的陆路桥梁。该区域总面积233.19万平方公里，总人口约2.46亿。大湄公河次区域其他各国都是中国的友好邻邦，与中国的传统友谊源远流长。中国历来重视参与大湄公河次区域经济合作，不断推进与次区域各国的睦邻友好关系。

1. GMS合作的沿革性

大湄公河次区域各国的政治、经济文化交往在历史上就已相当频繁。湄公河流域开发计划始于20世纪50年代，1955年，联合国亚洲及远东经济委员会提出合作开发与利用湄公河下游的水能资源，该计划被称为"湄公计划"。1957年3月，泰国、柬埔寨、老挝和越南发表联合公报，提出联合开发利用湄公河。同年9月，成立了湄公河委员会，并在亚太经济社会发展理事会的主导下运作，该委员会还得到30个合作国、17个国际组织和6个国际金融机构的协助。40年来，湄公河委员会对湄公河流域下游地区的开发利用进行了大量勘测、测绘、分析、研究、论证，并将一些项目付诸实施。但由于该地区长期处于战乱状态，"湄公计划"进展缓慢，湄公河的国际合作开发陷于停滞。不过，1957~1988年湄公河委员会共筹集到4.2亿美元的捐款，捐款主要来自联合国开发署、荷兰、美国、澳大利亚和日本。其中，2.68亿美元用于工程建设投资，1.52亿美元用于投资前的调查和制定计划工作。20世纪90年代初，东南亚地区进入了和平与发展的新时期，区域合作潮流也遍及全球。在这种形势下，由亚洲开发银行倡导的大湄公河次区域经济合作机制应运而生。1992年10月，在马尼拉亚行总部召开了首届大湄公河次区域合作会议，参加该会议的除下湄公河沿岸 5 国外，还有湄公河上游国家中国，中国的参与对于大湄公河流域的整体开发和利用是不可或缺的。

2. GMS 合作的地缘性

地缘和人文的同源性和相似性是构建次区域经济合作的一个重要条件，相同的地缘人文背景为双方或多方的交流合作创造便利条件。优势互补与劳动地域分工是 GMS 形成与发展的重要机制和推动力量；异质性地区的互补性合作隐含的利益驱动也使 GMS 得以形成和不断发展。大湄公河次区域各国在地理上相互接壤，有着相同或类似的文化传统。从地理上看，中国境内的澜沧江全长超过 1800 公里，占河流总长度的 1/3 以上。大湄公河实际上就是把中国和东南亚的陆上国家联结在一起的纽带，构成该区域各国相互依存的天然条件。从政治上看，中国和东盟致力于建设战略伙伴关系，中国承诺要和本地区的欠发达国家一起发展。从经济上看，通过澜沧江—湄公河国际航道的纽带，区域基础设施建设与衔接，贸易投资的便利化，就可以带动次区域内互补性资源的流动，并进而形成较大范围的经济合作，从而实现资源在区域范围内的合理配置，经济增长，消除贫困。从安全上看，GMS 山水相连、经济合作日益紧密，能够从战略的高度构筑起中国与一带山水相连的睦邻国家相互依存的利益共赢理想的地区。

3. GMS 合作的地方性

20 世纪 90 年代，大湄公河次区域的地域范围界定为柬、老、缅、泰、越和中国云南省。从合作的推进过程来看，云南是中国参与 GMS 合作的主体。地方政府在次区域经济合作中发挥着重要的作用，由于合作内容、进程以及合作对象的不同，地方政府在合作进程中发挥着或推进或阻碍的作用。地方政府的政策安排使得次区域经济合作的成本较低，其承担的政治和经济风险也相对较小。[①] 云南作为代表中国参与大湄公河次区域经济合作的省份，面对千载难逢的历史机遇。云南省委、省政府于 1990 年提出对外开放要以东南亚为重点的方针，1991 年又提

---

① 赵永利、鲁晓东：《中国周边次区域经济合作的特点》，《国际经济合作》2004 年第 1 期。

出了"打开南门，走向亚太"的口号，制定了全省对外开放的基本方针，即：在继续巩固、扩大同欧、美、日、澳等国家和地区友好交往和经济技术、贸易合作的同时，要充分发挥云南的区位优势，把对外开放工作的重点转移到东南亚方面来，使云南逐步成为祖国西南对外开放的前沿。

4. GMS 合作中国际机构的参与性

大湄公河次区域经济合作最初是亚洲开发银行开展的项目，提出大湄公河次区域经济发展战略规划，开展区域经济合作，目标是通过提供贷款和技术援助，帮助该地区消除贫困，提高人民生活水平。作为亚洲一个重要的地区性金融机构，亚行认为该地区具有巨大的发展潜力和合作空间，蕴藏着极大的商业机会。亚行将其在次区域经济合作过程中的作用定义为：鼓励沿岸国之间的对话，加强互信；通过对具体项目的论证、开发、支持，推动该次区域内的各项经济合作项目的开展。同时，充分考虑和照顾湄公河沿岸各国的利益，为各国开展区域合作起到协调、提供便利和部分融资的作用。亚洲开发银行为各国提供了一个非正式多边合作机制。各参与国享有完全的自主权，所有决议的形成均须在部长级会议上进行磋商，亚行在其间起协调的作用。在亚行这一开放性的机制安排下，次区域各国不断取得共识，合作领域日益扩大。亚行组织了包括农业、运输、能源、环境保护、人力资源开发以及贸易和投资等在内的 10 个专业工作组，通过开展相关部门行业的专家间对话，寻找可行的合作开发项目。可以说，如果没有亚洲开发银行的积极倡议和推动，大湄公河次区域经济合作是难以顺利的。

5. GMS 合作的松散性

从区域经济合作的模式看，它是相邻国家间的一个非正式多边合作机制，各参与国只是在现有关系基础上就基础设施、能源建设、贸易投资等一些特定领域进行自主合作，其目的是使该地区成为一个更具吸引力的投资场所，更具规模的开放性市场。在 1994 年大湄公河次区域第 3 次经济合作部长级会议的结论报告明确指出，"次区域合作项目的参与国可以是次区域内的任何几个国家，无须一定要六个国家"，"为建立一个自由贸易区设立基础不是该次区域经济合作的目标，合作的思想是建立和扩大现有的关系"。① 在这种合作模式下，各次区域国家具有完全的自主权，所有决议的形成均须在次区域经济合作部长级会议上进行磋商，主要包括项目优先权的标准、项目的先后次序、机构设置的安排等，亚行只在其间起协调的作用。

二 90年代GMS框架下的边境经济合作

在1992年国务院批准设立的14个边境经济合作区中，云南省有中越边境的河口、中缅边境的瑞丽和畹町三个。上述三个国家级边境经济合作区设立以来，云南沿边经济社会的发展可谓日新月异，取得了举世瞩目的成绩，主要可以概括为以下几个方面。

1. 边境经济合作区成为新的经济增长点

一是河口边境经济合作区取得了长足发展。口岸基础设施建设有了较快的发展，包括进出口货物查验货场、商贸交易中心、边民互市市场、物流配送中心、保税仓库、进出口加工区、金融商务区初具规模。现已形成一般贸易、边境小额贸易、加工贸易、易货贸易、边民互市贸易、边境经济技术合作等多种合作方式并举的格局。进出口货运量连续7年排在全省口岸第一位，贸易总值、出入境人员均列全省口岸前列。到2010年，河口口岸进出口货物达到164万吨，进出口额达到8.3亿美元，出入境人数达到362.6万人次，交通工具达到5.9万辆次，均保持了较快增长势头。

二是瑞丽边境经济合作区的地位进一步凸显。1992年以来，瑞丽的区位优势越来越突出，国家对瑞丽的开发和发展越来越重视，2000年经国务院批准按照"境内关外"的方式设立"姐告边境贸易区"。从2008年起，云南省又开始推动瑞丽与缅甸木姐合作，成立中缅瑞丽—木姐跨境经济合作区；目前正在建立瑞丽国家级重点开发开放试验区。2010年，瑞丽口岸进出口货物达到111.4万吨，进出口额达到12.5亿美元，出入境人数达到857万人次，交通工具达到95.9万辆次，也都保持了较快增长势头。

---

① 王勤：《湄公河次区域经济合作的特点与前景》，《南洋问题研究》2003年第4期。

三是畹町边境经济合作区优势明显减弱。瑞丽市姐告开发区发展起来后，进出缅甸的人流物流绝大部分从姐告—木姐出入，畹町的源头被截断，畹町边境经济合作区的发展速度急剧趋缓，远远落后于瑞丽和河口两个边境经济合作区的发展。1999年，国家撤销畹町市，其行政区域则并入瑞丽市管辖。2010年，畹町口岸进出口货物达到2.1万吨，进出口额达到0.78亿美元，出入境人数达到34.9万人次，交通工具达到6.9万辆次，除货运量有较大减少外，其他方面也都保持了较快增长势头。

2. 边境经济合作区的优惠政策

一是土地政策。投资企业使用的土地，采用有偿出让、行政划拨或租赁等方式取得土地使用权，商业、旅游、娱乐用地使用期为40年；工业、综合、旅游景点开发、高新技术产业用地使用期为50年；住宅用地使用期为70年。上述各类用地期满后，可继续签订出让合同。开发建设后的土地和其他设施，在使用期内可以转让、出租、抵押、入股和继承。

二是税收政策。区内的企业除享受国家统一规定的税收政策外，还可享受以下优惠政策：外资企业经营期在10年以上的头三年免征企业所得税，后两年减半征收所得税，其中确认为高新技术产业的，头三年免征企业所得税，第四至第七年缴纳的所得税，全额返还给企业；企业所得税减免期满，按法定税率计征后，由县财政返还9%给企业。国内投资企业经营期在10年以上的，头三年免征企业所得税，后两年减半征收企业所得税。

三是贸易政策。合作区内的企业均可参与边境小额贸易和边民互市贸易，享受国家边境小额贸易和边民互市贸易的优惠政策。获得边境贸易经营权的边贸企业，可对外开展进料加工、来料加工（包括来图、来样加工）业务，享受国家加工贸易的优惠政策。区内的企业，开展出口加工贸易，其产品70%供出口的，在"九五"期间，上缴的增值税留地方的25%，由县财政返还给企业。

四是投资政策。引进鼓励类生产项目、基础设施、旅游景点建设项目和资金的，国内外投资者到河口边境经济合作区兴办企业，投资规模外资3000万美元以内、内资3000万元人民币以内的项目，合作区管委会即可审批。在区内投资的基本建设项目，不受当地基本建设规模限制，在"九五"期间减半征收固定资产投资方向调节税,其中外商投资企业免征投资方向调节税。

3. 边境经济合作区的内涵

云南国家级边境经济合作区是指在云南边境地区建立的、享受国家特殊扶持政策的沿边综合性开发开放试验区。它是一种面向东南亚国家的、以口岸城镇为载体,以边境合作为重点,以产业为基础,以物流为支撑,辐射边境、服务内地、内外联动的开放合作的"特区"。

一是边境经济合作区是一种特区。旨在加强云南沿边开放口岸薄弱的经济基础,以便更好地利用当地的特殊条件,内引外联,在区内发展面向毗邻国家市场的出口加工工业,加速沿边开放地区的工业化进程,并带动各沿边地区的经济发展。边境经济合作区可在一定权限范围内自行审批边贸、加工、劳务合同及外商投资项目。区内外商投资企业享受所得税减免优惠;允许毗邻国家投资商在其投资总额内用生产资料或其他物资、器材等实物作为投资资本,这部分货物可按国家有关边贸的规定销售,并减半征收进口关税和工商统一税;边境合作区内的外商投资企业在毗邻国家易货所得,可自行销售,进口时减半征收环节税。

二是边境经济合作区是一个合作平台。是一种在自己主权范围内、由国家支持、以地方政府为主体的具有纵深腹地的边境开发开放和合作形式。它可以与邻国接壤地区合作,营造类似自由贸易区的制度性环境,如地方政府的会商制度、口岸"一关两检"的合作与高效化、人员商务往来的手续简化、共同的旅游项目开发、共同的生态环境建设项目,特别是边境自由贸易和跨境工业开发。

三是边境经济合作区以"口岸经济"和"通道经济"为特色。即具有口岸城镇的经济发展前景,主要是不断拓展口岸的物流功能,完善各种交通运输方式的建设和改进通关环境,形成边境地方贸易中心,努力发展制造业。在利用边界的屏障功能的基础上,发挥其运输成本和交易成本节约的优势,形成"通道经济"。通过铁路、公路和边境检查等口岸设施的建设,形成物流通畅、沟通国内外交通、开放促进边境地区稳定的局面。

4. 边境经济合作区的发展

一是突出特色，优先发展通道经济和口岸经济。边境经济合作区处于行政区划的边境地带，也是经济发展的边缘地区，与此同时也是开展跨国物流服务的重要节点。边境经济合作区以通道和口岸作为支撑，因此应突出特色，充分发挥经贸通道和口岸的功能，大力发展国际物流业和口岸经济，以此带动合作区的基础设施建设和相关产业的发展，促进城镇化进程。

二是利用优势，发展特色产业。边境经济合作区产业基础落后，但发展特色产业优势明显。这些地区大多纬度较低，适宜发展热区生物产业；与其毗邻的境外地区大多自然资源富集，适宜于发展两头在外的加工贸易产业；这些地区大多为多民族聚居区，民族文化与异国文化、自然景观与人文景观交相辉映，旅游资源十分丰富，适宜于发展边境旅游和跨境旅游产业。

三是创新体制机制，在新形势下继续做好边境贸易。边境经济合作区相应地由边境口岸作为支撑，这些边境口岸均是从边境贸易起家，一步步走过来的。由于中国—东盟自由贸易区零关税计划的实施，云南的边境贸易正面临严峻挑战，但绝不能任其衰落。创新体制机制，为边境贸易注入新的活力，是上述边境经济合作区面临的一大课题。

四是利用地缘人文优势，构建我国与周边国家友好交流的平台。边境经济合作区处于云南省沿边开放的前沿，将其建设成为我国与周边国家友好交流的平台，不但可以向周边国家有效展示我国形象，传播中华文化，也可以通过交流吸收周边国家的优秀文化精髓，从而增进相互间的了解和友谊，有利于我国和谐周边建设。

5. 我国唯一的"境内关外"试验区

云南与周边国家的合作仅仅依靠地缘优势和互补性资源输出的贸易，已远远不能适应中国与东盟合作的需要了。贸易的扩大归根到底取决于经济的发展，2000年4月经国务院批准，设立了"瑞丽姐告边境贸易区"，正式启动了"境内关外"特殊管理模式，边境贸易区实施出入境管理、投资贸易、税收、工商管理、金融管理等方面的优惠政策。按照"境内关外""双线管理"，集贸易、加工、仓储、旅游四大功能为一体的特殊模式实行管理。

"境内关外"就是把海关监管线后撤至边境贸易区以外,把边境贸易区这块中国领土置于海关监管以外,从缅甸方向进入边境贸易区的货物,海关不实行监管;从中国方向运出的物资,过了边境贸易区外部的海关以后,即视为"出境"。一是在出口方面,中方的出口商品可以随时报关入区享受退税政策,降低了贸易成本;入区商品可等到缅甸边贸政策、管制措施和缅币兑换比值对我方出口商品有利时才出境,这样极大地降低了贸易风险。第三国商品可以转关入区销售,在区内开展过境贸易业务,从而丰富了中缅贸易的内涵,促进了中缅贸易的发展。我方大宗出口商品,可以化整为零地销往缅甸市场及其相邻的印度和孟加拉等国家的市场。二是在进口方面,缅甸出口货物可以随时进入姐告仓储、加工、销售,促进了缅甸对华出口,缩小了缅对华贸易逆差。第三国商品可经缅甸转关入区销售,在区内开展过境贸易业务,从而丰富了中缅贸易的内涵,促进了中缅贸易的发展。

6. 边境经济合作区发展存在的主要问题

一是经济结构不合理,内生性动力不足。与周边国家的经济合作规模小、数量少、领域窄、层次低。在20世纪80年代,云南与周边国家开始贸易之初,双方一般是以货易货或者边境小额贸易的方式进行,如今,20多年过去了,其合作方式没有根本改观。双边贸易仍然是以消费品贸易为主,生产资料贸易、相互投资、经济技术合作、服务贸易、技术贸易等发展缓慢。边境经济合作区主要是依靠贸易发展起来的,这种贸易主导型的经济贸易合作得到了一定的发展。但自身缺乏造血功能,没有工业基础,农业不发达。从整体来看,经济总量小,工业化程度低,城镇化进展缓慢,城市带动作用不强,农村经济基础薄弱、发展滞后,边民生活还不富裕。跨境旅游虽有很大的吸引力,但多年来开了又停,停了又开,一直不能正常、稳定运行。合作方式单一,贸易市场狭小,已经严重地制约经济技术合作的进一步发展。

二是合作方式单一,辐射带动作用小。由于边境经济合作区在国际竞争中所处的产业位置较低,贸易的产品结构始终没能升级,特别是全球增长最快的加工贸易基本尚未起步;进出口商品结构相对恒定和固化。

进口以木材、矿藏、农副产品为主，出口以高耗能、高耗物、劳动密集型、低附加值的传统产品为主。缺乏工贸型、技贸型的外经企业，缺乏外工贸一体化的企业集团，低端市场竞争，低水平恶性竞争十分突出，制约着口岸功能的发挥，其辐射、带动的作用越来越小。基础设施建设还比较落后，不能适应发展的需要。在边境地区交通、口岸、城市、互市点的基础设施方面还不能适应发展的需要。口岸的文化、旅游、贸易以及车辆、人员、货物跨境流动等方面还没有真正放开搞活。从合作区功能上来看，主要是还难以很好地发挥边境口岸的功能、边境贸易市场中心的功能、中外交通运输枢纽中心的城市功能。

三是政府的引导、推进作用发挥不够。从国家到省区还没有建立起一套海外投资的贷款、担保、保险等方面的法律和政策体系，对外投资审批手续烦琐、外汇管理过严。政府对与周边国家开展经济合作还缺乏系统的研究和统筹安排，对在何领域、产业方面开展合作缺乏法律和政策的引导，更缺乏体制保证、机制推动、政策鼓励、法律保障。企业行为导致境外合作发展目标不明确，缺乏科学论证。有些政策已失效，新的则没有得到落实。如国家有关文件规定边境经济合作区可享受的"'八五'期间，边境经济合作区的新增财政收入留在当地，用于基础设施建设"等政策已失效。2008年10月，《财政部、海关总署、税务总局关于促进边境贸易发展有关财税政策的通知》，其中有关转移支付、减轻边贸企业负担、支持口岸等建设内容尚缺乏操作性。边民互市贸易，虽然每人每日由3000元提高到8000元，但商品目录至今没有修订。由于国家取消了对边境贸易的优惠政策，致使部分边境贸易等同一般贸易。

四是体制性差异增加了合作难度。周边国家在政治体制、经济发展水平、对外开放程度、政策法律框架、宗教文化信仰等方面与我国存在着较大差异，合作难度较大。一些周边国家法制建设总体上是比较落后的。突出问题是：立法滞后，法律不健全；法制不稳定、缺乏连贯性；法律脱离实际，难以执行；法律不统一，互相抵触；缺乏权威的仲裁机构。政策的连续性、稳定性不够。各方利益的协调还未形成有效的机制。共同投资建设能力难以整合起来，尤其是老挝、缅甸等国家经济比较落后，偿付、支付能力较弱，与之进行合作成本较大，投资回报时间较长，在利益协调方面还存在较大困难。由于周边国家与云南在资源和产业方面存在一定的趋同性,使得双方在国际市场上的竞争日益激烈,周边国家对云南的进口限制越来越严,设置了各种各样的贸易壁垒,增加了云南产品出口的难度。

三 90年代云南参与GMS合作的进程

大湄公河次区域经济合作建立在平等、互信、互利的基础上,是一个发展中国家互利合作、联合自强的机制,也是一个通过加强经济联系,促进次区域经济社会发展的务实机制。作为湄公河上游国家,中国很早便与下游国家达成共同开发利用澜沧江—湄公河的共识,并提出国际航运开发。自1992年参与GMS合作以来,云南在与大湄公河次区域各国开展的全方位经济合作中优势互补,在交通、能源、贸易和投资、农业、通信、人力资源、旅游和环境保护等领域开展合作,贸易便利化水平不断得到提高,与GMS国家的进出口贸易、相互投资以及经济技术合作不断提升,交通基础设施、跨境经济合作和口岸建设已初具规模,云南已经成为中国参与次区域国家合作中进出最为方便快捷、开展重大合作项目最多、成果最为显著、最具吸引力的省份。

1. 消除疑虑、共建互信、互利共赢

云南省与大湄公河次区域各国的交流与合作,首先是从消除疑虑,消除贫困,共建互信开始的。云南省坚决贯彻落实中央制定的和平友好的周边外交方针,以"安邻、睦邻、富邻,实现双赢,共进发展"为目标,充分发挥周边优势,在加紧大通道的建设中,外引内联,采取多种形式,开通多条渠道,制定多项优惠政策,全方位吸引、鼓励和支持本地企业和外来企业,本地客商与外来客商,在大胆"走出去""请进来"中与周边国家进行广泛的交流合作。面对多年来缅甸在加快民族经济发展中电力严重紧缺的困难,云南派出最好的施工队伍,以最好的技术产品和服务,为缅甸建成了被称之为"缅甸三峡电站"的邦朗电站,投产后,缅甸新增的电量占全国用电量的30%。为老挝承建的万荣水泥厂,结束了老挝不能生产水泥的历史,为加快老挝民族工业的发展创造了重要条件。

次区域经济合作从1992年启动,在90年代形成了有效的合作机制。中国积极参与了亚洲开发银行倡导的大湄公河次区域合作,参与东盟倡导的东盟—湄公河流域开发合作,并成为湄公河委员会的对话国。在世界经济全球化和区域化的推动下,澜沧江—湄公河流域国际区域合作已经成为亚太地区经济、贸易及投资的新热点。90年代,云南与次区域各国已经建立起了睦邻、友好、全方位开放的平等互利合作关系,在国家的大力支持下,充分利用云南处于沿边对外开放第一线的区位优势,发挥地方政府的作用。自1992年起,中国政府先后参加了由亚行倡导的大湄公河次区域合作、由东盟倡导的东盟—湄公河流域开发合作及中、老、缅、泰四国毗邻地区的"黄金四角经济合作"等机制,确定"黄金四角"的经济合作在四国有限地区的小区域内开展,连接四国的交通和发展旅游业是区域经济合作的重点。还与湄公河委员会建立了对话关系。先后建立了云南-泰北工作组、滇越五省市经济协商会、云南老北工作组、滇缅合作商务论坛等相互信任的合作机制。其宗旨是建设中国西南通向中南半岛的陆上通道和经济走廊,实现中国与东盟两大市场的对接,并促进小区域内的经济发展。在这些合作机制的有效推进下,云南与次区域内各国在交通、能源、通信、金融、农业、旅游、贸易、投资、环保、人力资源、禁毒和"替代种植"等多个领域的合作已经取得较大突破与进展。

2. 贸易规模不断扩大

中国与大湄公河次区域国家之间双边贸易在经过亚洲金融危机之后得到恢复性增长,贸易结构得到进一步改善。2000年,中国与次区域五国贸易额累计达到99.8亿美元,比上年增长60%。云南省是中国参与大湄公河次区域国家开展贸易的重要省份之一。2000年,云南省与次区域国家贸易总额达5.15亿美元(含边境贸易额)。云南省与缅甸、老挝、越南的边境贸易从以物易物、边民互市起步,经历了一个从无到有、由小到大的发展过程。目前,与上述三国边境贸易已经成为云南省对外贸易中的重要组成部分。2000年云南省边境小额贸易达到3.56亿美元,占其对三国贸易总额的69%,比上年增长23.8%。缅甸一直是云南最大的贸易伙伴,2000年云南与缅甸的贸易占云南整个对外贸易的20%。

表 1-3　1990~2000 年云南省与缅甸、老挝、越南贸易统计

单位：万美元，%

年份	云南贸易额	缅、老、越	占全省比重	缅甸	老挝	越南
1990	75114	22334	29.7	21564	770	
1991	75682	24795	32.8	24192	603	
1992	96546	35202	36.5	33259	966	977
1993	121304	45356	37.4	38419	959	5978
1994	160362	43701	27.3	36508	1321	5872
1995	212102	58600	27.6	49013	3367	6220
1996	205865	41741	20.3	36274	1900	3567
1997	200860	37364	18.6	30477	1391	5496
1998	203378	39215	19.3	30872	1481	6862
1999	165969	38734	23.3	29952	1561	7221
2000	181278	48250	26.6	36294	1926	10030
年均增长	9.2	8.0		5.3	9.6	33.7

说明：中国与越南 1992 年后才恢复贸易。
资料来源：《云南商务发展报告》，2004 年。

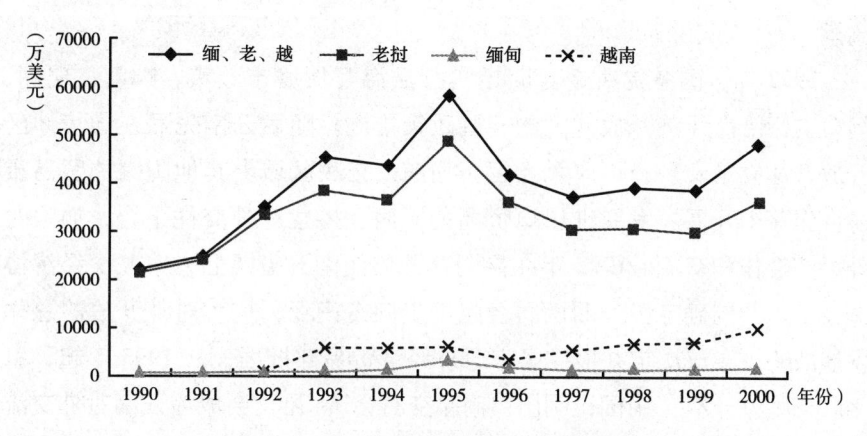

图 1-1　云南省与周边三国的贸易发展图

3. 合作领域不断拓宽

GMS 合作的初始目标并不是贸易自由化，而是更低层次的目标，主要包括区域基础设施建设与衔接、消除贫困、经济增长、贸易投资的便利化等。在次区域经济合作建立之前，该跨国区域内已存在频繁的商贸

往来，各次区域经济合作的组建也大都以最初的贸易合作为基础，再逐步延伸到其他领域。为充分利用中央沿边开放的优惠政策，云南确定了"面向东南亚开放"的发展目标。而且随着合作的进一步深入，合作的广度也越来越大。由最初的商品往来，拓展到投资、旅游、大规模的基建项目、人力资源、环保、技术等多个合作领域。

自1992年启动以来，大湄公河次区域合作确定了交通、能源、电信、环境、人力资源开发、投资、贸易、旅游、农业9个合作领域，批准了11个主要项目，先后实施了约100个投资和技术援助项目。亚行等各方提供的技术援助项目使我国的云南在环境保护、旅游发展、人力资源开发等方面酝酿出一些新的重大项目，为持续合作创造了条件。建立电信网络，实现电力联网；加强人力资源开发以及水资源管理等，促进次区域的繁荣与发展。GMS从最初边民互市的"提篮小卖"，到边贸与内贸结合、边贸与大贸结合、与高科技产品结合、与加工贸易和第三国贸易结合新格局的出现，使区域内经济不断繁荣，各进出口口岸交易活跃，生意兴隆，出现了信息流、资金流、货物流的高潮。

1992年，国务院决定昆明市实行沿海开放城市政策，畹町、瑞丽、河口实行沿海经济开放地区的一些政策措施。随后云南先后在边境地区开放并建立了十多个口岸和上百条通道；与次区域内其他国家的贸易旅游合作蓬勃开展。发展进出口贸易的同时，搭建对外交往平台，加强对外经济合作和交流。1992年在昆明召开的西南五省区七方第九次经济协调会上，共同确定了大西南联合起来走向东南亚，扩大对外开放的总体发展战略。会议决定并报经国家对外经济贸易部批准，从1993年起，每年联合举办一次"中国昆明出口商品交易会"。昆交会成为云南对外交流的一个重要平台，它的内容包括：进出口贸易、技术引进、利用外资、对外工程承包、劳务合作、边境贸易和民间经济技术合作等。昆交会打开了云南对外开放的窗口，同时也使云南在全国对外开放的格局中占有重要的地位。

4. 南北经济走廊建设进程加快

大湄公河次区域内的经济合作，按各方达成的共识，是以突出改善交通基础设施建设为重点展开的。其中,以建设南北经济走廊建设为重中之重。在次区域合作规划中的"三纵两横"经济走廊中,纵向的仰光—曼德勒—昆明、曼谷—万象—昆明、海防—河内—昆明都是以云南省会昆明为起点或终点的。云南紧密围绕这些项目的开展,以最快的速度,从各方面投入大量的人力、物力和财力,全力以赴参与。在交通和能源开发方面,我国与次区域各国共同签署了关于澜沧江—湄公河航道改善整治、水电建设、商船通航、国际航线、跨国公路运输和泛亚铁路共建的有关协定,把交通和能源作为合作的重点,先后提出并优先选择改造和建设昆明—腊戍高等级公路及昆明—曼谷高等级公路两条公路;修建滇缅铁路及滇泰铁路两条铁路;开辟澜沧江—湄公河的疏浚与通航及元江—红河的疏浚与通航两条水路;改造昆明国际机场及西双版纳国际机场两个机场;建设景洪电站及对越南输电两个水电项目。这些项目在实践中都已经取得了实效。

90年代,大湄公河次区域通过亚洲开发银行融资约20亿美元,在交通、能源、电信、环境、旅游、人力资源开发和贸易便利化等方面开展了上百个合作项目,取得了可喜成果。90年代,亚行为次区域国家基础设施建设提供贷款共7.75亿美元,其中云南省争取到楚大公路1.5亿美元,元磨公路2.5亿美元的贷款。同时,中国政府援助500万美元整治澜沧江—湄公河航道,改善了上湄公河航道的航运状况,使千年的原始航道变成了能安全航行的黄金水运大通道,极大地推动和促进了沿岸各国人民的经济合作。中国政府出资3000万美元承担昆曼公路老挝段1/3路段的修建。云南同时还建设了从滇西进入缅甸的昆瑞高等级公路以及广通—大理铁路、大理—丽江铁路。

四 90年代GMS合作中存在的障碍

大湄公河次区域经济合作是中国与东南亚国家在实践中产生的一种适合于各有关经济体共同发展的方式。90年代GMS合作在诸多领域取得了显著成效。但是,大湄公河次区域合作是一项涉及多个领域的复杂的系统工程,涉及不同国家、不同地区、不同群体、不同机构等众多的利益关系。同时,相对于欧盟、北美自由贸易区等发达地区的经济合作,大湄公河次区域合作又是一个全新的尝试。发达国家的经济一体化之所以表现出制度性一体化，主要是由于它们都是完全的市场经济，其经济一体化可以通过一定的国际协定和组织形式为框架来进行和推动。从 GMS 合作的机制看，还没有建成具有强规范力的组织机构，体现的是功能一体化而不是制度性一体化。对于生产要素在不完全市场经济或非市场经济的发展中国家之间进行流动，为规避风险和不确定性，就不需要协定契约和正式组织的约定，而且这种机制建立的难度和成本会非常高。由于该区域经济发展相对落后，开发的资金短缺，一些开发项目忽视环境问题，区域内生产要素流动仍显困难，这些均直接影响到大湄公河次区域经济合作开发。

1. 经济发展不平衡

大湄公河次区域经济发展总体相对落后，且相互差距大。泰国经济发展水平较高，而缅甸、老挝和柬埔寨则被联合国列入最不发达国家之列，资金短缺，严重制约了基础设施建设及其他领域的发展速度。2000年，大湄公河次区域的国内生产总值为 2301 亿美元，人均国内生产总值为 935 美元。各地的国内生产总值分别为：缅甸 149 亿美元，柬埔寨 22 亿美元，老挝 18 亿美元，泰国 1645 亿美元，越南 222 亿美元，中国云南省 236 亿美元；人均国内生产总值分别为：缅甸 214 美元，柬埔寨 185 美元，老挝 350 美元，泰国 2738 美元，越南 291 美元，中国云南省 556 美元。[①] 大湄公河次区域经济实力的相对薄弱，发展水平差距大，是制约次区域经济合作发展的重要因素。一是次区域六国对外贸易商品结构不平衡，泰国和中国的主要出口商品结构为工业制成品，发展相对后进的越南、缅甸、老挝、柬埔寨四国对外贸易商品结构主要是出口农产品、矿产等资源性初级产品。二是六国贸易差额不平衡，除泰国和中国为外贸顺差外，其他国家面临着要么"奖出限入"、减少贸易逆差走向封闭，要么扩大贸易逆差走向开放的两难抉择。三是资本流动不平衡，除了泰国和中国具备资本流入和流出双向运动的能力外，其他国家均不具有对外投资的能力，是资本的净流入国。

---

① 王勤：《湄公河次区域经济合作的特点与前景》，《南洋问题研究》2003 年第 4 期。

2. 经济利益不协调

大湄公河次区域各国经济发展水平普遍较低,消费层次也较低,国内市场容量有限,同时各国由于地域的临近性和资源结构的相似性导致各国产业和商品的同一性,因而在国际市场和各国国内市场都存在着激烈的竞争。在此问题上,参与国面临两大矛盾:一是当前利益和长远利益的矛盾,或者是利己性与利他性的矛盾。从中国周边的次区域经济合作的各个案例来看,其长远利益都大于其当前利益,这就需要各国进行先期的投入,这样才能保证合作的后续利益。然而,进行双边合作时,权利和义务的分配是否合理使参与国容易产生分歧,谁都不愿做当前利益的让渡者,使得很多有建设性的建议难以推行。大湄公河次区域一些开发项目过分注重项目本身的经济效益,而忽视生态环境的保护,导致环境问题,引致各方的激烈批评。另一个矛盾是经济利益和非经济利益的矛盾。在很多时候,经济利益并不处于次区域经济参与国的核心地位,其他如政治、文化、军事等因素都会掺杂进来,使得合作成员国的行为具有相当的复杂性。[①] 云南在与其他成员国的货物贸易上,都遭遇区域内其他成员国不同程度的贸易保护。次区域各国通过关税措施和非关税措施来制约外国商品的进入,保护国内企业。这些问题严重制约了我国同次区域各国间贸易投资自由化的进程。

3. 市场制度不健全

生产要素的自由流动是区域经济合作的关键,从经济学观点看,其实质就是通过生产要素在"次区域"地缘范围内的自由流动,实现生产要素的有效配置和生产效率的相应提高。次区域国家是以利益为纽带的非制度化运作模式,还不是真正意义上的区域合作。自由的生产要素流动与市场经济相对应,在非市场经济体制下,市场大多处于松散甚至分割的局面,商品、资金、劳动力在本国内的流动都受到很大的限制,因而更谈不上跨国界的流动。90年代我国的市场经济体制建立时间不长,还相当不完善,而且参与次区域经济合作的地区大都是落后地区,市场

[①] 赵永利、鲁晓东:《中国周边次区域经济合作的特点》,《国际经济合作》2004年第1期。

机制严重不健全，有些干脆就是计划经济，在很大程度上是由其经济制度的滞后性造成的。其中老挝还停留在中央集权下的计划经济，缅甸是军政合一的经济体制。GMS 国家经济水平落后，大都处在较低级的市场经济体制下，这势必阻碍次区域经济合作进程的推进，而且也限制了合作效用的发挥。这种市场经济制度的初级性，或者是不存在性，导致生产要素的交易成本很高，同时存在严重的信息不对称，因此生产要素的流动就面临着极大的预期风险。这种市场制度供给的不足就造成在相当长的一段时间内交易成本过高和交易秩序的混乱，从而阻碍区域经济合作的进程。

4. 合作机制的不完善

在 GMS 合作中，虽已形成了多重合作机制，但各国之间合作松散，在贸易与投资领域协调机制仍不完善，尚缺乏一个高效、多边、能及时解决实际问题的协调机制，各国之间的合作经常产生矛盾或不协调。由于没有强有力的组织约束，使得各成员国的行动表现出一定的单边性，合作各国的难以协调，在很大程度上阻碍了次区域合作的进程。表现出单边开发的难度较小，而双边或多边的合作的推行阻力较大。而且，缺乏一个科学、合理及有效的贸易与投资咨询机构，企业不知道做什么和怎样做，存在较大的盲目性。由于各国的出发点、利益点、紧迫性等认识上的不一致，因而，对流域的开发在目标和重点上还存在着分歧，上、下游国家在利益上也存在矛盾。由于 GMS 特殊的地缘政治特点，围绕合作开发，区域内国家和区域外国家、地区、国际组织纷纷以各种方式进入，形成了多方介入、多轮驱动、多种合作机制并存，国际关系复杂、竞争激烈的局面。这虽有利于市场竞争，但也会从另一方面干扰合作开发的顺利开展，增加团结协调的难度。

第四节　以自由贸易区为重点的沿边开放
（2001~2010）

2002 年 10 月，我国与东盟 10 国签订了《中国与东盟全面经济合作框架协议》，正式启动自贸区建设。随后中国与东盟国家又签订了《中国与东盟面向和平与繁荣的战略伙伴关系联合宣言》《货物贸易协议》《服务贸易协议》，其内容远远超出传统的货物贸易范围，包括货物贸易、服务贸易、投资、经济合作等诸多领域。到2010年，自由贸易正式实施，标志着中国—东盟自贸区的建设向前迈出了关键的一步，如期建成世界最大的自贸区。

一 中国—东盟自由贸易区框架下的国际区域合作

2002年，第六次中国—东盟领导人会议在柬埔寨首都金边举行，中国和东盟10国领导人签署了《中国与东盟全面经济合作框架协议》，决定到2010年建成中国—东盟自由贸易区。这是东盟和中国双赢的决定，标志着中国—东盟建立自由贸易区的进程正式启动。2002年，中国—东盟自由贸易区涵盖18亿人口，GDP超过2万亿美元，贸易额达1.23万亿美元，是世界上由发展中国家组成的最大的自由贸易区。《中国与东盟全面经济合作框架协议》提出了中国与东盟加强和增进各缔约方之间的经济、贸易和投资合作；促进货物和服务贸易，逐步实现货物和服务贸易自由化，并创造透明、自由和便利的投资机制；为各缔约方之间更紧密的经济合作开辟新领域等全面经济合作的目标。中国—东盟自由贸易区减税过程将分三步推进。从2005年7月起，双方将减少7445个税号产品的关税；到2010年，中国与文莱、马来西亚、印度尼西亚、菲律宾、新加坡、泰国6个东盟老成员国将取消大部分产品的关税，初步建成自由贸易区。柬埔寨、老挝、缅甸和越南4个东盟新成员国将享受5年的过渡期。至2015年，整个东盟自由贸易区将实现完全自由贸易，所有产品的关税将全部被取消。

2004年，中国—东盟签署了《货物贸易协议》，规定自2005年7月起，除2004年已实施降税的早期收获产品和少量敏感产品外，双方将对其他约7000个税目的产品实施降税。2007年，中国和东盟签署自贸区《服务贸易协议》。中国—东盟自贸区《服务贸易协议》是规范中国与东盟服务贸易市场开放和处理与服务贸易相关问题的法律文件，规定双方在中国—东盟自贸区框架内开展服务贸易的权利和义务，同时包括中国与东盟10国开放服务贸易的第一批具体承诺减让表。

1. 大湄公河次区域经济合作的深化

2002年，首次领导人会议在柬埔寨首都金边举行。与会六国领导人总结了过去10年取得的成就和成功经验，确认了未来10年的合作前景及承诺，进一步加强了六国伙伴关系。朱镕基总理作了主旨发言，敦促湄公河各国加强合作，发挥各自优势，加快经济增长步伐。会议批准了《次区域发展未来十年战略框架》，使次区域合作进入了一个新阶段。会后，有关国家签署了《大湄公河次区域便利运输协定》和《大湄公河次区域政府间电力贸易协定》。

2005年，大湄公河次区域经济合作第二次领导人会议在云南昆明举行，会议主题为"加强伙伴关系，实现共同繁荣"。温家宝总理在会议开幕式上发表了讲话。会议通过了《昆明宣言》。与会六国签署了便利客货运输、动物疫病防控、信息高速公路建设和电力贸易等多项合作文件，批准了GMS贸易投资便利化行动框架和生物多样性保护走廊建设等多项合作倡议。会议确立了以"相互尊重、平等协商、注重实效、循序渐进"为主要内容的合作指导原则，次区域合作由此迈上新台阶。

2008年，大湄公河次区域经济合作第三次领导人会议在老挝万象举行，围绕"加强联系性、提升竞争力"的主题，就加强基础设施互联互通，贸易运输便利化，构建伙伴关系、促进经贸投资，开发人力资源、增强竞争力，可持续的环境管理，次区域合作与发展伙伴关系六大方面的合作构想交换意见。温家宝总理在会上全面阐述中国对大湄公河次区域经济合作及未来发展的主张，提出中方倡议和举措。

2. "黄金四角"经济合作区

"黄金四角"的范围乃涵盖中国云南的西双版纳及思茅、老挝的北方七省、缅甸的景栋及大其力地区、泰国的清迈及清莱两府。20世纪80年代中期，泰国利用印支三国及缅甸恢复经济建设，重建家园之际，拟将泰国北部、东北部发展成为面向印支三国、缅甸市场进军的门户，以及产品加工的基地和贸易中心，以利于"泰铢经济圈"的形成，进而摆脱与邻国不对称的经济联结关系，强化开发邻国天然资源的机会。特别在时任泰国总理差猜提出"变战场为市场"的口号后，"黄金四角"开发计划被视为其具体政策之一。

"黄金四角"开发计划的提出乃是基于一种发展跨边境且相互联结的贸易活动、旅游业与运输业网络的概念,其主要目标是利用澜沧江—湄公河的流域丰富的矿产资源、水力、劳力及土地优势,根据平等互利、共同开发原则,来推动区域经济合作。泰国希望透过扩大与北部周边国家的经贸合作,推动泰北成为泰国另一个经济和旅游中心,以此取代过去恶名昭彰的"金三角";并且,借此计划的推动进一步将市场拓展到缅甸、老挝、中国西南,获取资源和市场的互补,使泰国经济获得持续、高速和稳定的成长,进而减轻泰北的贫困状态。同时,泰国也可进一步加强与中国的关系,并维护和改善泰国在印支半岛的安全利益和战略地位。

　　鉴于"黄金四角"在经济发展上的最不利条件是有限的运输网络,因此,建设由中国西南通向印支半岛的陆上通道和经济走廊,进而实现中国与东盟两大市场的连接,并促进次区域内的经济发展,就成为"黄金四角"计划的主要宗旨,而公路建设、航运开发、铁路计划、航空运输四类基础设施就成为首要之建设。在各项基础设施建设后,不仅吸引原居于高山峻岭中的少数民族向交通沿线流动,导致城市发展迅速,而交通沿线的地价更因政府或私人部门的征用而随之高涨,而区域内的旅游业亦因各项航道通航而蓬勃发展。在泰、老间及泰、中国云南之间的边贸数额则呈逐年上升的趋势。这显示泰国推动"黄金四角"经济合作已逐渐获得效果。对于改善长期处于较贫穷人民的生活水平是有利的,同时,与邻国间的边贸交流日深将有助于维持中、老、缅、泰的边境安全与稳定。云南省积极参与"黄金四角"经济合作区的建设,云南省的西双版纳傣族自治州与老挝南塔省、波乔省、琅勃拉邦省,以及泰国清莱府、清迈府六方达成的关于建立"中老泰六方合作会议"机制的共识,同时决定吸收缅甸掸邦东部地区加入,推动建立"中老泰缅毗邻地区经济圈"的建设。

3. "两廊一圈"经济合作

　　2004年5月,越南总理潘文凯在对我国进行国事访问时,提出了共建"两廊一圈"的提议。2004年10月,温家宝总理对越南进行了正式友好访问,两国政府发表了《中越联合公报》,公报强调了两国之间在"长期稳定，面向未来，睦邻友好，全面合作"方针的指引下，从全局和战略高度出发，拓展互利合作，不断推动中越关系迅速、全面和深入发展。公报中重点提到了双方同意在两国政府经贸合作委员会框架下成立专家组，积极探讨"两廊一圈"的可行性。至此，"两廊一圈"进入两国政府的合作构想。与此相关的桂、滇两省区反应积极，希望借此实现中国—东盟自由贸易区建设及对东盟合作的突破。

"两廊一圈"是指"昆明—老街—河内—海防—广宁""南宁—谅山—河内—海防—广宁"经济走廊和环北部湾经济圈（简称"两廊一圈"），涉及中国广西、广东、云南、海南、香港和澳门及越南的10个沿海省份。两条走廊共跨度14万平方公里，总人口3900万。建设"两廊一圈"涉及中越发展贸易和经济关系、投资、技术合作、旅游、跨国界经济交换，土地、铁路以及水运方面的问题，不仅可以满足两国间日益增长的贸易需求，也能服务于中国和东盟成员国贸易、运输需要。

"两廊一圈"的提出及其启动实施是中国—东盟自由贸易区合作框架下的次区域合作的具体举措，推动"两廊一圈"建设是基于中越两国关系不断全面深入发展在经贸合作方面的具体成果，它标志着中越经济在迈向一体化方面步入了规划和实际操作层面。从中越关系、GMS区域战略和广西、云南发展的角度来看，"两廊一圈"的提出和启动都是具有积极意义的。通过"两廊一圈"的建设，中越两国将会在合作中互补，实现双赢局面，中国实行西部大开发的特殊政策和越南推动北方山区社会经济发展政策将使"两廊一圈"受益无穷。因此得到广西、云南和越南北部地区的积极响应，成为桂越、滇越合作的热点和主题。

4. 中国—越南五省市经济合作

2004年，云南省政府代表团在河内举行的"中国云南与越南河内、老街、海防、广宁五省区经济合作协商会"签署了《会议纪要》，标志着云南与越南北部四省经济协商会议制度建立。2006年在红河蒙自召开中越五省市经济协商会第二次会议，本次会议经过充分的讨论、磋商，就扩大双边贸易投资达成了共识。一是中越五省市商务部门分别向各自的中央政府建议，尽快签署"两廊一圈"合作协定，为昆河经济走廊建设提供法律框架基础，便于经济走廊区域内各省市主动开展双边合作。二是在五省市经济协商合作框架下成立经贸合作工作小组,利用每年6月份在昆举办的昆交会和12月份轮流举办的河口、老街边交会举行定期或不定期会晤,及时磋商、解决贸易投资合作中存在的问题。三是共同推动矿产资源开发及农业合作,特别是水稻种子的科技合作以及蔬菜、花卉种植的合作。四是共同促进边境贸易,提升贸易发展水平。

5. 云南与老挝北部九省经济合作

2004年,云南与老挝政府间建立了"中国云南—老挝北部工作组合作机制"。通过定期或不定期地及时协商经贸合作中存在的问题,改善了经贸合作环境,推动重要的合作项目。2005年在昆明召开了中国云南—老挝北部合作工作组第二次会议。双方就经贸发展的问题达成如下共识:一是加强通道建设合作。双方共同加快推进泛亚铁路中线、昆曼公路老挝段及澜沧江—湄公河航运等交通基础设施建设,实现云南和老挝交通网的顺利对接,逐步建立便捷通畅的交通运输网络,为推进双边的通路、通商、通电、通关奠定坚实的基础。二是加强资源开发合作。建议双方在平等互利、友好协商的基础上,进一步建立完善相关资源开发合作的机制,鼓励和支持云南企业参与老挝矿产、水电、林业资源开发,发展资源产品加工,提升合作水平。三是加强产业建设合作。探索以投资合作、技术扶持、土地租赁、园区发展等方式,推进双边在农作物方面的"替代种植"合作,加快替代产业发展。同时,在建材、加工工业、机械制造、轻工业、旅游等产业方面加强合作,加快老挝产业发展。四是推进贸易快速发展。继续加强双边贸易投资便利化合作,积极推动双边重点口岸建设,提升贸易层次,简化出入境手续,提高通关效率。五是加强社会事业合作。在扩大经贸合作的同时,积极开展教育、文化、科技、卫生等方面的合作,推进人才培训和人力资源开发,共同加强边境疫病防治,积极开展民间文化、艺术等方面的交流。

6. 云南—泰北经济合作

2004年,"云南—泰北合作工作组"正式成立,并在昆明召开了"云南—泰北合作工作组第一次会议"。2006年双方又在泰国清莱召开了工作组第二次会议,双方就经贸领域的合作达成了如下共识。一是贸易促进和便利化:会议同意双方尽最大努力改善各自贸易基础条件,促进泰国（北部）和云南之间的贸易发展。双方携手消除贸易障碍和促进商品自由流动。二是双方鼓励各自企业参加在泰国和云南举行的交易会和展销会等贸易促进活动，并同意加快成立泰国（北部）云南商务理事会，为泰滇企业合作牵线搭桥。三是双方同意在工作组框架下成立贸易投资小组，进一步加强双方在经贸等多方面的合作，及时解决共同关注的问题。四是双方同意考虑在泰国北部、昆明、景洪设立商品集散中心，并一致同意加快改善道路和港口建设进程。五是农产品贸易促进，采取积极行动促进农产品贸易便利化。六是推进清莱工业区投资洽谈。

二　中国通往东南亚、南亚国际大通道的构想

人类社会在地球上的空间运动与开发活动总是依据自身能力，沿着交通大道前进的，"通道经济"是依托世界大通道的出现与发展而正在形成的一种新兴的世界经济态势。基础设施落后是制约周边国家经济发展的一大"瓶颈"。交通运输业的不发达、糟糕的路况不仅使云南与周边国家间贸易成本高昂，而且阻碍了中国投资周边国家的步伐。云南国际大通道的建设从狭义讲，是指连接东亚、东南亚、南亚三大地带的各项基础设施，包括铁路、高速公路、航空网、光缆、输油输气管道、大型港口等。而从广义讲，则是交通与经济紧密的互动关系，交通水平可以用作衡量经济发展水平的尺度。利用这些基础设施改善沿线的经济结构、城乡结构，促进经济贸易发展，带动沿线地区开发。它的意义远不是一条简单的通道，它对中国拓宽合作领域，寻求新的贸易伙伴，选择新的投资对象，开拓新的市场，使多元化的对外开放战略有着十分重要的意义。

1. "建设国际大通道"战略目标的提出

进入21世纪后，中国对外开放的内外部环境都发生了重大变化。一方面"冷战"结束以后，地缘经济在国际关系中发挥着越来越重要的作用，经济利益的日益融合使国家之间的相互依存越来越深，相互依存使国家之间的经济合作成为可能。另一方面中国已经开始从单纯的"扩大对外开放"转向"建设开放型经济"。中国参与国际分工的方式、层次和特点也将随之进行调整、拓展和提升。针对云南位于中国、东南亚、南

亚三大经济圈的交界带，可以从陆路通过东南亚国家，沟通印度洋沿岸国家，具备了实施国际通道经济战略的先天条件，也是中国唯一具有从陆路与东南亚、南亚国家开展经济合作优势的省份。云南省审时度势，做出了建设连接东南亚、南亚国际大通道的战略决策。2001年12月，中共云南省第七次党代会提出，要把云南建设成中国连接东南亚、南亚的国际大通道。只有建设好国际大通道，进一步扩大开放，才能给云南带来前所未有的大发展。这一目标的提出，云南就开始了通边达海的海、陆、空以及信息、物流全方位的大通道建设。其思路就是要以云南的区位优势形成云南的通道优势，有重大的战略意义。

2. 国际大通道建设将为我国开辟新的便捷、高效出海通道

当今时代，世界经济的显著特征是国际化、区域化、集团化，由此推动着国际贸易以惊人的速度增长。而我国的对外贸易大多是通过沿海的口岸来实现的，其中与欧盟、非洲、西亚、南亚等地的贸易往往是从太平洋口岸出发，绕过马六甲海峡，进入印度洋后再抵达各地。马六甲海峡是连接沟通太平洋与印度洋的咽喉要道，每天通过马六甲海峡的船只近六成是中国船只。在美国的全球战略中，马六甲海峡是必须控制的世界16大咽喉水道之一。印度也对马六甲地区虎视眈眈，印度在位于马六甲海峡的西部入口处的安达曼尼科巴群岛修建了海军基地，并部署重兵扼守海峡西口。中国的石油运输线沿途几乎处于潜在竞争对手的控制范围，不出事则已，一旦出事就很麻烦。抛开地缘政治和国际政治等因素，仅就马六甲海峡本身的运力来说也很紧张，建设国际大通道可摆脱命悬一线的脆弱局面。随着我国对外贸易的蓬勃发展，迫切需要改革传统的国际贸易运输方式，大力开展便捷、高效、可靠的陆上运输，以缩短运距、减少运费、加速货物运转，降低物流成本。如能开辟我国从云南进入印度洋的出海通道，要比从沿海口岸绕道马六甲海峡进入印度洋缩短距离2000~4000公里，节约时间5~8天，并大大降低物流成本，提高贸易效益。

3. 国际大通道建设有利于形成我国稳定的资源供应体系

建设中国与东南亚、南亚国家之间国际大通道，将形成资金、技术、人才、劳动力、信息、商品等生产要素的合理流动与有效的区域经济互补，在更大范围内参与国际经济大循环，为国内、国际之间物流、人流、信息流的交流与沟通创造良好的条件，提供了把这种潜在优势转化为现实优势的机遇和可能。资源禀赋决定了我国必须扩大利用海外资源的规模，适应新的形势，提高对外开放的水平。开辟国际大通道，使我国与东南亚国家和印度洋地区的非洲、西亚、南亚的距离大大缩短。由于地理位置邻近，加大对这一地区的开发，在一定程度上减轻交通运输对经济增长和商品贸易的压力，使投资和贸易活动中的运输、通信等费用降低，从而大大节约交易成本。这不仅符合运距最短的生产力配置原则，也是提高国家宏观经济效益的重要途径。这样，我国就可以建立起境外生产体系，形成相对稳固的原料来源，构建起自身的资源保护屏障，有了打破"瓶颈"制约，抵御国际原料市场波动的生存和竞争底线。

4. 国际大通道建设将为互利共赢创造更广阔的市场空间

多年来，我国的对外贸易严重依赖欧、美、日市场，随着我国贸易的扩大，贸易摩擦不断增多。东南亚地区和印度洋地区的非洲、西亚、南亚是世界上发展中国家最集中的地区，是一个约有20亿人口的大市场，与我国在资源结构、产业结构、市场结构等方面存在着较大的差异性。中国目前大量结构性过剩的工业品在缅甸、老挝、越南、泰国、印度和巴基斯坦等国存在着较大的需求；而东南亚、南亚许多国家又是资源富集区，如老挝、缅甸和越南的木材蓄积量相当于我国木材蓄积量的55%，印度的铁矿石和其他国家的铜、锰、钾等矿产资源又是中国发展所需。如能以更便捷的通道，偌大的区域和众多的国家以及国家间的相互差异，能创造一种很强的互补性，从而将构成数个充满活力和生机的区域市场，这就为中国的经济发展提供了广阔的市场空间，为其对外贸易发展实现灵活应变的市场多元化战略提供了极大的便利。"贸易创造"效应有利于增加双边贸易额，不仅是实现进出口市场多元化的重要途径，而且在一定程度上有利于形成统一的区域性市场，有利于我国经济规避外部风险。

5. 国际大通道建设为我国多元化的对外开放战略创造条件

当今，世界贸易中心正从大西洋移往太平洋，今后，还将向印度洋推移。随着印度洋地区经济的迅速增长,越来越需要开拓亚太市场,需要到亚太地区寻求贸易伙伴、选择投资对象。太平洋地区与印度洋地区的相互依存、相互合作、相互促进越来越明显。如果说印度洋地区是一个装满宝石的匣子,那么,开辟中国通往印度洋的出海通道就是开启这个匣子的钥匙。中国加强与印度洋地区的合作,各展所长、优势互补,必将带动太平洋地区与印度洋地区的经济合作的全面展开,并由此催生出一个新的区域市场,使更多的发展中国家参与国际分工并分享国际分工带来的利益,促进广大发展中国家的共同发展。这就形成一股巨大的力量,即促进发展中国家的共同发展,从而增强反对霸权主义、维护世界和平与经济发展的国际力量,支撑其亚洲经济持续、协调、稳定的增长。中国经济发展就会形成一种崭新的格局,中国在世界经济中的地位极大提高,定将会对世界经济发展态势产生新的影响。

6. 国际大通道建设将形成我国对外开放新格局

改革开放以来,我国实行的是一种不平衡的地域开放战略,实际利用外商投资和出口高度集中在沿海少数地区。这种沿海开放与沿边开放不平衡的地域开放战略,虽然有力地促进了地区的经济增长,但也产生了不少问题,加剧了地区差距扩大的趋势。可以说,不平衡开放战略,是造成区域发展不协调的重要原因之一,也是形成我国对外开放中的各种制约因素。中国与东盟国家之间"国际大通道"建设,逐步改变了中国单一的沿海开放战略,由单一的东部沿海地区开放向沿海、内陆、边疆共同的全方位开放转变,由过去的向东太平洋地区扩展到向西的印度洋地区,加强与东南亚乃至整个印度洋地区国家的经贸合作,将进一步增强我国的战略地位。沿海地区的优势生产要素在于资本存量,沿边地区的优势生产要素在于劳动、土地、气候、环境等综合成本优势。深化沿海开放需要广大的经济腹地来支撑,需要提升沿边开放来为其寻找更广阔的开放领域"走出去";同时,提升沿边开放离不开沿海地区的积极辐射和带动,也离不开东部产业转移和人才、产业和其他生产要素的快速聚集和积累。随着中国实施面向大市场、面向大周边、面向重要资源和能源的互利共赢战略,沿海地区与沿边地区开放互动的成效和其战略地位就将会凸显出来。

三 中国通往东南亚、南亚国际大通道的进程

建设中国连接东南亚、南亚的国际大通道，是云南省21世纪发力冲刺的开放方略。交通是大湄公河次区域合作开发的重中之重项目，它主要涉及澜沧江—湄公河的国际通航开发、泛亚铁路以及区域公路网建设。中国政府投资500万美元疏浚上湄公河航道，中、老、缅、泰四国于2001年实现了正式通航。中国政府出资3000万美元修建昆曼公路老挝境内1/3的路段，于2008年全线贯通。21世纪前10年，云南围绕"大通道"目标全面推进公路、铁路、航空和水运交通建设，云南交通基础建设累计投入2500多亿元，公路铁路建设的投资规模是非常可观的。若干条高速公路竣工通车，其他等级的公路也在向城乡延伸，大大改善了城乡交通条件，打通了云南对外开放的各条经脉。经过10年的努力，云南通往大湄公河次区域内各国的国际大通道建设初具规模，现代化的交通运输网正在投入全面建设，对外开放经络逐步打开，国际大通道的格局已经基本形成。

1. GMS三条南北经济走廊已初见端倪

大湄公河次区域经济合作以"三纵两横"经济走廊展开。以交通通道建设为基础，建设成产业、贸易和基础设施为一体的"三纵两横"经济带。南北走向的"三纵"为：昆明—大理—德宏—缅甸曼德勒—缅甸仰光；昆明—西双版纳—老挝—泰国曼谷；昆明—红河—越南河内—越南海防。东西走向的"两横"为：缅甸毛淡棉—泰国彭世洛—老挝沙湾拿吉—越南岘港；缅甸仰光—泰国曼谷—柬埔寨金边—越南胡志明市。大湄公河次区域经济合作机制自1992年启动以来，经过各国十几年的不懈努力和亚行的大力支持，在铁路、公路、水运等交通运输走廊的建设方面取得了显著成就，交通状况等得到明显改善，走廊网络初步形成。云南把交通走廊的建设与经济发展相结合，以交通优势形成经济优势，以开放型的交通网络形成开放型的经济网络，为各国之间的合作与往来提供便利，为本区域形成广阔的经济增长空间和一体化进程创造了条件。目前在云南已形成以交通基础设施为依托，以沿线大中城市为支撑点、以众多小城镇为网络，连接中国与东南亚两大市场的三大经济轴线。大

湄公河次区域经济走廊的优势日益突出，交通走廊正向物流走廊、经济走廊提升，加强了中国—东盟的贸易交往；促进了区内资源的科学开发，增进了区域内各国之间的相互信任与友谊，带动了区域内经济社会的均衡发展。

（1）滇—越经济走廊。这是云南省开发较早的地区，也是"三纵"南北经济走廊中大中城市最多，经济最为活跃，交通条件最好，距离中南半岛最近的一条通道，最有条件率先建成。现有公路、铁路、水路进入越南，其中昆明至越南河内、海防的滇越铁路是中国历史上的第一条国际铁路，已有近百年的历史。这是近代史上云南与国内外联系的主要通道，也是云南省到目前为止最便捷、运距最短的出海通道。随着泛亚铁路率先在东线兴建，中国与东盟两大市场首先通过泛亚铁路沟通，为铁路沿线的经济发展带来良好的机遇。

（2）滇—老—泰经济走廊。这是大湄公河次区域的一条南北纵向经济走廊，主要的骨干交通由昆曼公路和澜沧江—湄公河水运构成，是中国与湄公河流域国家连接的主动脉。在昆曼公路沿线的昆明、玉溪、思茅、西双版纳四个地州市里分布着玉溪、元江、普洱、思茅、景洪、勐腊、磨憨等10多个城市，有的是国家级口岸，有的是港口城市，这些城市像一颗颗散落的珍珠，经济走廊像一条纽带将"散落的珍珠"穿起来，使它们成为一个个新的经济增长极，发出了应有的光芒。

（3）滇—缅经济走廊。这是中国云南连接几乎整个缅甸，通往印度洋，连接南亚地区和印度洋沿岸各国的又一重要经济走廊，其战略意义十分重大。其交通骨干主要由南北走向的公路和铁路以及伊洛瓦底江航运构成，而在云南境内的滇缅公路高等级化已经全线完成。2009年签订的建设中缅原油和天然气管道的政府协议，还使之成为中国重要的能源通道，在沿线的昆明、楚雄、大理、保山、德宏五个地州市里分布着昆明和安宁、楚雄、祥云、大理、保山、潞西、瑞丽等城市。这是中国通往印度洋的经济主轴线，其发展的快慢不仅直接影响到云南和缅甸沿线地区经济的发展，还关系到中国与南亚这两个13亿人口的大市场的沟通和云南省区位优势的提高。

2. 云南的国际公路初具雏形

到2010年，云南省通往东盟国家的国际公路初具雏形，这一公路网络促进了云南与东盟国家间的经贸与人员往来。目前，昆明至泰国曼谷公路，昆明至越南河内公路，昆明至缅甸曼德勒公路、昆明至缅甸密支那公路等云南连接东盟国家的国际大通道云南境内段，已全部实现高等级化。在沿线各方努力下，这些连接云南与东盟国家的国际大通道通达条件正在进一步提升中。伴随着连接东盟国家的国际公路大通道建设的推进，云南与东盟国家间的国际道路客货运输从无到有，逐步兴旺发展，国际公路年客运量约300万人次、年货运量逾500万吨。到2010年，云南省与老挝、越南两国间已开通16条国际道路客货运输线路，其中昆明至老挝万象、西双版纳景洪至老挝乌多姆赛客运班车线实载率逾65%。同时，中缅国际道路运输取得突破，景洪经打洛口岸直达缅甸南板、瑞丽至缅甸木姐和南坎的中缅旅游客运班车已开通，中方货运车辆可通过瑞丽口岸直达缅甸木姐105码货场装卸货物。

（1）昆明—老挝—曼谷公路全长1807公里，其中云南境内段688公里，绝大部分路段已于2008年初建成高速公路，还有部分二级公路在2011年也全部改建为高速公路。老挝境内229公里已完成改造工程，大部分路段达到了东盟二级公路标准。其中，老挝境内由中国出资3000万美元建设1/3路段已于2006年6月提前一年完成。泰国境内890公里全部实现高速化或高等级化。目前，中泰两国已同意合作建设昆曼公路会晒—清孔湄公河大桥，预计将于2013年建成通车。

（2）昆明—河内—海防公路全长750公里。云南境内段昆明至中越边境河口长400公里于2009年4月已全部实现高速公路。该通道上的中越河口—老街红河公路大桥由中越合作建设，已于2009年9月建成。另一条昆明经石林至蒙自的昆明—河内高速公路，预计2011年云南段全线可建成高速公路。在越南境内350公里，河内—海防100公里已建成高等级公路。老街—安沛—河内的公路，越南正改建为2车道至4车道公路，预计于2011年建成。

（3）昆明—曼德勒—仰光公路总长1899公里，云南境内路段已在2007年实现高速或高等级化。云南通往缅甸的主要公路有9条，目前有3

条已基本建成高速通道。其中，昆明经大理、瑞丽通往缅甸曼德勒公路，云南境内全长731公里，目前已有577公里建成高速公路，待2012年龙陵至瑞丽公路改造完工后，全线将提升为高速公路。昆明经保山、腾冲、猴桥通往缅甸密支那公路，云南境内段698公里已有570公里建成高速公路，其余为二级公路；缅甸境内105公里路段由中国出资援建二级公路，已于2007年4月建成通车。昆明经思茅、景洪、打洛通往缅甸东枝、曼德勒公路，云南境内全长672公里，已有462公里建成高速公路，其余路段为二级以上高等级公路。

3. 云南的国际铁路正全面建设

GMS南北经济走廊分为东、中、西线三个方案，东线方案：新加坡—吉隆坡—曼谷—金边—胡志明市—河内—昆明，共5450公里；中线方案：新加坡—吉隆坡—曼谷—万象—尚勇—祥云—昆明共3900公里；西线方案：新加坡—吉隆坡—曼谷—仰光—瑞丽—昆明共4760公里。三条走廊都是以新加坡为起点，都是以昆明为终点，以曼谷为枢纽。东南亚走廊中的中国境内部分，目前已经全面启动。泛亚铁路建成后将成为一条重要的国际通道，将实现中、越、柬、泰、马、新之间的国际铁路联运，会显著改善区域内各国贸易投资条件。届时将建成以昆明为中心，7条干线铁路入滇、4条铁路出境的铁路运输大通道，形成云南至泛长江、珠江三角洲和泛渤海地区的高速铁路通道。

（1）新的滇越铁路率先启动。有着百年历史的滇越铁路是云南第一条铁路，也是中国第二条国际铁路。滇越铁路是从中国昆明经越南河内至海防，全长854公里，是中国最早修筑的铁路之一，也是中国最长的一条轨距为1米的窄轨铁路。1910年全线建成通车，从此打开了云南面向世界的大门，加强了云南与国外的经济联系与经济往来。随着现代交通工程的不断推进，这条历经沧桑的铁路是米轨，运输能力、行车速度低，成本高等劣势凸显出来，客车已停开。每年通过滇越铁路的进出口货物就100万吨左右，渐渐失去它最初作为运载工具的优势。新的滇越铁路是泛亚铁路的东线，全长815公里，中国境内段改建后总长419公里。目前昆明—玉溪南段110公里已建成；新建玉溪—蒙自段长141公里、总投资45亿元，已于2005年9月正式开工，目前正在建设。新建蒙自—河口段长168公里也于2009年开工修建,预计2012年建成。该线自河口出境后即与越南铁路网相连,经396公里抵达海防。越南方面高度重视滇越铁路的建设,正抓紧研究现有铁路的改造。

(2)滇缅铁路积极跟进。昆明至仰光铁路是泛亚铁路的西线,是中国连接东南亚、南亚地区的国际大通道,全长约1920公里,中国境内段为昆明—瑞丽铁路,全长690公里。其中昆明—大理350公里早已建成,目前正在建复线铁路,大理—瑞丽铁路长340公里,已于2007年开工建设。瑞丽至缅甸腊戍130公里,目前尚无铁路,需要新建。联通腊戍后可接缅甸铁路网,经1100公里既有铁路可达缅甸仰光。

(3)滇泰铁路即将开工。昆明至泰国曼谷铁路是泛亚铁路的中线,是中国云南连接东盟国家腹地最便捷的国际大通道主干线,全长约1830公里。其中昆明至老挝万象约1210公里,云南境内全长710公里,已建成110公里的昆明—玉溪铁路,规划新建玉溪至磨憨段约600公里。目前老挝境内尚无铁路,需新建铁路约500公里,万象至曼谷已有铁路长624公里。

4. 云南的国际水运航道不断拓展

云南省境内奔腾着多条国际河流,目前,正在加快推进建设3条通往东南亚的国际水路通道。"一江连六国"的澜沧江—湄公河正成为连接沿岸各国的"黄金水道",中越红河水路通道云南段和中缅伊洛瓦底江陆水联运通道正在积极推进中。

(1)澜沧江—湄公河国际航运成效显著。全长4880公里的澜沧江—湄公河是世界第六大河,也是亚洲唯一流经六国的国际河流。该航线沟通中—缅—老—柬—越—泰六国,可通航段3200多公里,是云南通往东南亚的天然交通大动脉。2000年4月,中国、老挝、缅甸、泰国签订了从中国思茅港到老挝琅勃拉邦商船自由通航的协定,并在中国政府资助下,四国联合组织实施了航道改善工程,实现了澜沧江—湄公河国际航运的安全通航。10年来,澜沧江—湄公河国际航运逐步发展,逐年上台阶,运输品种从单一的件杂货发展到现在的集装箱、重大件、冷藏鲜货、国际旅游多品种兼有的综合运输服务。在运输快速发展的同时,国际运输船舶数量也从最初的8艘发展到现在的115艘,运输船舶最大载重吨位从最初的 80 吨发展到现在的 380 吨。2010 年，克服了国际金融危机的冲击、国际油价大幅上涨等多种不利影响，我国澜沧江国际航运下半年运输企稳回升，全年完成了 40 万吨的货运量，达到了历史高位。今后，按通航 500 吨级船舶五级航道标准合作整治景洪至泰国清盛，改善泰国清盛至琅勃拉邦航道，推进老缅泰三国合作整治会晒至万象 774 公里航道；与老柬合作，在孔埠瀑布处建设过船设施，实现澜沧江—湄公河六国国际航运。

（2）伊洛瓦底江的中缅陆水联运有望取得实质性进展。伊洛瓦底江发源于喜马拉雅山麓，经云南进入缅甸汇入恩梅开江，往南与迈立开江汇合后合称伊洛瓦底江，该航线既是沟通云南与缅甸重要城市商贸交流的通道，又是云南进入孟加拉湾和印度洋的通道，现通航段从中缅边境的八莫港至仰光港 1307 公里。河道经整治和疏浚后从缅甸密支那至出海口的 1600 公里河段可通航 500~800 吨级船舶。近期建设重点为八莫港及瑞丽—八莫港 122.5 公里的公路，初步形成中国瑞丽市—缅甸八莫的汽车双边运输，实现水陆联运。远期建设规模达年吞吐量 2000 万吨。20 世纪末，中缅陆水联运已进行过联合载货试航运输。目前，开通中缅陆水联运的外部环境良好，双方都有合作的意愿，只要中缅两国签订联运协议，就有可能尽快开通这条我国直入印度洋的战略通道。

（3）红河国际航运正积极开展前期工作。从云南经越南流入太平洋的红河全长 1280 公里，历史上曾是中越贸易往来的水上通道，航运曾一度繁荣过。滇越铁路建成通车后，红河水运逐渐萧条，但现在的滇越贸易迅速发展，开发红河水运非常必要。该航线是连接云南与越南和云南通往北部湾的水陆通道。主要通航段是从中越边境的河口、老街至出海口太平的 505 公里河段，经过整治和疏浚后可通航 200 吨级船舶。争取开展红河河口至海防过境货物联运及河口至越池、河内等地中越贸易、旅游客货运输；开发云南的蛮耗至河口航道，延长红河中越两国航运里程，扩大航运规模。

5. 云南的国际航空实现了跨越发展

到 2010 年，云南民用机场已经开通 12 个，投入使用的民用机场数量位居全国第一；开通国内外航线 210 多条，全省民航年旅客吞吐量居全国第四位。建设中的昆明新机场，定位为中国面向东南亚、南亚的西南枢纽门户机场。云南已形成了以昆明新机场为国家门户，大型复合枢纽机场为核心，丽江、西双版纳、香格里拉、芒市、腾冲、大理等为中型干线机场、小型支线机场为基础，通用、通勤机场为补充，布局合理、规模适度、干支协调发展、功能完善、分工明确的全省机场网络体系。

（1）现代的航空网络已初具规模。云南省在"十一五"期间投了200亿元建机场，云南在国内民用机场网络布局数、通航机场等级、机场利用率等方面名列前茅。已拥有12个机场，其中1个区域性枢纽机场即昆明国际机场，11个支线机场（保山、思茅、昭通、西双版纳、芒市、丽江、大理、香格里拉、临沧、文山、腾冲）。全省各机场始发航线总数236条，其中国际、地区航线27条。机场通航国内国际城市98个，其中国际城市23个（主要为东盟国家主要城市）。进入云南航空市场的国内外航空公司达到33家，其中国际及地区公司12家。2010年，昆明国际机场出入境国际旅客、国际航班流量双双打破历史纪录，分别为1111572人次、11379架次，"十二五"期间，云南还将新建泸沽湖机场、红河机场、怒江机场。届时，云南的国内民用机场将达15个，形成以昆明枢纽机场为主的全省机场网络。

（2）现代的航空枢纽即将建成。昆明新机场是中国"十一五"期间的重点建设项目，中国民航局将其规划为中国面向东南亚、南亚和连接欧亚的国家门户枢纽机场。根据设计，昆明新机场建设以统筹规划、分期建设、滚动发展为准则，近期2020年旅客、货邮吞吐量达到3800万人次、95万吨，中期2030年旅客、货邮吞吐量达到5800万人次、170万吨，远期2040年旅客、货邮吞吐量达到6500万人次、230万吨。工程建设规模为飞行区按照4F标准规划，本期按照4E标准设计，远期规划为4条跑道，终端设计容量为6000万~8000万人次。昆明新机场建成后，将成为继北京首都机场、上海浦东机场、广州新白云机场之后的中国第四大机场。云南将形成以昆明为中心，省内与周边省际、国内大中城市、东南亚和南亚3个轮辐式为主及城市对式结构互补的航线网络。拓展云南面向西南开放的国际航线网络，加密加厚国内航线网络，构筑云南开放的"空中经济走廊"，实现云南民航大省向民航强省转变的目标。

(3) 临空产业区同步建设。已规划建设空港经济区中央商务区，促进交通运输、金融、信息服务等生产性服务业发展，打造面向省内、国内以及东南亚、南亚、连接欧亚的区域性国际航空物流基地，构建以航空业为核心、临空产业为主体的产业集群；建设以航机维修、航空物流、航空食品、高新轻制造、综合保税区、空港中央商务区为主导的"空港临空产业核心区"，富集发展要素、促进对外开放、带动经济增长。充分发挥空港新城和螺蛳湾国际商贸城的联动作用，推动产业向特色化、集聚化方向发展，推进人流、物流、资金流。

四 中国进入印度洋的通道全面推进

昆明—仰光经济走廊是泛亚铁路西线，是中国进入印度洋最便捷的出海通道，构建内外连接点、南北贯通、东西呼应，海陆空三位一体的国际通道意义重大。2010年，中缅双方在合作中要彼此信任、真诚相待、求同存异、互惠互利，在实现交通的对接方面取得重要突破。

1. 沟通印度洋的油气管道率先推进

中缅油气管道是我国陆上三大能源进口通道之一，管道起于缅甸西海岸马德岛的皎漂市，经缅甸从云南瑞丽市入境至昆明，到达中国西南各省。2010年10月备受关注的中缅油气管道工程中国境内段和云南1000万吨石油炼化项目开工建设，这标志着云南与缅甸的合作取得了新的重要进展，意味着中国通往印度洋的通道建设首先从管道运输起步。项目由中缅原油管道、中缅天然气管道、炼化基地三部分组成，原油、天然气、成品油的管线都将实现同步动工建设。原油管道和天然气管道各一条，两条管道皆起自缅甸西海岸的皎漂市。中缅原油管道缅甸境内段长771公里，中缅天然气管道缅甸境内段长793公里，从缅甸实兑港上岸，经缅甸第二大城市曼德勒，经瑞丽输送至昆明。该项目一期输油和输气能力分别为2200万吨/年和120亿立方米/年。形成1000万吨原油及100万吨乙烯加工能力，形成油化一体化高科技集群式的石化基地，二期还有望引进4000万~6000万吨的原油，这一数字大约接近中国2008年原油总进口量的三分之一。

2. 进入印度洋的高速公路即将形成

云南通往印度洋的公路，早在20世纪30年代就开通，就是滇缅公路通道，在历史上发挥了重要作用。云南通往印度洋公路，大部分里程是在缅甸境内。昆明—缅甸仰光，规划全长1899公里。云南省境内长732公里，目前已实现了全线高等级化、预计在2013年全部建成高速公路。线路从云南出境进入缅甸，抵达缅甸曼德勒后将形成三条进入印度洋的通道。一条是经马圭到达皎漂港，第二条是到仰光港，第三条是从缅甸出境，抵达孟加拉国的吉大港。这三条出海通道目前都在抓紧实施，缅甸境内的仰光—曼德勒快速路已于2010年10月全线开通。

3. 进入印度洋的铁路积极跟进

从昆明出发，经大理至保山，再至瑞丽，出境到达缅甸仰光是泛亚铁路的西线，是中国连接东南亚、南亚地区的国际大通道，全长约1920公里，中国境内段为昆明—瑞丽铁路，全长690公里。其中昆明—大理350公里早已建成，目前正在建复线铁路，大理—瑞丽铁路长340公里，已于2007年开工建设。瑞丽至缅甸腊戍130公里，目前尚无铁路，需要新建。联通腊戍后可接缅甸铁路网，经1100公里既有铁路可达缅甸首都仰光，预计缅甸皎漂—昆明的铁路将于2015年前建成。目前，中缅高铁正在筹备过程中，按照设计时速200公里计算，从昆明至仰光（航程1920公里）可实现朝发夕至。缅甸交通部的中缅铁路计划报告显示，未来缅甸铁路，在连接中国昆明的同时，可经泰国、马来西亚，最终与新加坡相连。

4. 进入印度洋的水路有望尽快打通

伊洛瓦底江发源于喜马拉雅山麓，经云南进入缅甸汇入恩梅开江，往南与迈立开江汇合后合称伊洛瓦底江，全长2200公里，其中中国境内171公里（在云南称独龙江）。中缅陆水联运通道，全称为"中国昆明—缅甸仰光伊洛瓦底江陆水联运通道"，是指从中国昆明经保山、瑞丽至缅甸八莫港陆路，再经八莫港至仰光港水路，最终进入印度洋的整个陆水联运系统。20世纪末，中缅陆水联运已进行过联合载货试航运输。目前，开通中缅陆水联运的外部环境良好，双方都有合作的意愿，只要中缅两国签订联运协议，就有可能尽快开通这条我国直入印度洋最直接的战略通道，年通过能力可达 2000 万吨。

5. 进入印度洋的港口正抓紧实施

中缅原油码头于 2009 年 10 月在缅甸若开邦马德岛开工建设。缅甸的皎漂港拥有狭长海沟，港外航道很深。港内风浪小，是天然良港。而且兰里岛地势平坦，只有一片小山，非常适合进一步开发。早在 2009 年 10 月，中缅原油管道项目皎漂船埠工程已经正式动工。根据规划，在马德岛和兰里岛东侧的部分地区将建设一个 30 万吨石油码头、60 万立方米的油库和天然气管道上岸基地。建成后，每天将从这里向中国输送相当于 40 万桶的来自中东和非洲的石油。缅甸西海气田的天然气也将通过并行管线翻越尤马山脉，经过曼德勒从云南瑞丽入境。长远看，中国还可以沿中缅石油管道修建公路和铁路，把皎漂开辟为中国西南地区出口南亚、西亚、欧洲和非洲的货物中转站。对云南而言将进一步提升工业水平，也可推动云南的公路、铁路等基础设施建设。

6. 进入印度洋的黄金口岸正在构建

目前，德宏州对缅贸易已分别占中缅贸易的四分之一、滇缅贸易的五分之三以上，是中缅两国开放合作成效最明显的区域之一。云南立足中国—东盟自由贸易区，以缅甸为突破口，将德宏建设成连接印度洋，辐射南亚次大陆的中国面向西南开放的桥头堡黄金口岸。围绕建立昆明—仰光经济走廊，以桥头堡黄金口岸建设促进城镇化发展，以城镇化发展推动桥头堡黄金口岸建设。根据大通关的要求，进一步理顺口岸管理体制，创新口岸管理机制，深化海关分类通关改革，加快检验检疫绿色通道及屏障建设，强化边防管理信息化、规范化和便利化建设，建立覆盖全州的大通关电子口岸信息综合平台，使口岸人流、物流、资金流、信息流高效顺畅运转，形成有效监管、高效服务、口岸功能完善、安全畅通的大通关体系，力争把德宏的口岸建成服务优质、诚信规范、环境最好的模范口岸。

第二章
云南沿边开放的演进历程

云南30年的沿边开放与祖国同行，坚定不移地坚持对外开放基本国策，实现了以开放促改革促发展的重要历史使命，完成了从封闭半封闭经济向开放型经济的转变。中国的对外开放是一个不断解放思想的过程，是一个不断深化的过程，也是一个不断演进的过程。沿边开放使云南与周边国家提升了合作层次，拓宽了合作领域，转变了合作方式，创新了合作模式，提高了合作质量，更深更广地融入区域合作中并取得了丰硕成果。特别是中国－东盟自由贸易区的建立，一方面巩固和加强中国与东盟之间的友好合作关系，促进中国与发展中国家、周边国家的团结合作，也有利于提高东盟在国际事务上的地位。另一方面，进一步促进了中国和东盟各国的经济发展，扩大了双方贸易和投资规模，促进了区域内各国之间的物流、资金流和信息流，促进了区域市场的发展，创造了更多的财富，提高了本地区的整体竞争能力，区域内各国人民得到了更多福利。

第一节 由孤岛开放向内外联动开放演进

在沿边开放初期，云南的开放是在自身固有的经济框架内运行，既很少有国外资金的注入，也很少获得国内其他地区的支持，处于孤军奋战、孤岛开放的格局。云南沿边开放不同于沿海开放的贸易主导型模式，而是以加快区域经济一体化为目标，仅靠云南自身的实力是难以实现的，必须借助外力的推动。云南加快开放模式的转变，着力以开放促改革、促发展、促升级、促协调、促和谐，依靠深化沿海开放提升沿边开放，依靠提升沿边开放来推动深化沿海开放,实现对内对外开放相互促进、内外联动。提升沿边开放,为深化沿海开放拓展更加广阔市场空间、提供持久可靠资源保障;而依托沿海开放,接受沿海东部地区的积极辐射和产业转移,可形成沿边开放在人才、产业和其他生产要素的快速聚集和积累。

一 以对内开放推动沿边开放

改革开放30年来,随着社会主义市场经济体制逐步建立,云南也在尝试着按市场经济和地缘经济的规律参与国内的区域经济合作,以对内开放推动对外开放,积极参与国内多个区域经济合作,在区域之间形成了良性互动、互利多赢的合作新格局。其主要内容有:

1. 西南六省区市在合作中实现了联合

始于1984年的西南六省(区、市)合作是我国改革开放以来最早的跨省区、开放型、区域型高层次横向区域经济合作。原称"西南六省(区、市)七方经济协作"。"六省(区、市)七方"代表四川、云南、贵州、广西、西藏、重庆、成都。2005年成都市不再派代表参加,代表团并入四川省,始称"六省区市"。优先合作的领域为交通、物流、旅游、能源资源开发和环境保护,主要合作平台为西南六省区市经济协调会。通过多年的合作,从1984年成立至2007年,各方共签订各类协作项目30680个,到位资金2897.85亿元,极大地推进了西南六省区市经济社会的发展。[①]

(1) 联合建设大通道开拓东南亚市场。各省(区、市)联合建设交通及通信骨干网络,在共同完善西南出海出境大通道等方面达成共识。通过努力,一批重要基础设施项目相继建成。南昆铁路等建成通车,区域内高等级公路骨架网络正在形成;长江、珠江中上游通航能力增加。各方共同推动长江、珠江生态屏障建设,加强污染防治和环境综合治理。通往东南亚市场的交通、通信等基础设施建设初具规模,各方完善面向东南亚市场的沿边口岸及服务设施的建设。六方还在昆明联合举办多届商品交易会和昆明进出口商品交易会,初步构筑了面向东南亚市场的交易平台。

---

① 李亚彪、张和平:《西南六省区市区域合作前景广阔》,新华社2007年12月18日。

(2) 联合建设区域市场体系。贵州的煤焦市场、云南的烟草市场、广西的食糖市场、四川的酒类市场、西藏的木材市场等一批辐射全国的消费品和生产资料批发市场不断形成，区域要素市场有了初步发展。目前，西南区域市场体系建设初具规模，初步形成辐射全国的商品流通体系。联合实施跨省区旅游开发合作，滇黔桂三省区开发南贵昆旅游走廊，打造南贵昆山海风情游品牌，建设和完善黔东南—桂北民族风情和山水风光旅游线，联手推出以"情满珠江"为主题的旅游精品路线；川滇藏三省区联手推出世界级旅游精品项目"香格里拉生态旅游区"。

2. 泛珠三角区域合作全方位展开

始于 2004 年泛珠三角区域合作是流域内经济合作，包括国内 11 个省区的"9+2"合作方式，"9"代表福建、江西、湖南、广东、广西、海南、四川、贵州、云南，"2"代表香港、澳门两个特别行政区；是新中国成立以来规模最大、范围最广，在"一国两制"下，横跨东、中、西三个不同发展梯次经济地带的区域合作。"9+2"优先合作的领域为经贸、交通、能源、科教文卫、农业、旅游、劳务合作，是中国区域合作与发展中的一个新尝试，改变了中国区域发展不平衡的状况，促进地区经济在更高的程度上协调发展，是中国东、中、西部经济互联互动、协调发展的新突破。云南省积极参与泛珠三角区域合作，共享资源、共同建立合作平台，起到了优势互补、整合各方资源、共同推动区域发展的作用。通过合作，大力推动了云南经济社会各项事业的发展。[①]

(1) 在经济领域的合作。云电送粤工作取得了很大成绩，"十五"期间，累计向广东省送电 216 亿千瓦时，有力地促进了两省经济发展。到 2010 年，实现云电送粤最大电力达到 580 亿千瓦时（不含小湾电站）。"十一五"期间，云电送粤累计达 1110 亿～1183 亿千瓦时。云南省面向泛珠三角区域各省区宣传云南旅游，同时为区域内省区之间的交流和合作提供有利的平台，效果十分明显。云南各旅游企业把"广深珠港澳游""桂林山水""海南度假""江西红色旅游""福建海峡两岸""四川九寨

---

① 《积极参与泛珠区域合作 推动云南经济社会发展》，泛珠三角合作信息网 2007 年 7 月 5 日。

沟""贵州黄果树"等名牌旅游产品和精品旅游线路作为组织本地游客到外省旅游的主打产品。

（2）在社会领域的合作。积极支持云南省企业、高等院校和科研院所与泛珠三角区域高等院校、科研院所进行科技合作。2005年，在云南省省院省校科技合作计划受理的申报项目中，有14个项目属云南省企业、科研机构与泛珠三角区域的高等学校、科研院所共同申报的科技合作项目。主要采取取消流动就业限制，加强跨省区就业服务体系建设等措施，积极组织农村剩余劳动力外出务工。云南省先后出台了《云南省劳动就业条例》和《云南省职业介绍条例》，对城乡劳动者的就业从法律制度上给予了保障。据统计，2005年云南省劳务输出人员达159.7万人，其中有组织输出70万人。

3. 滇浙合作在沿边开放中先行一步

滇浙民间合作是在市场经济主导下的区域合作。"浙商入滇"始于20世纪80年代初，当初是为了寻求发展和生存而来到云南，现成为云南区域经济合作的重要方式。当初浙江人怀揣几千元、几万元资金来到云南或是靠白手起家，现在面对投资时都可以很潇洒地一掷千金。2004年，浙江省提出了"跳出浙江，发展浙江"的发展战略，滇浙两省经济合作日益密切，"浙商西进"势头更为强劲，浙商在云南的投资不仅已遍布全省的各个地州，而且几乎已渗透到所有的领域。据不完全统计，到2007年，在滇的20万浙商（仅温州客商就逾13万人），在云南的累计总投资已经达到了500亿元，年纳税近15亿元。[①]

（1）从传统领域向新领域拓展。浙商最擅长的就是经商，云南的商业领域如以省来划分的话，则浙商直接或间接投资的比例占了一半以上。而正是在此过程中，浙商首先通过经商完成了他们的资本积累，开始选择把资金投向更大、更充满生机和活力的产业。从传统领域逐渐向新的领域挺进和突破，这些新领域包括能源、矿产、旅游、医药、城市建设、房地产，等等。例如，在旅游方面，红河、丽江的青山绿水，玉溪的古代文化，思茅、临沧的民族风情，大理天龙八部影视城，禄丰侏罗纪恐

---

① 《20万"浙商"云南投资创业》，新华网昆明2007年11月24日专电。

龙遗址公园，西双版纳村寨旅游建设项目都吸引了浙江的资本。浙江金洲集团所参与投资的云南野生动物园、西双版纳原始森林公园等项目，已经成为云南旅游的知名品牌。

（2）从昆明向其他州市辐射。在滇的浙商投资，总体上是以昆明为中心向地州辐射。大多数浙商在以昆明为中心的经营发展过程中，已经逐渐发现要进行资本的扩张和业务的拓展，再局限于昆明，机会已经越来越少，有的行业甚至已经饱和，而州市在这方面的优势却越来越凸显无遗，正是在这样的情况下，越来越多的浙商逐渐把投资的眼光转向州市更为广阔的领域。浙商大多沿袭了他们长于经商的传统，靠商业起家，也力求做强做大，朝商贸城的方向发展。到2007年，浙商在昆明、临沧、大理、楚雄、迪庆、宣威等地投入商贸设施、市场建设的资金已超过10亿元。

（3）从云南省向周边国家延伸。随着浙商在云南这块土地上开花结果，他们已经不满足于把商业眼光局限在云南，认识到云南是面向东南亚的桥头堡，已经开始走出云南，挺进东南亚各国。在昆明，浙商投资巨资建起了螺蛳湾双龙商贸大厦，批发的纺织品、服装等远销缅甸、老挝等东南亚国家；在中缅边境的瑞丽姐告，浙江绍兴的伯乐集团投资修建了"中缅伯乐国际商城"。浙商帅神物流有限公司针对东南亚市场，开发出适应橡胶区需要的充电灯，组织浙江上百家的企业为它配套生产，销量已达百万台以上，占据了泰国市场50%的份额，老挝市场70%的份额，在马来西亚也非常受欢迎。

4. 滇港合作为沿边开放提供了更好的环境

云南和香港合作源远流长，特别是CEPA和泛珠合作机制建立以来，两地间投资合作不断深化，香港的资金、技术和先进的管理模式以各种方式更快速地进入云南。在投资云南的所有国家和地区中，中国香港对云南的投资额一直居于首位，占云南吸引外商直接投资总量的40%以上，香港以其特有的优势成为云南最大外商直接投资来源地。泛珠三角区域合作的提出及推动，为云南、香港两地的合作提供了一个更广阔的制度性平台，《内地与香港关于建立更紧密经贸关系的安排》的签署实施，使滇港合作具有更可靠的政策支持，为滇港两地加强经贸往来创造了更优厚的条件，为滇港合作开拓了新的境界。①

（1）香港成为云南最大的外来投资地。截至2007年年底，港资在云南投资已达10.23亿美元，设立了1221家企业。其中，2007年实际投资额达2.06亿美元，在其拉动下，云南引进到位外资达5.03亿美元，同比增长48%，吸引外资首次突破5亿美元大关。2010年香港在滇投资项目73个，合同利用外资10.93亿美元，实际到位外资7.38亿美元，占全省实际到位外资的55.6%。② 2011年香港对云南实际投资金额达到10.4亿美元，较2010年增长50.7%。港资项目成为云南利用外资增长的主要支撑，投资领域广，几乎涉及国家允许的一、二、三产业的各个方面，主要有房地产、酒店、旅游设施、制药、肥料、化工、木制品、包装材料、冶金、生物制品、食品等行业。

（2）香港成为云南重要贸易伙伴，云南成为香港绿色产品的主要供应地。在2005年前，香港一直是云南的第二大贸易伙伴。云南特色农产品出口香港继续保持龙头地位，香港已成为云南鲜切花的最大消费市场、云南普洱茶出口的第一大市场。每年云南省供给港澳的蔬菜50万吨以上，占整个港澳市场的三分之一，贸易额达上亿美元。云南供港蔬菜种植备案基地面积和供港蔬菜数量均为内地第一。在畜产品出口方面，云岭牌云南黑山羊、云南省玉溪凤凰生态食品有限公司冻猪分割肉顺利出口香港，市场销售情况良好。2010年，滇港进出口总额为3.3亿美元，其中，云南对香港出口2.21亿美元，云南从香港进口1.1亿美元。2011年，滇港进出口总额为60227万美元，同比增长82.5%。其中，云南向香港出口59424万美元，同比增长168.8%。云南特色农产品出口香港继续保持龙头地位，出口额达到8664万美元。

（3）滇港合作正向广度与深度互动拓展。随着国家CEPA和泛珠三角区域合作作用日趋显现，云南与香港经贸关系发展迅速，投资贸易持续上升。香港知名企业大项目进入云南，投资合作创历史新高；文化交流高潮迭起，民间互动层次趋深趋广。港资在滇的"云南红"葡萄酒一

---

① 《滇港合作进入黄金发展期》，中国新闻网（北京）2008年1月19日。
② 《滇港合作2010年度报告》，香港《文汇报》2011年1月20日。

鸣惊人，十年来带动万余农户脱贫致富；市场销售额累计达23亿元。香港瑞安建业有限公司与法国拉法基集团在云南投资6亿多美元，建设先进、高效的水泥1000万吨项目。香港国际传媒集团和昆明滇池旅游度假区投资30亿元人民币，共同建设"昆明影视与新媒体产业基地"。

5. 央企入滇加快了云南沿边开放的进程

云南把引央企入滇作为加快推进云南沿边开放的重点，提前做好项目储备、项目包装等基础工作，以增强招商引资的效果。对引入的项目做好项目跟踪，建立服务推进机制；加快基础设施建设，工业园区作为招商引资的主要平台，并重视标准厂房和中小企业孵化器建设，为加快项目落地创造条件。

（1）引央企入滇培育新兴产业。云南将重点引进中铝高精电工铜材等项目建设，并推动省政府与中船重工、中国兵器、中国三峡、中国一汽等七大央企集团战略合作重大项目建设。推进锗铟硅新材料、机场物流装备、新型平板显示器产业化、LED高效节能照明产品、太阳能电池组件、云南白药改造升级、三七和普洱茶产业提升。

（2）引央企入滇带动云南的对外投资。中央驻滇企业成为云南境外投资主力军，央企落户云南开展境外投资占云南投资总额的45%以上，随着项目的进一步实施，其占有份额还会有大幅提高。目前，最大的合作项目是中电投集团公司以云南为基地，在缅甸投资的伊洛瓦底江七级梯级水电项目，装机容量1650万千瓦，总投资2000亿元人民币，建设工期15年，发电运营50年。若两个项目得以顺利实施，对提升云南对外开放水平，拉动相关产业升级，带动经济社会发展有着积极的意义。

（3）引央企入滇构筑我国西南地区重要的石化基地。中国石油天然气集团公司投资云南的项目由中缅原油管道、中缅天然气管道、炼化基地三部分组成。原油、天然气、成品油的管线都将实现同步动工建设。该项目输油和输气能力分别为2200万吨/年和120亿立方米/年。一期形成1000万吨原油及100万吨乙烯加工能力，形成油化一体的高科技集群式的石化基地。预计项目投产后，炼厂可年产成品油750万吨，聚丙烯20万吨，丙烷9万吨，生产清洁燃料油品、合成树脂、有机原料、合成纤维等石化原料。二期还有望引进4000万~6000万吨的原油，这一数字大约接近中国2008年原油总进口量的三分之一。

6. 滇桂合作在沿边开放中共进

随着中国－东盟自由贸易区建设进程加快、大湄公河次区域合作与泛珠三角区域合作日益深化、广西北部湾经济区崛起，滇桂合作进一步深入。这是深入贯彻落实科学发展观、推进区域协调发展的需要，是深入实施西部大开发战略、加快发展的需要，是深化改革、扩大开放、联手开拓东盟市场的需要，是造福两省区人民、推进和谐社会建设的需要。双方按照"优势互补、合作共赢、共同发展"的原则，以更加开放的理念、更加开阔的视野、更加务实的精神，加强两省区全面合作，拓展共同发展的更广阔空间。

（1）联合加强大通道建设和产业合作。全面加强公路、铁路、港口、航空建设等方面的合作，加快建设通往东盟的国际大通道，建设完善西南出海大通道，加快省际高等级公路建设，加快南昆经济带建设步伐。认真规划沿线合理的产业布局，积极承接东部产业转移，加快建设优势特色产业基地，形成有特色的城镇带。加强旅游业合作，积极推进滇黔桂喀斯特地貌生态旅游区建设，共同打造南昆铁路奇山秀水生态文化精品线路，加快旅游建设管理等方面的合作，建立旅游合作保障机制，共同开拓东盟旅游市场。加强能源等产业合作，共同构建区域合作综合信息交流平台，实现优势互补、资源共享，广泛开展经贸合作；鼓励双方企业联合开发优势资源，共同培育和建设统一开放、竞争有序和规范的区域市场；加强民营经济合作，鼓励和推动民间资本双向投资。

（2）加强沿边开放合作。共同推进泛珠三角、大湄公河次区域、泛北部湾经济合作，积极参与对方举办的各种博览会和交易会，促进两省区之间以及面向东盟的全面经贸合作，加快区域通关建设，打造面向东盟的物流大通道，共同推进中越边境经济合作区建设。共同推动道路运输一体化市场体系建设，共同加强运输合作和"绿色通道"建设，推动双方现代物流体系建设，联手建设面向东南亚的重要物流基地。加强生态建设和环保合作。开展两地流域水系生态环境保护建设规划及相关合作，建立跨界检测、监察和事故处理工作机制。建立有效的合作机制，坚持政府推动、市场运作、社会参与的模式，坚持从具体项目做起、以企业为主体的务实方法，形成有效的合作推动机制、完善的合作保护机制、合理的利益分配机制、良好的服务咨询机制，把滇桂合作不断推向深入。

二 以内外联动提升沿边开放

云南在全国对外开放总体格局中占有特殊而重要的位置，在推进中国对东南亚开放方面独具优势，是中国重要的资源进口通道，同时，又承担着推动构建和谐边疆的重任。沿边开放是云南展现特色、创造优势、加快发展的必由之路。云南积极参与国内东西互动，加强与东、中、西部地区的沟通与交流。通过不断拓宽合作领域，创新合作方式，进一步强化产业对接，稳步协调推进经济、社会合作与交流，逐步形成了全方位、宽领域、多元化的对内对外开放互动新格局，对云南经济社会发展的促进作用进一步显现。

1. 依托区域互动来促进内外联动

云南参与区域合作的内涵更加丰富了，区域发展的内容已不再局限于经济增长，而是进一步拓展到改善民生和生态保护等诸多领域。云南已参与了数十个不同规模、不同层次、不同覆盖范围的区域合作组织。在区域合作框架下，企业的主体地位不断强化，政府间的沟通与协调逐步加强，区域合作机制不断创新，云南的区域经济合作正在向宽领域、全方位的合作与相互开放阶段转变，合作的领域和重点已拓展到发展战略的相互对接、产业结构的整体布局、对外贸易政策和行动的统一安排、跨区域基础设施的共同规划与建设，乃至地区经济社会政策的相互协调等诸多方面。

云南按照沿海和沿边互动的内在规律，形成互动的经济格局，带动沿边开放。随着各地经济的开放度扩大，沿海地区技术密集型和资金密集型产业的快速发展，使劳动密集型的传统产业生存空间越来越小，比较利益越来越低。而且随着新一轮国际产业转移的加快，沿海地区迫切需要腾出发展空间，产业转移已是大势所趋。沿海地区的优势生产要素在于资本存量，云南的优势生产要素在于劳动力、土地、气候、环境等综合成本优势。云南省并不像沿海地区那样出现土地、劳动力、环境等生产要素价格显著上升的状况,云南省地域辽阔,加之经济不发达,限制了地价过快攀升;源源不断、近于"无限供给"的劳动力,特别是已形成一定规模的素质较高和与沿海地区相比收入较低的熟练工人、技术和管理人员,使云南可以持续保持土地资源和人力资源总体上的低成本优势。云南省在生产要素的低成本将会持续一个相当长的时间,这就是云南省利用外资发展的比较优势,如发挥得好,可吸引越来越多的国际制造业生产能力转至云南。充分发挥土地、劳动力资源价格低廉优势,积极承接劳动密集型产业,变人口压力为人力资源优势。

2. 依托产业互动来促进内外联动

区域经济一体化不断加快,全球经济发展进入了协同共生时代,任何一个国家或地区的经济发展都不可能在一个封闭的环境中进行。在这样的历史背景下,任何地区的发展都不能单枪匹马、特立独行,而在一个更广大的区域内,依照资源禀赋的特征,发挥分工合作的优势,合理配置生产要素,通过合作把蛋糕做大,寻求共赢。沿边开放30年来,云南跨区域合作正日益走向成熟,区域大交通体系建设、生态环境治理、信息资源共享、旅游和人力资源合作、规划合作、信用体系建设成为区域合作的重点。泛珠三角区域共同保护珠江源头林业资源、关停污染企业、治理沿江生活用水污染等一系列措施接踵而出。交通运输体系、能源合作、旅游合作三个区域性合作文件相继签署并实施。

随着产业转移层次越来越高、规模越来越大、来源地越来越集中,云南顺势而为,主动作为,以承接产业转移的突破推进发展的跨越。经济的升级与转移从来都是被迫的,需要外部压力和内部动力共同作用。东部地区加工工业尤其是对资源、能源依赖较强的上游产业向西部地区转移趋势明显。云南素有"植物王国"、"动物王国"、"有色金属王国"、"药材之乡"和"香料之乡"的美誉,资源十分丰富,积极承接产业转移,带动云南发展。目前大都停留在层次较低的产品加工制造层面,基本属于为发达省区提供初级产品阶段,由此造成了区域之间在产业利润分割方面新的不平衡。云南围绕优势资源开发和原材料深加工,整合区域内的各方面资源,鼓励下游产品的生产企业尽可能靠近原材料及初级产品供应地,大力承接资源精深加工企业,发展下游产品,拉长产业链,做大做强云南资源加工型产业，提高产品的科技含量和附加值。使资源优势更好地转化成经济优势，形成新经济增长点。开展新的产业布局，使落后地区的特色产业在区域分工中，得到更大的发展。以提升产业竞争力为核心，积极承接关联配套产业，形成专业化分工、社会化协作的产业格局，提升产业竞争力。云南以这些独、特、优的资源与国内外的资源相互补，推动沿边地区与沿海地区的产业互动，使云南真正实现利用两种资源，开拓两个市场的目的，使云南的优势资源得到开发，比较优势得到发挥。

3. 依托产业优势来促进内外联动

区域优势特色产业，一般是依托本地资源，历经长期的开发建设而形成的，具有资源的独特性，乃至独占性，因此，也是一个区域比较具有竞争力的产业，基本上成为当地的支柱产业。如能源工业、金属矿冶炼及压延加工业、非金属矿的采掘加工业，各地具有特色的旅游产业、农副产品加工业等。云南在产业开放方面采取更加有力的措施，实现对内开放的重大突破，鼓励和引导省外资金向有条件的地区和符合国家产业政策的领域扩展，主动承接产业链条整体转移，加快发展关联配套产业，促进产业集聚和实现规模经济，力争再形成若干外资密集、内外结合、竞争优势明显、带动力强的经济增长地带，以产业集聚发展带动区域经济发展。面对产业链条整体转移带来的机遇，云南在承接产业转移中，善于把自身优势同投资者优势有效对接起来，找到互利共赢的结合点。坚持以优势产业为依托，紧紧围绕提升产业竞争力，引导和推动一批国内外大企业、大集团通过入股、参股、并购等形式实现产业链条整体转移，形成产业配套，发展产业集群，促进云南工业进入国际分工的链条中，获得较多的国际市场，向高水平、宽领域、纵深化方向发展。

随着市场经济体制的逐步建立，企业将逐步成为区域经济合作的主体，成为地区经济协调发展的支柱。企业需要的资源通过市场行为获得；企业合作从服务业的合作开始逐步推向其他产业。大企业在跨区域资源配置中的作用更加突出。例如，昆明钢铁股份有限公司与武汉钢铁集团有限公司已成功完成战略重组，成为云南省省属大企业与中央企业实施战略重组合作的开山之作。云铜集团与中铝达成战略合作伙伴关系，这是中国有色金属工业发展史上规模最大的一次行业重组。培育出一批具有国际竞争力的大型企业集团,以便未来在全球范围内与"重量级"对手的市场竞争中赢得主动权。

4. 依托独特的区位优势来推动内外联动

比较优势决定了各地在国际分工中的地位和层次,云南是中国通往东南亚的门户,由于地理位置邻近和便利的交通,使投资和贸易活动中的运输、通信等费用降低,从而大大节约投资成本和交易成本。这不仅符合运距最短的生产力优化配置原则,也是吸引外资的重要途径。随着中国与东盟自由贸易区的建设和 GMS 合作进程的加快,必然带来投资和贸易的便利化,这就为云南吸引外资提供了广阔的市场空间。由于云南与周边国家间在产业结构上互为比较优势,不但可为双方创造更多的经济增长点,而且还可促进加工贸易的转型,促进国内产业转移和形成合理分工,带动产业结构的升级。由于云南发展加工业更接近终端消费者和终端消费市场,更有利于国际资本的流入。加大引进外资的力度,更多地引进国外的资本、技术和管理经验,开辟新的加工贸易领域,增加云南省商品出口与市场的吸引力,使云南省成为中国面向东南亚市场的加工基地。

云南的区域特色与优势得到有效发挥,发展速度加快、效益明显提升,形成各具特色的区域分工和合作格局。通过专业化分工的深化和协作范围的扩大以扩大市场、提高生产和组织效率,是云南省加强合作的内在要求。各地区之间形成彼此不同的比较优势,辅之以差别化的区域政策,有利于各地区发挥比较优势,形成各具特色的区域分工和合作格局,增强经济发展潜力和后劲,增强地区之间的经济联动,西南六省区市、泛珠三角区域一体化进程和合作也将进一步加速,云南与浙江、上海等长江三角洲地区的合作还将进一步扩展。

第二节 从竞争性开放向互利共赢性开放演进

开放之初,中国是一个竞争力不够强的发展中国家,对外开放战略的一个重要内容,是如何增强自身竞争力,如何扩大出口多创汇,如何提高国际市场的占有率。当今，中国是一个经济大国、贸易大国了，就要承担大国的责任。互利共赢的提出有强烈的国际背景，经济全球化为世界带来了活力和繁荣。但是，活力和繁荣并不是这个进程的唯一结果。数字鸿沟的加深，拉大了两极分化的差距；贫困人口的增加，加重了人们对全球化进程的担忧；发达国家在全球化进程中的主导地位，造成了世界经济发展的不均衡和各国发展机会的不平等。[①] 同时，由于云南与周边国家政策的不协调，与此关联的社会、环境问题也日益呈现，发展不平衡进一步增大，利益分化有所加强，相互关系进入摩擦多发期。面对"中国机遇论"与"中国威胁论"并存，云南开始从过去的竞争性对外开放转变为互利共赢的对外开放。

一　在和谐发展中实现互利共赢

实施互利共赢的开放战略，是我国对外开放基本方针政策的继承和发展，是顺应时代潮流的必然选择。中国发展国际经贸关系在总体上平等相待，坚持大小国家一律平等的准则，确保与每个伙伴的合作都建立在互惠互利的基础上。只有互利才能共赢，二者相辅相成，缺一不可。云南坚持在与各国广泛开展互利合作中促进自己的发展，又需要以自己的发展促进对方共同发展，让对方在中国的经济发展中受益，促进共同发展、平等受益、互惠互利。

1. 在生态和谐中实现互利共赢

地缘经济是一个整体，是一个完整的系统，不但在经济联系上而且在生态环境上有密切的联系，不仅是一个经济循环系统，而且还是一个生态循环系统。云南地处我国及亚洲多条大江大河的上游，素有"亚洲水塔"之称，其经济发展、生态保护和污染治理的好坏不仅直接关系到周边国家人民生命财产的安全和生活的质量，而且还决定着今后的长期可持续发展。云南与中南半岛国家山水相连，唇齿相依，同一流域把云南与次区域各国利益紧紧拴连在一起，各条国际河流实际上是一条条把

---

① 国纪平：《共同推动经济全球化朝着均衡普惠共赢方向发展》，《人民日报》2007年11月28日。

云南和中南半岛国家联结在一起的纽带,构成了云南与中南半岛国家相互依存的天然条件,成为云南与一带山水相连的睦邻国家相互依存的利益重叠线。①

互利共赢主要处理的是中外经贸关系,但这并不是说与生态环境没关系,相反二者间有重叠和交叉,互为支持和配套。云南与周边国家合作的一个核心问题是能否做到可持续发展,处理好人与自然及环境的关系。多年来不少地方存在着不惜牺牲环境片面追求发展速度的现象,打破了生物多样性的自然生态平衡,使溪河断流、水土流失等生态灾害接踵而至;工业废弃物、污水污染环境等问题日益突出。不能以牺牲明天发展今天,云南把落脚点放在生态环境的优化上,这涉及资源开发、流域治理、生态保护、环境治理和整合经济资源等方面。因此对生态环境的保护治理,以培育和恢复森林植被为手段,保持水土、涵养水源,构建周边国家的生态环保屏障,不仅使云南生态环境不断优化,而且能够合理开发与可持续性利用水资源,维系自然资源系统平衡,形成强大的区域经济合作的凝聚力。生态效应的作用是其他行业所不能比拟的,一业生百业,一利生百利,有巨大的经济推动效应,产生经济增长点,创造就业岗位。治理地区跨国界环境污染、建立生物多样化中心、共享生物和基因资源,加强水资源管理、发展生物燃料等,改善生态环境,协调第一、第二、第三产业,从而全面推动云南与周边国家合作的可持续发展。

2. 在和谐社会中实现互利共赢

云南与周边国家合作交往十分频繁,人员往来不断增加,经贸联系日益密切,社会文化交流更加活跃,各领域合作逐渐拓展和深化。但同时也面临着许多问题,包括贫困人口众多、疾病蔓延、拐卖人口、毒品走私、非法移民、非法劳工等,给合作带来新的压力和挑战。实现发展与繁荣任重而道远,作为一个负责任的大国,中国要为维护地区和平与稳定、促进区域经济合作与发展发挥重要作用。"经济"的含义就是"经邦济世",发展的目的并不是发展本身,而是人类的福祉。云南一直在与

---

① 翟崑:《大湄公河次区域经济合作战略解析》,《人民日报》2005年6月24日。

周边国家一起努力，营造大小国家和平共处的地区政治环境，营造与周边国家普遍繁荣的地区发展环境，营造持久稳定的地区安全环境，营造更加多姿多彩的人文环境。

构建和谐社会的基础是发展，贫困是产生社会不和谐的重要原因，发展则是消除贫困的根本途径，发展才能创造更丰富的社会物质财富，使人民群众的生活水平不断提高，社会生活更加和谐；才能更好地调节不同阶层和群体的利益关系，解决好各种社会矛盾。云南与周边国家增强忧患意识，加强团结，密切合作，增强抵抗风险的能力，坚持走共同发展与繁荣的道路。贫困是产生一切社会问题的总根源，云南在改善民生，减少贫困，促进人民安居乐业，构建和谐边疆上下功夫。致力粮食安全与减贫事业，向纵深推动与周边国家乡村发展合作，充分发挥云南农业信息网的作用，提高对周边国家农业信息服务水平；加快推广以沼气为主的生物质能源的开发利用，改善农村生态环境。加快人力资源开发合作，鼓励和支持云南省有条件的大学、专业技术学校和培训机构参与周边国家人力资源培训项目，加强教育合作，开展基础教育、职业教育以及高等教育等领域交流与合作，进一步建立完善面向周边国家的远程教育网络，不断丰富远程教育信息资源。加强卫生领域的合作，建立可持续的长效卫生合作机制；推动形成包括艾滋病、禽流感、登革热等传染病控制合作在内的卫生领域合作；以中缅疟疾项目，中缅、中老、中越艾滋病项目及中越结核病项目作为重点，增进和完善在传染病疫情信息交流与共享机制建设方面的合作。

3. 在利益和谐中实现互利共赢

中国崛起最大的特点，不是把经济增长成果留在家里独自享受，而是把经济增长与大家分享。互利共赢的开放战略，核心就是兼顾本国利益和别国利益，首先考虑的肯定是本国利益，但是，也必须考虑其他国家的关注和利益。互利共赢不同于新老殖民主义的扩张掠夺的对外战略，也不同于传统资本主义的"自利独赢、赢家通吃"的对外战略，而是一种新型的合作开放战略，也是可长期持续发展的开放战略。[①]

---

① 胡鞍钢：《互利共赢战略是可长期持续的开放战略》，新华网 2007 年 10 月 17 日。

云南与周边国家合作朝着均衡、普惠、共赢的方向发展，允许、理解各国的利益，不以自己的关注来代替别国的关注。云南在合作中尊重各国的自愿选择，照顾参与各方的舒适度，在协商一致的基础上使参与国在合作中普遍受益，共同发展，实现互利共赢。为周边国家提供更多的利益，实施政策倾斜，多予少取，适当让利。在与东盟谈判自由贸易区建立之前，搞"早期收获"，对经济发展落后的老挝、柬埔寨、缅甸实行单边让渡，免去这些国家多年的债务，不要求它们对等开放市场。面临竞争时留有余地，不让别人没饭吃，同时努力开拓潜在合作空间，让那些在竞争中失去利益的对手，在合作中得到补偿和发展，把对外援助项目与开发当地资源结合起来。不做损人利己、以邻为壑的事情。为当地经济社会发展做贡献，为对方老百姓做些实事，实现和平、合作、和谐的新局面。让周边国家的民众以自己的感同身受证明云南和周边国家之间绝非零和的关系，而是一种全新的互利共赢的关系。只有让利于他人，只有多助共赢，云南沿边开放之路才能越走越宽，企业收益越来越大。

4. 在睦邻、安邻、富邻中实现互利共赢

周边国家也希望能在中国的和平崛起中获得更多的发展机会，既看好中国巨大的市场，又寄希望于中国资本输入。提升沿边开放是以"富邻"为基础的，云南扩大合作领域，转变合作方式，创新合作模式，提高合作质量在很大程度上要取决"富邻"的快慢；要充分地利用境外资源，就必须很好地开发境外资源；要更好地开拓境外市场，就必须很好地培育境外市场。离开了"富邻"，沿边开放难以提升。一个贫穷的周边，就可能是动乱之源、动乱之根，也是极端主义、分裂主义、恐怖主义的温床，而一个富强、友善的周边，不仅不会对中国构成竞争与威胁，反而会使中国从中受益。[①]

随着云南区经济实力的增强，开放型经济建设的提高，为富邻奠定良好的物质基础，提供巨大的动力，"富邻"使云南在同周边国家广泛开展合作中促进自己的发展。云南的东南亚周边国家是资源富聚区，由于经济发展水平低，大多采取以资源换增长的路子。"走出去"加大对外投

---

① 孟祥青：《周边稳，则中国安》，《环球时报》2007年4月4日，第11版。

资，能使周边国家的资源得到迅速开发，经济快速发展，国家较快富裕。周边国家富裕起来能使中国获得更广阔的发展空间，既能为中国提供广阔的市场，又能为中国提供稳固的原料来源。云南对境外资源开发起步较晚，无论是境外资源占有量和开发量都相当之小。加大对外投资，使经济合作迈出坚实的步伐，由被动全球化阶段转化到主动全球化阶段，增强参与国际合作和竞争的能力，提高对外开放的水平。云南把获取经济发展过程中所需的战略性资源作为与周边国家经济合作的主要战略选择，在方式上要改变过去以贸易为主获取资源为以投资为主获取资源。通过到邻国投资来组织生产和利用国外资源，主动参与经济合作，发挥其在技术、人才等方面的优势，建立起境外生产体系。

二 在共同利益中实现互利共赢

互利共赢是有予有取的，但具体方式上可依据各国的资源禀赋和发展状况，关注不同的需要，区别对待、灵活选择不同的合作方式。特别是对东南亚周边国家这样具有区位优势的、世界最不发达的、资源丰富的国家。云南的沿边开放面临地域差异问题，这与我国国内经济改革进程中出现的城乡差异有相似之处。中国"经济改革进入了又一个临界点，是走向公平竞争的市场经济，从获得的公正走向交易的公正，还是从权家通赢走向赢家通吃，陷入'不公平的伪竞争'与'反竞争的伪公平'循环的怪圈，就看我们此时的选择了"[①]。

1. 寻求共同利益的平衡点来提升沿边开放

云南与周边国家合作的结果是双赢，但会产生"绝对获益"和"相对获益"。"绝对获益"是指双方都能获利，但是利大利小，赢多赢少各国并不相同，这取决于各国自身的竞争力。云南与周边东南亚国家虽然可为了某种共同的利益而合作，但是，如果"相对获益"不平衡，这种合作将会很困难，纵使建立某种合作关系也很难长期维持。因为，处于落后、贫穷的国家首先考虑利益将如何分配。这导致它们考虑的问题不是我们都获益而是谁的获益会更多，那么，即使双方绝对获益的前景很

---

① 秦晖：《探寻云南深入湄公河的机会》，《云南信息报》2009年11月12日。

好，也不会引发合作。现实证明，两国间的合作，只有在着眼于本国利益的同时，尊重对方的利益，达到利益的平衡点时，合作才能顺利展开，才能实现国际合作最大化和国际争议最小化。

2. 寻找大国与小国利益的交汇点来提升沿边开放

云南与周边国家之间最重要的合作基础是在日益加深的相互依存条件下产生的共同利益，但不同的合作伙伴有着不同的利益交汇点。周边的大多数国家都是小国和弱国，它们在与中国合作时，不能不更多地考虑相对获益的问题。中国作为一个地区大国，在与东盟合作时，也一定要照顾到小国和弱国的心态，使它们从合作中得到更多的相对获益。[①] 云南在与周边国家的合作立足于寻找到大国与小国的利益交汇点，坚持多予少取的原则，树立起中国是负责任的大国形象。在与对方的合作中适当让利，使双方的"相对获益"也达到平衡，使伙伴得到更多的实惠，给伙伴带来较大的国家利益，激发伙伴国经济合作的积极性，云南的向心力更大提高，从边境合作的"蝴蝶效应"扩散到大湄公河次区域合作，扩散到整个大周边的合作。

3. 寻求跨境民族的共同点来提升开放

云南与周边国家的边境地区大都是少数民族聚居地区，许多民族跨境而居，在人文渊源、文化传统等方面存在千丝万缕的内在联系。他们习俗相近，姻缘相通，语言相同，宗教信仰一样，风俗习惯相似，形成隔不断的地缘、亲缘关系。虽然各跨境民族分属于不同国家，有不同国家的价值观念和国家感情，但由于在民族形成的过程中，拥有同源文化底蕴，也就决定了跨境民族整体的共同性和部分的差异性以及强烈的民族认同感和内聚力。沿边跨境民族地区是一个集边疆、民族、宗教、山区、贫困为一体的特殊区域，各民族有着共同的区域利益，既包括经济利益和社会利益，也包括生态利益。这些共同利益既可以是国际合作的利益纽带，又可以是云南提升沿边开放的支点。按照地缘的经济联系、商品的流向、区域特点、国际分工，寻求跨境民族共同利益和提升开放

---

① 曹云华、徐善宝：《睦邻外交政策与中国－东盟关系》，新华网广西频道 2007 年 10 月 27 日。

型经济互动规律，建立良好的周边环境，对相关各国的国际关系、民族关系、经济发展、社会稳定有着不容忽视的影响。

4. 寻求战略利益的最佳点来提升沿边开放

互利共赢包含着对利益的追求，但并不止于对利益的追求，它包含着经济利益，重要的还有战略利益。云南沿边开放是利用地缘经济的优势，通过边境经济合作的路径，更好地促进国家间合作，通过国家间的合作为自己开拓出更大的合作空间。云南沿边开放不仅利在双方，而且可辐射并惠及东南亚、南亚。周边国家是我国进入印度洋地区的跳板，是我国面向东南亚、南亚大市场的支点，是我国面向重要资源和能源的重要依托。它对加快中国－东盟自由贸易区建设，对中国实施面向大市场、面向大周边、面向重要资源和能源的互利共赢战略有其深远的意义。云南沿边开放注重将本国利益与他国的利益有机地结合起来，把中国的长远利益与他国的长远利益结合起来。更多地着眼于更大的战略利益和长远利益，把同周边国家的合作推向新水平，为云南开放寻找到更大的发展空间，提供更广阔的市场条件和资源条件，更好地实现自己的战略利益和长远利益。

三　在扩大合作中实现互利共赢

地缘经济在国际关系中发挥着越来越重要的作用，经济利益的日益融合使国家之间的相互依存越来越深。云南进入商品和要素全面双向跨境流动的开放阶段，商品流动与要素流动、货物贸易与服务贸易、出口与进口、吸收外资与对外投资、本地化与国际化等各方面均衡协调发展的要求更加突出。但沿边开放一定是双向的，不仅有中国对周边国家的开放，还必须有周边国家对中国的开放。云南与周边国家都在谋求发展，因此，在市场、资源等方面不可避免地存在相互竞争与合作的关系。周边国家十分看重中国的市场和资金，寄希望于在中国的发展中获得机遇，但又对中国经济和政治影响的不断上升抱有戒心，甚至把中国看作潜在的战略对手。因此，云南与周边国家的合作并非单方面取决于中国政府的意志，如何实现互促互动，如何采取有效的措施趋利避害，在很大程度上成为云南沿边开放必须考虑的战略性因素。

1. 在稳步推进能源资源合作中实现互动开放

中国利用境外资源主要依赖现货贸易，由于投资开发少、权益资源少，只能做国际市场的大买主，不足以和高度垄断的卖方市场博弈，甚至陷入越买价越高、价越高越买的恶性循环。扩大境外能源、资源合作开发，建立多元、稳定、可靠的战略资源供给保障体系，关系中国经济社会发展的全局。云南开展境外能源资源开发的合作不仅重视外部资源为我所用，更强调中国给周边国家的经济社会发展带来机遇。云南按照国际惯例，遵循互利共赢的原则，发挥中外双方各自比较优势，实现资源互补和市场互补。云南与周边国家经济是相互依存的，只有使周边国家得到实惠、得到发展，经济合作才能实现更大提高，经济增长才会有更好的国际环境。云南加强与周边国家在能源、资源开发的合作，充分挖掘并发挥该地区的资源优势，使其沉睡多年的优势资源发挥效益，培育起自身具有比较优势的产品，进一步优化和提升本国的产业结构，增强造血功能，使资源优势向经济优势转换，形成出口生产能力，推动该地区经济的发展，更重要的是为相互贸易奠定稳定的基础，促进相互之间贸易额的迅速增加。

2. 在扩大贸易合作中实现互动开放

我国过去外贸增长很大程度上锁定在出口创汇和拉动国内经济增长等短期目标上。正是基于这样的目标导向，国家出台了一系列鼓励出口的财政、税收等政策措施。但是，贸易发展既可能给周边国家发展带来巨大机遇，也可能带来强大冲击，随着国内经济发展的对外依赖程度不断加深，加上后来持续的经常项目和资本项目双顺差，以及日益多样的贸易摩擦。云南转变原来的"出口导向"外贸战略，转向贸易平衡战略，由关注出口额转向关注进口额，把扩大进口作为促进贸易平衡的重要着力点。周边国家主要是落后国家，这些地区在贸易中的问题是支付能力比较低，长处是有大量的资源可作贸易支付，障碍是补偿贸易的长期机制和大规模交易机制还没有建立起来，在这样的条件下，企业到境外投资就很难取得及时的回报或最终转换成回报。云南与对方政府协商，参与对方进行大规模的开发，采用补偿贸易、易货贸易，大幅度地减少贸易的中间环节，提高补偿贸易、易货贸易的可交换性，进一步推进双边或多边贸易投资便利化。并科学地规划好补偿贸易中的细节，对所补偿的资源做到绿色开发、可持续发展，使补偿贸易、易货贸易项目成为周边国家经济大开发的摇钱树。这种开发有很大的示范效应，以一种有效的、大规模的贸易方式成功地示范于国际经济合作中，使发展中国家快速地实现经济的腾飞。

3. 在实现产业对接中实现互动开放

在区域合作中，产业合作是核心，企业合作和政府合作都是以产业为依托，并围绕产业合作来进行的。在市场经济条件下，彼此竞争的国家或地区之所以要进行产业合作，是各国之间在资源、要素方面需要互通有无，当拥有某些或某种资源和要素的国家或地区不能提供相应的有效供给、自己不能把资源和要素禀赋优势转化为经济利益时，或者是一个国家对其他国家的资源和要素有强烈的需求时，它们之间就会通过合作的方式来开发，利用这些资源和要素，以满足各自的发展需要。[①] 国家之间通过合作，共同开发市场，使各自的开发能力整合起来发挥规模效益；通过合作可以形成合力，增大对外的整体竞争力。在全球化和新科技革命快速向前发展的情况下，通过区域合作来实现本国产业的升级，已成为各国的共同选择。云南与周边国家的产业对接，不仅可以填补周边国家的一些产业空白，实现高起点、跨越式发展，也有利于优化区域的产业结构，有利于调整区域产业布局，促进产业结构升级。形成产业规模优势和集聚优势，建立起较大规模的产业增值链，形成区域性的产业集群，提高区域产业化水平。从而也有利于提高区域内资源的配置效率，并在竞争合作中实现双赢甚至多赢的目标，拓展出更广阔的发展空间。区域性产业集群的建立可以形成较大规模的产业增值链，促进区域产业结构的调整。例如，云南与周边国家在农业方面的合作从根本上摆脱传统产业结构对市场适应性日趋被动的不利局面，充分利用该地区物种、气候、土地等优势资源，打绿色牌、走特色路。在能源方面的合作可以充分发挥各自资源禀赋的优势，形成云南电力向周边国家输送，周边国家的石油、天然气向云南输送的互补格局。区域性产业集群所形成

---

① 吕洪良：《区域经济发展与产业合作》，《经济日报》2005年8月22日。

的产业规模，可以面临更多的市场机遇，形成产品的地域化集聚和区域品牌效应，为区域内形成专业市场提供基础条件，提升区域企业开拓国内外市场的整体竞争力。

第三节 由贸易驱动向投资驱动的开放演进

随着沿边开放的深入，云南与周边国家利用传统的贸易政策与措施来刺激经济合作的余地已经相对狭小，加速对外投资成为拉动云南与周边国家的经济合作持续增长的良方。随着国家"走出去"战略的推进，云南企业走出国门开展对外投资合作步伐不断加快。云南周边的中南半岛国家是世界上能源、林木、矿产等资源最为富集的地区之一，其中许多重要资源为中国紧缺，并在成矿带上与云南成矿带相连相通。随着周边国家油气等资源的勘探开发不断取得进展，以及中缅油气管道项目的建设，云南成为中国重要的资源、能源进口通道。沿边开放以"走出去"为特色，不仅是云南贯彻中央"与邻为善、以邻为伴"和"睦邻、安邻、富邻"周边外交方针政策的体现，也更能发挥云南自己的比较优势。

一 实施"走出去"战略，把沿边开放推向更高阶段

过去云南与周边国家的经贸关系主要是靠贸易模式维系的，这种单一的进出口结构直接导致了双边贸易长期的不平衡。此外，受市场因素和各国产业政策调整的影响，这种贸易合作具有潜在的不稳定性。仅仅依靠地缘优势和互补性资源输出的贸易，已远远不能适应云南与周边国家合作的需要了。贸易的扩大归根到底取决于经济的发展，发展地缘经济就是使合作由过去单一的贸易合作转变为双方优势互补，以实现双赢为目标，充分利用两个市场、两种资源，开展资金、技术、人才、设备等全方位合作。投资驱动有着"创造贸易"，扩大市场和促进竞争等积极作用，其总体效果则是推动区域合作的迅速繁荣。

1. 积极推动"走出去"战略的实施

"走出去"是云南沿边开放的优势和重点，为鼓励和推动云南企业"走出去"，充分利用国际国内两种资源、两个市场，云南省采取了一系

列积极措施，先后出台了鼓励和支持企业"走出去"的一系列政策，并设立了"走出去"专项资金，改善对外开放环境推动企业积极"走出去"。企业跨出国门，开展国际经济技术合作和跨国经营，通过境外投资和对外承包工程、劳务合作，实现资本、技术、管理方法、原材料和市场资源在国际范围内优化组合。云南在更大范围、更宽领域和更高层次上参与国际经济技术合作和竞争，省内大型企业集团加快了开拓国际市场的步伐，在境外投资中发挥了主力作用。"走出去"的方式从以单纯的海外投资为主，向对外承包工程、劳务合作、设计咨询等多种形式转变。投资驱动能获得事半功倍的成效。一是避开对方为货物贸易出口设置的高关税，降低销售成本，以便在对方国家取得更多的贸易市场和贸易利益。二是利用对方可能是最不发达国家的身份去投资，就可以取得原产地待遇，自动享受向发达国家出口的普惠制条件和最低的配额限制，甚至是无配额限制，打破第三国设置的贸易壁垒，降低进入出口方国家市场的成本。三是开发对方无力开采的资源，进口后满足国内需求，同时也扩大了对方国的出口。四是当对方贸易市场竞争过分激烈，商品贸易难以进入对方国家时，对其进行投资，为对方提供就业机会、税收、配套产业、增进共同利益为条件，以保住我方的产品出口市场。五是到对方投资的同时，可带动国内配套产品的出口，扩大企业的生存空间和综合竞争力，能够解决贸易顺差不断增加带来的国际收支平衡问题。

2. 实施"走出去"战略，提升沿边开放水平

只有采取"走出去"的战略，云南与周边国家的经济才能紧密地融合，云南才能充分利用国内、国外两个市场和两种资源，弥补国内资源和市场的不足，保证国民经济的可持续发展；才能促进我国在全球范围内进行经济结构优化和战略性调整；才能促使云南企业在更大范围、更广领域和更高层次上参与国际经济合作与竞争，在激烈的国际市场竞争中发展壮大；增强云南的综合实力和参与全球竞争的能力。云南已经基本具备对外直接投资的条件，有些企业已具备了跨国经营的能力与资金实力，在经济发展和投资发展二者互动之中发展对外直接投资，在引进外资的同时发展对外投资。中国走和平发展道路，不把问题和矛盾转嫁给别国，更不通过掠夺别国来发展自己。中国的发展绝不损害别国的利益,绝不牺牲别国的发展,而是以自身的发展推动各国共同发展,从而把中国人民根本利益和世界人民根本利益结合起来。[①] 中国是一个负责任的国家,中国发展可推动周边各国共同发展,为富裕周边、消除贫困、缩小南北差距做出巨大贡献。而周边国家也希望与我国企业开展合作,带动它们的经济增长和就业,实现共同发展。在企业"走出去"这些全方位、多层次、宽领域的对外经济活动中,既有利于两国共同发展和优势互补,也有利于两国在国际分工中形成更合理的地区产业体系,促进经济结构调整和技术进步。

3. 实施"走出去"战略,加快云南的产业转移

周边国家经济发展水平较低,市场广阔、资源丰富、劳动力成本低,云南的产品和技术对这些国家和地区比较适用。因此,投资和开展经济技术合作潜力很大。云南按照有利于产业升级、有利于实现长远发展的要求,加大开拓力度,引导企业"走出去"。对石油、金属和非金属矿产、木材等中国短缺资源,更多地通过境外投资来解决。对云南生产能力过剩的加工业,如纺织、机械、建材、化工,把技术、设备带出去,在境外寻求合作与发展,在新一轮国际分工中分享比较利益。云南的制糖、制茶、烟草等传统产业的规模已十分庞大,产能过剩的矛盾非常突出,贸易摩擦频发,出口阻力越来越大。发展境外加工贸易也是云南企业参与国际竞争和分工的一种重要形式,加工贸易投资相对较少,管理比较容易。云南的一些规模大,实力强,有资金、技术优势的国有企业,成为"走出去"参与国际竞争的中坚力量。非公有制企业具有自我约束力强、市场敏感度高、经营和管理方式灵活的特点,创造条件,鼓励其积极开展境外投资活动,这样做风险分散、目标小、方式灵活,容易被东道国接受,也有利于消除发达国家的疑虑。云南优先考虑到促进当地社会经济的发展,给周边国家经济技术的提升,提供一个比较好的机遇,在合作过程中,向东道国转让技术,增强其自我发展的能力;带动当地的经济发展,增加东道国的就业机会和财政收入,有效平衡与周边国家的双边贸易。

---

① 康绍邦:《始终不渝走和平发展道路》,《光明日报》2007年12月11日。

二 云南企业"走出去"先行先试

实施"走出去"战略,是党中央、国务院在中国对外开放和社会主义市场经济发展到新阶段采取的重大举措。从经济理论上看,企业一般按商品出口、许可证交易和对外投资这一路线进入国际市场。当企业在国外发展到一定程度后,通过对外投资实施企业纵向一体化经营战略,往往成为一种合理的选择。云南是我国沿边开放的试验区和西部地区实施"走出去"战略的先行区。云南在实施"走出去"战略中,顺势而谋、乘势而上、不失时机地赢得发展先机。

1. 农业企业"走出去"先行先试,推进境外农业产业化

云南省与周边国家在农业资源、农业技术等方面有较强的互补性,涉及农产品贸易、农业技术交流、农业技术人员培训、热区作物开发及跨境动植物疫病监控等。农业企业"走出去"不论在生物资源的广度开发、深度开发还是在种植技术、农副产品加工、产业的延伸等方面都有广阔的市场空间。一是"走出去"向现代农业拓展。云南利用农业技术和产业的优势,积极提升中国农产品在东南亚市场的国际竞争力,拓展农业产业的发展空间,积极参与粮食、橡胶等农业领域的国际投资合作。加强特色农产品试验基地和农业品出口示范基地建设。积极开展粮种研发和推广项目。加强边境动物疫情监测和跨境农业疾病的防控。积极开展对周边国家的农业科技人才的联合培养。二是"走出去"向绿色经济合作延伸。云南广泛开展与周边国家的生物资源开发合作,并取得了显著成效。充分利用云南农业科技及周边国家丰富的土地、生物资源优势,做到优势互补,互利互惠,合作研究开发生物商品、生物能源、天然药物、低毒低残留生物农药及生物肥料、天然化妆品等生物化工。三是"走出去"向替代产业发展。云南在周边国家的"替代种植"已经取得较好的成绩,逐步从单一的经济作物替代向综合利用和产品加工为主的替代产业过渡,从单一"替代种植"带动发展向替代产业带动发展转变。提高人民的生活水平,增加当地的就业,促进缅北、老北地区基础设施建设和社会公益事业同步发展。

2. 工业企业"走出去"先行先试，建立境外经贸合作区

在后金融危机时代，国际贸易保护主义势力抬头，针对中国商品的反倾销措施层出不穷，人民币汇率升值压力加大，建立境外经贸合作区促使企业"走出去"，能在一定程度上规避贸易壁垒，重获快速发展动力，有利于推进中国经济可持续发展。一是境外出口加工区模式（出口导向型）。利用缅甸皎漂深水港联通中国与印度洋地区的区位优势，实施特殊的加工贸易管理政策，以吸引中国资本和企业进入发展出口加工工业。利用自由贸易协议的市场，通过在中缅皎漂经贸合作区的投资实现对这些国家的出口。二是境外资源开发合作区模式（资源开发型）。缅甸西北部是资源富集区，土地资源、水能资源、生物资源、矿藏资源十分丰富，可在密支那形成以当地资源为依托，以资源开发产业链为主线，形成集资源开发、加工为一体的特殊区域。三是境外工业园区模式（当地市场寻求型）。老挝是农业国，工业基础很薄弱，其国内市场的工业品几乎都靠进口。利用中老万象经贸合作区将国内具有相对比较优势的，生产能力过剩，国内市场饱和，产品积压，竞争比较激烈，但技术比较成熟的产业转移出去。四是境外物流园区模式（保税加工型）。建立中泰清迈经贸合作区发展保税物流和保税加工，从地缘优势的角度整合和升级现有的公共设施、交通和通信系统，以获得东南亚国家的其他资源和市场，最大限度地提高中泰两国空间经济联系的运作效率和安全程度。

3. 金融企业"走出去"先行先试，推进人民币周边化

人民币国际化的路线应该是先周边化，再走区域化和国际化的道路，在这个过程中，周边国家是人民币区域化的首选。云南推动国际区域金融合作向纵深化、多元化方向发展，即短期的，以本币结算合作促进贸易和投资发展为目标；长期的，以加快结算合作建立区域内统一货币为目标。一是金融企业"走出去"先行先试。鼓励地方金融机构在境外设立分支机构，提供一整套金融服务和长期的、全流程的服务支持。为"走出去"企业提供信贷支持和商业保险服务，发展项目融资、外汇理财等业务。以加快资金周转、拓展融资渠道，规避国际市场风险。在境外积极开展人民币储蓄业务，使人民币成为国际储备货币之一，并不断增加人民币在全球外汇储备中的比重。二是在人民币国际投资方面先行先

试。在国际贸易的计价和结算方面，云南已迈出了步伐，但人民币周边化不仅要解决经常项目，而且资本项目都要实现人民币的自由兑换，让人民币具备国际投资的职能，最后使人民币成为国际储备货币。探索与跨境合作相适应的投融资机制，云南企业已开始用人民币进行对外投资及对外承包工程项目。三是在创新拓展人民币投资渠道方面先行先试。加快向境外投资的步伐，推进货币互换业务，保证境外企业有多种投资方式实现人民币的保值增值。扩大对周边国家的信贷额度，云南还增加卖方信贷、补偿贸易等扩大人民币在境外的投资。

4. 旅游企业"走出去"先行先试，构建无障碍旅游圈

一是旅游业整体"走出去"先行先试。旅游业是关联度很高的综合性主导产业，分为旅游服务业和旅游制造业，旅游产品的开发、旅游景区的建设、旅游景点的开辟、旅游交通等。云南推进产业整体"走出去"，着力开发区域整体性旅游产品，选择有旅游发展潜力和旅游开放程度高的城市和地区，推进旅游国际合作，拓展国际市场，打造旅游的航母。二是"走出去"共同培育旅游市场。云南与周边国家进行旅游目的地的联合促销、旅游产品开发。在旅游发展规划、项目投资、产品设计、客源互送、品牌共塑、教育培训、产业资源共享等方面进行全面而深入的合作。形成共享资源、联合营销、共同发展的旅游合作格局。形成联合统一的促销机制，在国际旅游市场推出鲜明的整体旅游目的地形象。三是"走出去"打造世界级的旅游精品。云南与周边国家共同建设 GMS 黄金旅游路线和旅游景点。在完善传统旅游线路的基础上，整合区域旅游资源，加大跨境旅游产品的开发力度，共同开发旅游资源和产品线路，共同打造自驾车黄金旅游线路，共同打造旅游品牌。

三 创新云南企业"走出去"的模式

金融危机加之近年国际贸易争端频发，导致云南企业出口前景不容乐观，从出口转向对外投资便成为一些企业的现实选择。创新对外投资和合作方式是构筑云南参与国际经济合作和竞争新优势的重要路径。云南已进入对外投资快速增长的新阶段，创新对外投资和合作方式意义重大。长期以来，云南企业"走出去"的方式多以国际工程承包、劳务合作为主，现在这些传统方式已经无法满足云南对外投资进一步发展的要求，需寻找新途径，开辟新领域，创造新模式。

1. 创新境外投资的主体

在境外投资的主体中，国有与民营企业各自具有鲜明的特点和不同的优势。国有企业与民营企业相比，具有资金实力强，容易获得政府和银行支持等优势；但它决策慢、激励约束不足、人才不足、在国外并购阻力较大。民营企业与国有企业相比，处于资金少、受扶持也少的劣势地位，但民营企业也有产权清晰、机制灵活、决策快、在国外收购的阻力小等明显的优势。

（1）云南鼓励更多的民营企业"走出去"。民营企业生在市场，长在市场，优胜劣汰，企业自负盈亏，预算约束力强，机制十分灵活，在经营机制上完全根据市场情况而定，是真正的市场行为主体，这为企业的发展提供了源源不断的动力。民营企业有着强烈的利用两种资源、两个市场的内在需求。云南民营企业则更了解周边国家国情，具备积极创新、勇于尝试、自强不息的创业精神，同时还拥有强大的本土资源整合能力。

（2）培育云南自己的跨国公司。云南积极打造拥有一大批属于自己的跨国公司，使之在较短的时期内掌握自己所短缺的技术研发能力、海外销售渠道、境外战略资源等。最首要的是培育自己的核心竞争力，加快产业结构调整步伐，突出核心业务。同时，利用有利时机，继续扩大和加强互惠互利的对外合资合作，加强国内同行及用户之间的合作联盟，构建起长期稳定的战略伙伴关系，促进云南境外投资的健康快速发展。

（3）注重跨国公司与民营企业的融合效应。云南的大型企业大多具有雄厚的经济实力、领先的技术优势、科学的管理经验、较强的全球资源整合能力和丰富的世界市场销售渠道；而在市场化进程中摸爬滚打起来的民营企业，则在与各类企业的竞争合作中开辟出了自己的发展空间，形成了独特的竞争优势。两者实现优势互补，这种互补式的合作既有利于双方的发展，也符合经济发展的要求，具有强大的生命力。

（4）组成银企联合体"同船出海"。云南引导、组织实体企业与金融企业合作，组成联合体"同船出海"。实体企业与金融企业对投资对象的关注点有所不同：前者往往注重与目标企业进行战略合作以提升自身价值，对短期财务收益看得相对较轻；而后者则恰恰相反，更注重目标企业的财务回报。这两类企业组成收购联合体，可以起到取长补短、规避风险，在利益上各取所需的效果。

2. 创新境外投资的途径

云南境外投资要想夺取先机，顺利开展业务注重境外投资本土化策略。考虑东道国经济发展水平、经济发展模式的差异，市场制度、金融体系、法律制度的发展和完善程度的差异，产品标准、生产条件、环保标准的差异，经济转型与成熟市场的差异，政府与企业关系、国民教育水平、风俗习惯的差异。针对差异使用不同的融入策略，积极利用各种方式加强与本土企业的合作，理性地融入当地社会，建立互利共赢、和谐发展的国际经营环境。

（1）经济利益的本土化。强调云南企业和本土经济的双赢发展，尽管本土化是为企业自身利益服务的，但在客观效果上，本土化是企业自身竞争优势与当地比较优势相结合，是一种"双赢"。云南的境外投资把重心放到了本土化的策略上，建立公平合理的风险分担和利益共享机制及平等协商机制，在宏观上切合当地形势，顺势而动，依势而长，为跨越文化差异，早日融入周边国家市场，夺得发展先机。从扩大投资、产业拉动、服务业扩展三个方面，每一步都做到了和当地发展的双赢，为当地经济发展做出了积极贡献。

（2）经济行为本土化。经济行为本土化贯穿在对外投资的整体战略中，通常包括产品本土化、管理模式本土化、人力资源本土化、研发本土化、营销本土化、生产原料本土化等。例如，在人力资源本土化方面不仅雇用本地经理，还要雇用更多东道国劳动力；在营销本土化方面，抓住东道国的特色，适应当地的营销环境，云南企业的标志及产品商标，使用当地文字的名称等。无论是普通消费品还是服务产品，云南企业都重视本土化的问题，做得好，就成功搭上快速发展的经济快车，取得长足的进展；做得不好，不但得不到应有的收益，甚至使自己的资产受到损害。

（3）经济关系本土化。经济关系在周边国家社会中是十分重要的社会组织资源，经济关系本土化能保障云南企业投资的成功，赢得周边国家社会的信任。关系本土化策略包括：参与当地社会重要事件、投资教育、支持体育事业、参与公益活动，甚至包括扶贫救助、救灾赈灾、环境保护等。关系本土化策略，绝不只是简单的面子工程，是云南企业适应东道国环境、追逐利润最大化的竞争手段。真正实现建一个项目、培养一批人才、结一方友谊，其目的是让企业的对外投资在东道国的土地上与当地民众建立良好关系。

第四节 由产品贸易为主向服务贸易为主的开放演进

云南与周边国家的经贸合作不仅包括看得见的能源、物产、文物、交通等资源，还包括看不见的国家与地方跨境关系网络、民族文化资源、社会资本等资源。2007年，中国和东盟签署了中国－东盟自贸区《服务贸易协议》，这是我国在自贸区框架下与其他国家签署的第一个关于服务贸易的协议。这是由于双方在服务贸易上有很大的互补需求和相应的互补能力，尤其是双方在发展政治和经济关系上的强烈意愿发挥了根本的推动作用，这表明，双方均需要对方的市场来实现对本国文明进程的促进和提升。随着协议的实施，双方将逐步减少服务业的准入限制，扩大服务部门的市场开放，对云南与周边国家的服务贸易增长产生积极的推动作用。

一 发展服务贸易提升沿边开放

沿边开放以来，云南服务贸易虽然增长迅速，而且传统的旅游已经发展成为全省性的、可持续发展的支柱性产业，但服务贸易的总体发展水平还不高。一是服务贸易的总量明显落后于货物贸易的发展，服务出口占货物贸易出口总额的10%左右，低于19%的世界平均水平。二是服务贸易出口的方式还比较单一，云南的对外服务贸易结构是以传统的工程、旅游为主的，而保险、金融、信息、技术专利等新兴服务贸易产业有的还处在起步阶段，整体上还处在自发的状态。三是服务贸易的进口还没有形成有针对性的规划思路，仍局限在传统的利用外资思路上。

1. 发展服务贸易发挥云南独特的优势

当今,服务贸易在各国经济中的地位正在不断上升,国际产业的重心已经由制造业向服务业快速转移,利用服务贸易的思维方式促进经济发展,寻找、开拓新的服务项目。营造有益的良好发展环境,补充和完善服务业的自我成长,以优质的服务贸易来促进货物贸易的增长已经成为普遍的国际上使用的发展国策。特别是对于制造业条件不十分优越,但服务业资源前景良好的云南来说,充分发展服务贸易反而能够成为有选择的、吸引制造业成长的重要辅助手段。虽然云南服务贸易还处在起步阶段,但其对进出口贸易的拉动作用已不容忽视。云南除在劳务输出、建筑工程承包、跨境旅游等传统服务贸易中有一定优势外,在通信、运输、计算机和信息服务方面也有很大的潜力,发掘区位优势、人力资源优势和政策优势,发展服务贸易方面有较大的空间。2010年,云南入境的海外游客达329.15万人次,入境游创汇13.24亿美元;教育服务也带动了1.25亿美元的进出口;对外承包工程完成营业额9.8亿美元,列西部地区第二位,全国各省市第十三位。

2. 服务贸易发挥云南经济发展的能动作用

发展服务贸易与货物贸易相比,领域更广、项目更细,对经济发展的拉动力更大。虽然从常规来说,生产的水平决定着服务贸易的地位,但服务贸易自身质量的提高和拓展,也会有效地促进生产水平的升级、完善和成长。因此,服务贸易已不仅仅是一种贸易方式,也是一种发展、促进、配套经济增长的思维方式。

(1)发展服务贸易提升沿边开放的层次。云南发展与周边国家的服务贸易是以对周边国家的通道经济为主线,以服务贸易的能动作用带动云南自身产业结构的升级和跨区域调整,促进技术资源、物质资源、市场资源的多维整合,逐渐地形成有云南参与的区域经济合作。在与周边国家的贸易中逐步地从以货物贸易增长方式为主向以服务贸易增长方式为主进行调整和过渡,并平稳地形成货物贸易和服务贸易的良性互补和相互促进关系,以发挥好云南在中国-东盟服务贸易中的重要作用。

(2)发展服务贸易能丰富沿边开放的内涵。随着金融、保险、物流、信息、会计、法律等服务的配套、发展，为第一、二产业提供较多、较好的经济生态环境，对外劳务输出、承包工程等服务的出口，可以直接带来大量的就业机会。有利于云南和周边国家经济的全面开发，促进资本和知识的国际交流，推动经济的集成与组合，以更快地提升云南产业的国际竞争力，增强对外开放的实力和"走出去"发展的能力。服务进口业的发展可以改善投资环境，降低商务成本，促进与东盟国家进行思想和制度的沟通和对接。

（3）发展服务贸易能优化沿边开放的环境。服务贸易具有明显的无污染、低能耗，能充分发挥劳动力优势。与货物贸易不同，服务贸易领域内的倾销、反倾销等贸易摩擦很小，大力发展服务贸易对于云南转变经济发展方式、优化贸易结构、提高贸易质量具有重要意义。云南拓展合作领域，一些已具有优势的服务行业加快推进，在合作途径上实现新跨越和新突破，彻底摆脱资源、技术的束缚。充分挖掘服务业、文化、技术、人才等未来贸易的"富矿"，紧跟当今世界生产性服务业、文化创意产业等新兴产业大发展的潮流，这对云南与周边国家经济融合的作用远比物质贸易要大得多，也广泛得多。

二　以国际旅游带动沿边开放

随着中国－东盟自由贸易区的建成，为提升云南旅游业的国际化水平提供了千载难逢的发展机遇。学习借鉴国外旅游发展的成功经验，更加重视旅游业的国际合作，加强国际双边、多边合作及与国际旅游组织的交流合作，开展多层次多形式的国际合作和区域合作。

1. 云南与周边国家发展双边的跨境旅游合作区

（1）发展"无国界旅游试验区"。云南利用其地缘优势和资源优势，在跨境旅游合作区方面先行先试。跨境旅游合作区选择景洪（含磨憨镇）、河口、瑞丽为跨境旅游专项试点。主要任务是开发跨境旅游线路产品、探索旅游通道经济和外向型旅游经济的开发模式，把景洪（含磨憨镇）打造成面向中南半岛的重要国际跨境旅游区，把德宏瑞丽培育成面向缅甸及东南亚的国际跨境旅游区，把红河河口建设成为面向越南及东南亚的国际跨境旅游区。

（2）探索跨境旅游合作区的特殊政策。在一定区域范围实现互免旅游签证，双方人员自由来往、货物自由流通、货币自由换汇、车辆自由通行等旅游便利。形成一个"免签"区域，规范边境旅游出入境管理，解决签证过程的烦琐与复杂、客源地与目的地的信息不对称、出境游客安全保障、跨国旅游公共服务体系的构建滞后、联合促销和合作规划不足等问题，为边境旅游的游客提供最便捷的出入境服务，尽量减少游客出入境费用，推进跨境旅游便利化。

（3）共同培育旅游市场。周边国家是云南多年来参与和重点推进的国际区域性旅游合作目的地，目前已经有了很好的基础。双方在合作机制、项目建设、线路设计、服务规范等方面进一步深化合作，共同打造中国－东盟旅游的总体形象，进行旅游目的地的联合促销、旅游产品开发。借鉴欧盟旅游一体化的经验，在旅游发展规划、项目投资、产品设计、客源互送、品牌共塑、教育培训、产业资源共享等方面进行全面而深入的合作。形成共享资源、联合营销、共同发展的旅游合作格局，着力打造一批跨国旅游精品线路和国际性节庆会展品牌。

2. 云南与周边国家打造多边的跨境旅游合作区

（1）建立中老缅泰黄金四角旅游合作区。随着云南通往东南亚地区的陆路和水路交通不断改善，各国间航班的开通，旅游开发的不断深入，如今四国边境城市正积极开发旅游资源和特色旅游产品，加强相互投资和市场拓展；边境旅游环线正在逐步形成。各国共同制定互免签证、互通车辆、自由换汇、安全警报发布、旅游信息交流等具体实施办法，并且互为旅游目的地，建立和形成联合统一的促销机制。

（2）打造世界级的旅游精品。西双版纳与老挝琅勃拉邦、南塔、波乔和泰国清迈、清莱等建立旅游合作机制，开通西双版纳至泰国曼谷、老挝琅勃拉邦等城市的航班。共同开发旅游资源和产品线路，共同打造自驾车黄金旅游线路，共同打造旅游品牌。西双版纳州在泰国清莱、清迈等地设立了旅游营销中心或形象店，并通过举办"中老缅泰柬越六国边境地区文化艺术节"等活动加强各国文化交流，打造以各国自然风光、民族风情及历史文化为特色的多国旅游圈。

（3）构建GMS旅游一体化机制。其核心是GMS各国以优势互补、资源共享、信息互通、客源互送为原则,以互利共赢为目的,依据一定的特殊机制构造起灵活能动的区域旅游发展综合体,通过广泛的区域合作提高区域个体和区域整体的综合竞争力。云南与 GMS 国家建立双边、多边合作机制,从目前面临的主要困难入手,尤其是在游客流动的自由化、旅游投资的便利化、旅游成本的最小化、旅游效益的社会化、旅游产品的生态化等方面破除障碍,建立一系列合作机制。完善政府、企业和相关组织多元合作主体互动机制,在共同打造旅游品牌、共同开辟黄金旅游线路、共同培育客源市场等方面开展广泛的合作。

3. 先行先试构建中国-东盟无障碍旅游圈

(1) 云南先行先试,着手消除人为障碍。大湄公河次区域国家近年来发起了"单一签证"的构想,泰、老、柬、越方面推行较好,第三国游客进入其他五国旅游的签证手续大为简化。在一些国家中,不少单方或双方实施了免签证入境的政策,对公民跨境旅游提供了便利条件,但这些做法还没有在中国与 GMS 国家中广泛实施,因此流失了许多国际游客。在当前形势下还存在着很多制约区域旅游发展的障碍,云南力争中国-东盟无障碍旅游圈中率先试验、率先突破、率先示范、率先发展,与东盟联合营销旅游产品,推进大湄公河次区域签证便利化工作,以简化旅游手续,减少旅游障碍,为全国沿边地区开发开放和旅游合作发展提供宝贵经验。

(2) 构建中国-东盟无障碍旅游圈合作框架。争取中国与各国政府间可签署一个协议——《关于促进中国-东盟旅游服务贸易更加密切合作的框架协议》,作为共同行动的基础;每年召开一次定期性的中国-东盟旅游部长会议,搭建政府间的交流与磋商机制;建立一个旅游发展共同基金,为旅游资源开发、产业投资和业态创新提供及时的资本支持。共同打造中国-东盟旅游的总体形象,加强在国际旅游市场的共同营销;建立一个旅游合作区试点,可以利用云南省的地缘优势和资源优势,为这一创造性的国际旅游合作区进行探索和试点。

(3) 建立旅游合作机制。争取中国与东盟双方组建专门的旅游协调组织和工作机构,形成有力的区域监管互动机制,着力开发区域整体性旅游产品,建立一体化营销宣传机制,从而形成更为开放的旅游开发与投资机制。在尊重各国文化差异和社会现状的前提下，建立健全各国共同遵守、推进区域旅游合作的规章制度，以规范旅游产业的发展。在制作宣传品、旅游展会、网络营销等方面建立和形成联合统一的促销机制，在国际旅游市场推出鲜明的整体旅游目的地形象。

三　以国际物流深化沿边开放

随着世界经济贸易以及中国对外贸易的飞速发展，特别是中国加入WTO后又加快了"中国－东盟自由贸易区"建设的步伐。在西部大开发的深入推进，中国与东盟国家贸易额大幅增长的背景下，地处我国西南边陲的云南，发展国际物流业具有独特的区位优势凸显出来。随着云南由铁路、公路、水运、航空所构成的综合运输网基本形成，云南着力构建立足云南、辐射西部、连接国内外、双向互通的现代化、国际化大物流体系和合作平台。

1. 云南省的国际物流业从无到有

（1）物流基础设施建设初具规模。经过多年努力，云南在交通运输、仓储设施、信息通信、货物包装与装卸等物流基础设施和装备方面已经具备一定规模，为现代物流业的发展奠定了较好基础。在交通设施方面，已经建成铁路运输、公路运输、水路运输、航空运输"四位一体"的综合运输体系。泛亚铁路建成后也将成为我国经云南进入东盟国家的重要物流通道之一。

（2）国际物流仓储设施的规模和技术水平逐步提高。随着经济的迅速发展，针对面向周边国家市场所能发挥的重要作用，云南省仓储设施的规模和技术水平都呈现出了普遍提高的趋势。尤其是在商业、物资、外贸、粮食、石化等行业中的增长更为迅速。而在包装与搬运设施方面，云南自主研制开发了一批包装设备和搬运机械设备，现代包装技术和自动化货运技术得到广泛应用，部分物流技术和创新已处于国内领先水平。云南花卉、制药、精细化工、橡胶等行业物流配送体系建设已有一定基础，烟草企业物流系统和昆明船舶公司的自动化物流系统已走在国内同行业前列。

（3）打造了一批专业的国际物流和装备生产企业。2010年，云南有物流企业400多家，逐步形成了五类物流企业群体：一类是传统运输与货运、仓储企业转型的物流企业，如中铁集装箱公司昆明公司、云南空港物流公司等；第二类是合资或独资物流企业，如昆明中远物流有限公司、云南邮政物流服务有限公司等；第三类是民营物流企业，如云南广通联运公司、浩宏物流等；第四类是生产企业建立的物流企业，如烟草企业物流系统（红河物流）、一汽红塔物流系统；第五类是物流装备企业生产的物流系统，如昆明船舶公司自动化物流系统等。

（4）国内外物流企业加快进入云南市场。沿边开放为云南现代物流业发展带来了新动力，近年来，中远物流、宅急送等国内外知名物流企业，以设立办事处、分公司、合资公司等形式纷纷进入云南物流网络。英国盛荣控股也于2004年年底与云南浩宏物流集团签下合作框架协议，共同建设"昆明东盟国际物流中心"。这些企业的进入，带来了先进的经营理念、经营模式和管理技术，对于提升云南物流业现代化水平起到了重要的促进作用。同时，一些进入云南省的外来投资制造商、零售商，率先将物流业务外包，推动了云南第三方专业物流市场的发育和成长。

（5）国际商业连锁经营等新的经营模式发展势头良好。连锁经营对物流在品类、时间、批量、运输规划、设备专业化和标准化等方面要求较高，是现代物流业发展的重要组成部分之一。云南商业连锁经营发展势头较好，法国家乐福、美国沃尔玛等一批国际大型连锁店的进入，有力地推动了云南商业企业组织模式和管理模式的创新，加速了云南省商业企业的规模扩张。中国－东盟商务理事会中方秘书处驻昆办事处落址昆明螺蛳湾国际商贸城内。与此同时，大湄公河次区域商务理事会、柬埔寨港澳侨商总会驻华办事处、菲律宾纺织工厂协会驻华办事处、菲律宾服装行业协会驻华办事处、菲律宾服装出口商联合会驻华办事处、菲律宾国外采购商协会驻华办事处、印度尼西亚咖啡出口商协会驻华办事处共7家来自东南亚的商会在昆明螺蛳湾国际商贸城挂牌成立。泰国馆也成为泰国商品展示和泰国商人与螺蛳湾商户贸易的一个平台，电子商务也正在蓬勃兴起。

（6）与口岸建设配套的国际物流设施正在进行。云南加快了电子口岸建设，在边境口岸构建新型便捷的通关模式。在昆明、瑞丽、河口、磨憨4个主要口岸，分别建立技术先进、内外相通的信息枢纽。重点建成河口口岸中越双方边民出入境电子刷卡通关系统和无纸报关试点。云南主要口岸实行24小时报关、报检，其他口岸实行8小时外预约报关报检制度。瑞丽口岸试行提前报关报检、实货放行的通关模式。昆明国际机场、昆明火车东站集装箱货场等口岸，实行一站式服务。

2. 保税物流业务已经展开

（1）2000年全国首家实行"境内关外"海关监管模式。瑞丽姐告边境贸易区建设了大型仓储物流项目——东协物流中心，仓储中心具有消毒、熏蒸、自动升级、整装等先进功能。仓储区年货物仓储量超过200万吨，仓储面积达2.5万平方米，成为国内目前规模较大的陆路口岸仓储中心。这个面向国际市场物流基地的建设，充分发挥云南的区位优势，为云南对外经济贸易的发展起到了积极的促进作用。

（2）2004年在昆明国家高新技术产业开发区建成了"昆明高新区保税库"。昆明高新区保税库以国际物流为基础，以仓储、加工为依托，具有仓储、运输、出口加工贸易、国际商品展示、进出口报关及办公等综合功能，为云南及周边地区的企业和有关单位提供保税仓储及配套服务，从而成为中国西南地区首家公共型保税库。2008年昆明出口加工区封关运行，实行"境内关外"管理和"一次申报、一次审单、一次查验"的通关模式，落户企业不出加工区即可办理一切进出口手续，享受快速通关、保税免税及退税等诸多优惠。

（3）2010年昆明打造"无水港"投入试运营。由昆明出口加工区的云南云港国际物流有限公司运作的"无水港"项目，起步业务量即达到1000多万美元。所谓无水港，就是将港口的口岸功能延伸到一些没有港口的内陆地区，使这些地区的出口货物可以在当地实行海关申报和口岸验放，进口货物可以在港口卸船后，直接运抵这些地区，在当地办理通关，从而实现"属地报关，口岸放行"。拟通过整合人力、财力、汽车、铁路、仓储等资源，做到科学调度、实时监控，为企业降低成本、提高效率，这一新型物流平台正蓄势发力，为周边国家的外贸进出口提供重要平台。

（4）商品境外保税交易和交割服务推出。随着中国－东盟自贸区经济和贸易正向一体化的目标迈进，云南与境外物流交流进一步加强，由第三方监管的交割仓建设项目已实现离岸交易。香港毅成集团与云南物流集团鑫盛物流联合，推出中国进口东盟南亚商品境外保税交易和交割服务。云南保兑仓储有限公司作为香港毅成集团服务桥头堡建设的项目公司，整合第三方集成服务，产业链和供应链金融一体化服务，提供资金流、商品流和信息流三流合一的金融一体化服务，提供资金流商品集成服务。香港毅成云南物流集团作为云南保税企业的合作方，为买卖双方提供服务。2010年服务客户500多户，监管融资资产70亿元。该公司为东盟、南亚、东南亚100种主要的中国商品服务，并将投资和联合建设20个中国境外保税交割仓，为东南亚客户和中国进口的100种主要进口商品提供离岸人民币融资30亿元，促进东盟南亚增加出口150亿元人民币。①

3. 多样化的物流服务方式正在兴起

云南货物进出口的主要方式有：一是铁路货运至上海后转国际班轮，此模式运程长，成本高；二是铁路货运至广州后，驳船转运至深圳或者香港再转国际班轮，此模式运时较前者少，但运输环节较多。这两种模式以外，少部分货物经铁路至防城、北海或者湛江出运。受铁路运力的紧张和国际班轮舱位紧俏的影响，云南货物及时地出口难以得到切实的保障，在一定程度上还影响了云南企业在国际市场履行合同的能力。

（1）陆路、海路无缝对接物流方式显露效益。在滇粤两地相关政府部门、铁道部门的支持下，云南铜业、马龙集团等云南大中型企业和进出口商联合湛江港中海集装箱码头有限公司，共同开辟了"云南—湛江—深圳"海铁联运新快线。通过这条联运快线，云南货物经铁路运输至湛江后换装海运集装箱，通过70多条航线，出运至世界各地。同样，云南企业可以选择这两个码头作为进口的第一口岸，国际班轮卸下的进口货物可以由湛深驳船运回湛江，再通过火车运抵云南。借助铁路运输与驳船水路运输安全、快捷的特点，为云南货物提供新的进出口运输通道，

---

① 《中国进口东盟南亚商品境外交割仓建设项目实现第三方贸易》，云南网2011年6月8日。

不仅可以使云南的货物经深圳国际港口进入国际市场,而且东盟的产品也可据此进入云南后,再借道该海铁联运快线走向更多的国际区域,对北美洲、南美洲、大洋洲和非洲市场的贸易及潜在市场得到进一步拓展。这一新模式具有经济、快捷、高效的特点,将直接有助于企业降低产品的相关成本,进而提升产品的国际竞争力。

（2）公路、铁路无缝对接仓储物流园正在建设。云南腾俊作为云南省首个货运枢纽物流园区,依托昆明这一铁路重要战略装车点、泛亚铁路东线和中线的重要节点站,建设东盟多式联运仓储物流园区。完善的物流设施和功能强大的公铁联运系统,使园区成为云南唯一将公路站场和铁路站场无缝连接、全国第二个实现公铁枢纽结合的物流园区。① 整合仓储、运输、停车服务、配套功能服务等模块,构建省内规模最大、开通线路最多的公路运输枢纽货运站场。通过接滇缅、昆曼、滇越国际大通道及全省所有公路干线,将基本实现周边国家无障碍通行、全国各省市无盲点覆盖,实现云南与东盟物流合作全面转型升级。

（3）口岸的无缝对接推进国际物流的便利化。构筑国际大通道,通关是否畅通是口岸发展的"硬杠杠"。云南紧紧围绕通关便利化的功能和需求,全面优化口岸综合服务环境。2010年,云南全面取消了口岸非法定收费,为企业每年节约成本近9000万元。昆明海关、云南出入境检验检疫局、云南省公安边防总队等口岸管理部门进一步提升管理理念,每年都推出新一轮的口岸通关便利化实施办法和举措,各口岸查验部门主动延长通关时间,提高通关效率,并实行24小时预约通关,构建新型便捷通关模式。其中,重点口岸和条件成熟的口岸推行了检查检验"一条龙""一个窗口服务"的通关模式;积极实施"属地申报、口岸验放"通关模式,探索开展分类通关改革。以查验电子化、信息网络化、口岸现代化,带动口岸的通关便利化和贸易便利化。云南电子口岸上线运行后,初步实现了跨地区、跨部门、跨行业的信息共享和联网核查,截至2010年年底,云南近4000家外贸企业实现电子报关20多万票,报送单量、数据交换处理量平均增长了11.6%。2010年昆明海关与38家企业签

---

① 《云南腾俊:打造东盟多式联运物流园区》,《云南日报》2011年2月23日。

订网上支付税费协议，通过网上税费系统支付税款额达 1.52 亿元。[1]

（4）交通运输的冷链无缝对接。随着昆曼公路的开通，极大地促进了中、老、泰三国的陆路贸易往来，同时昆曼公路的物流功能日益突出。2009 年，中国云南企业和泰国企业启动了"云南蔬菜换泰国成品油"的易货贸易，是中国云南与泰国之间的大宗易货贸易。云南出口 1000 万吨蔬菜，向泰国进口 50 万吨成品油。由于中泰车辆不能直达运输，中方运输车辆只能到达老挝会晒口岸不能入境泰国，而泰国运输车辆只能到达老挝磨丁口岸不能入境中国。云南先行先试的全程冷链无缝对接运输物流作业，提出了单方允许泰国运输车辆入境磨憨的变通方案。中泰运输车辆采用"甩挂运输方式"，主要负担云南鲜切花及云南鲜活产品的保鲜专业冷链运输及贸易。泰国的油罐车进入中国磨憨口岸，油罐从泰国的车头上剥离后，驶向从中国车头上剥离开来的蔬菜冷藏车集装箱，车头挂上中国蔬菜的冷藏集装箱车体驶回泰国，而中国的车头又挂着泰国的油罐车体运往景洪。随着"蔬菜换石油"冷链无缝运输的成功，"花卉换水果""冷果换热果"等项目合作都全面开展。云南以全程冷链为基础，辐射东南亚、南亚、西亚、欧美以及国内各大城市的国际国内全程冷链物流服务体系，形成及时、便捷、广阔的运输网络，打造具有国际水平的冷链物流。

第五节 由自由贸易向区域一体化的开放演进

云南与周边国家由于存在着地缘关系的不可替代性、地缘经济的便利性和地缘文化的相似性，使经济合作成为相关各国发展经济的重要选择。由其地域、经济、交通、资源互补性很强的特点所决定，采取紧密型的区域经济一体化模式。云南省与周边国家合作，是全方位、多内容、深层次、紧密性的国际经济合作，它不仅有货物与服务的免税贸易，还包括生产要素的自由流动，其中还有劳动力的自由流动，投资自由化以及金融自由化一些非自由贸易区才具有的内涵。这一经济合作模式的主

---

[1] 《云南口岸：合力构建大通关》，《云南日报》2011 年 7 月 6 日。

要内容是，利用商品、人员、资金和技术的大规模自由流动，通过生产要素的互补性和优化组合，达到互惠互利。只有采取"自由贸易区加共同市场混合体"这样的模式，才能消除阻碍货物与服务自由贸易及生产要素自由流动的一切障碍，消除成员国间一切以国籍为依据的歧视政策和措施，从而保证生产要素的自由流动与优化组合以及货物与服务贸易的自由进行。

一 建设跨境经济合作区

区域合作有其自身规律，通常是从选择建立合作平台入手，在特定领域优先开展合作，取得成果，逐步展开。云南在沿线的交通基础设施建设好、区位优势明显、经济技术基础较好、资源开发、物流、旅游、口岸等方面合作已具备了一定基础的中越河口—老街、中老磨憨—磨丁、中缅瑞丽—木姐建立三个跨境合作区，合作从这一地区率先推开。如果说国际通道为双边提供了便捷可靠的贸易往来，跨境经济合作区则是进一步密切云南和周边国家经贸关系的重要平台，这一沿边开放的新模式将推动双方经贸合作向纵深发展。

1. 建立跨境经济合作区较快地形成新的经济增长极

建立跨境经济合作区使相应的地区成为投资与经贸合作的热点、国际资源与要素的集结点以及其他国际外力的作用点和新的经济增长点，由此给所在地区的经济发展带来新的机会与活力。

（1）构筑起区域合作的战略支点。作为经济发展过程中的"增长极"，也与其他经济增长极一样，优势互补与劳动地域分工是跨境经济合作区系统形成与发展的重要机制和推动力量。跨境经济合作区是区域生产要素和商品的聚散中心，技术和体制创新的中心，交通和信息的枢纽。市场机制、国家政策主要是通过小区域经济合作这个载体来体现的。它将构筑起区域合作的战略支点，形成区域性的经济枢纽，肩负起组织、发展经济的核心作用。可以说，谁占据了多国接合部的区域物流中枢纽的位置，谁就能获得最有利的经济发展条件。

（2）发挥区域合作中的龙头作用。多边或双边自由贸易由于在决策过程中的有效性和对象选择的灵活性强，因此在加强经济技术合作和市场的融合与发展方面有较强的适用性。它能在较短的时间内，迅速密切各国间的经济联系，形成新的市场活力，疏通各国经济技术合作的渠道，使产业的组合和发展纳入次区域合作的轨道，加速次区域合作的全面展开。能够汇集到各国的资源和生产要素，跨境经济合作区的龙头作用也就可以充分显示出来。

（3）较快地形成吸纳机制和辐射机制。跨境经济合作区在其形成发展过程中必然表现出较强的集聚性及辐射性等特点，由此又具有带动性的特点。一方面促进新的经济增长极，尽快形成吸纳机制和激励机制，让区域内长期被封闭和沉淀的生产要素流动起来，流向发展条件较好、回报率较高的跨境经济合作区，使生产要素在流动中生财，使跨境经济合作区能够积累和聚集足以增强综合实力的财富。另一方面，又可以形成一种辐射机制和传导机制，通过资金、技术、产业和贸易的双向流动，推动双方经济的发展，从而实现良好的区域内循环。

2. 建立跨境经济合作区的主要内容

在我国，跨境经济合作区主要有两种类型：一种是在没有自贸区框架下建立的，如在新疆伊犁霍尔果斯口岸是中国与哈萨克斯坦国一起建立，它的建立有利于中哈向自贸区这样更加紧密的经济合作方式发展。另一种是在有自贸区框架下建立的，云南与周边国家的跨境经济合作区是在中国—东盟自由贸易区框架下小区域合作，是在小范围内实现区域经济一体化。它不仅有货物与服务的免税贸易和商品的自由流动，还包括生产要素的自由流动，包括劳动力的自由流动，投资自由化以及金融自由化一些超越自由贸易区的内涵。

（1）建立跨境自由贸易区，将单边经济行为转变为双边、多边合作行为。跨境合作区内实行货物贸易、服务贸易和投资的自由开放政策，允许原产于两国的货物及物品自由进入边境合作区，免征关税和环节税，跨区进入对方内地则按各国进口货物的有关规定征税。

（2）建立跨境加工贸易区，将单一的边贸功能向生产性功能拓展。合作区内给予关税、投资、金融外管、联检标准一致化、人员管理、运输工具管理、行政与司法管理等方面的一系列政策优惠。发展口岸型加工贸易，形成内建基地和外辟市场相结合的格局。

(3)建立集物流、仓储、旅游、会展、金融等为一体的多功能经济区,将单一货物贸易向服务贸易等领域拓展。实施"境内关外"政策,境外商品入区保税,国内商品入区退税,建立保税仓库。双方均可在合作区设立银行,两国货币及国际各主要货币可在区内自由流通,在跨境经济合作区内推行人民币结算的试点。凡持有主管部门认可的有效身份证件的人员可在合作区范围内自由流动,实施无障碍旅游。

3. 跨境经济合作区产生的效应

跨境经济合作区把双方的经济融合起来形成一个区域性经济联合体;消除贸易投资壁垒,化解国际贸易争端,拓宽经济发展空间;使双方市场得以融为一体,企业面临的市场得以扩大;以国际分工为基础来提高经济效益和获得更大经济效果,促进区域整体优势的充分发挥,逐步缩小区域内部之间的发展差距。

(1)在互动开放中实现产业对接。通过跨境经济合作区的合作,共同开发市场,使双方的开发能力组合起来发挥规模效益,形成合力,增大对外的整体竞争力。实现高起点、跨越式发展,有利于优化区域的产业结构,调整区域产业布局,促进产业结构升级。形成产业规模优势和集聚优势,形成区域性的产业集群,提高区域产业化水平。

(2)在强化其生产性功能中打造跨境的产业合作带。跨境经济合作区打破了原来经济分割的局面,从而使资源得到最优配置,通过资源的加工,提高当地优势资源的附加值,提升产业层次,延伸产业链条,构建由"生产"环节带动的生产促贸易、生产与贸易并重的跨境产业带。从资源地区变成有特定产业支撑的经济增长带,形成区域内的核心竞争力。

(3)在提高区域合作的互动力中构建跨国产业链。跨境经济合作区能深化国际分工,由产品分工和规模经济带来的产业内贸易;发展和深化国与国之间的生产、交换、流通、消费、技术产品开发研究方面的协作关系;使双方的贸易逐步由基于要素禀赋差异产生的传统产业间贸易逐步走向基于规模经济和差别产品的产业内贸易,形成互补性的分工,开拓区域贸易的新领域。

二　打造沿边跨境产业合作带

中国先后提出了"周边是首要""安邻、富邻、睦邻""以邻为伴、以邻为善"的外交方针，并制定了"兴边富民"政策，充分体现出中国对外开放的新特点、新趋势。云南顺势而为，主动作为，把沿边开放与兴边富民结合起来，加快口岸经济的发展，培育新的经济增长极，积极承接劳动密集型产业，变人口压力为人力资源优势，促进云南进入国际分工的链条中，获得较多的国际市场。

1. 打造沿边跨境的产业合作带，强化其生产性功能

云南边疆和与其接壤的周边国家经济十分落后，许多地区基本上没有工业，仅仅依靠地缘优势和互补性资源输出的贸易，已远远不能适应云南与周边国家合作的需要了，贸易的扩大归根到底取决于经济的发展。云南与周边国家是重要的资源富集地区，是典型的"富饶的贫困"，在这一地区构建国际产业合作带，充分利用两个市场、两种资源，以实现双赢为目标，发挥各方比较优势，开展资金、技术、人才、设备等全方位合作，有着"创造贸易"，扩大市场和促进竞争等积极作用。通过这一地区资源的共同开发，利用资源开发与加工，提高当地优势资源的附加值，提升产业层次，延伸产业链条，从资源地区变成有特定产业支撑的经济增长带，创造就业机会，吸收当地劳动力就业，提高这一地区人民的收入水平和生活质量，摆脱贫困，形成共同增长、共同繁荣的良好态势，能够有效缓解这一地区长期存在的一系列经济社会问题。

（1）打造产业基地，培育优势产业。跨境的产业合作带使产业在空间上集聚，通过专业分工与交通的便利性，利用自己的比较优势与外部的生产要素相结合，从而形成一种高效的生产组织方式。云南与周边地区在资源结构方面有着较强的互补性，可以做到优势互补、各展其长，共同发展。构建由"生产"环节带动的生产促贸易、生产与贸易并重的跨境产业带。使各自资源禀赋的比较优势在更大的领域发挥作用，同时也使其资源禀赋的比较劣势通过其对外经济技术合作而逐渐得到克服，就能不断提高各自产业竞争力，使与周边国家合作效益达到最大化。这也是提升沿边开放整体功能与作用、增强其吸引力和辐射力的关键举措。

（2）加快产业对接，形成产业集群。云南与周边国家的产业对接，形成产业规模优势和集聚优势，建立起较大规模的产业增值链，形成区域性的产业集群，提高区域产业化水平。例如，云南与周边国家在农业方面的合作从根本上摆脱传统产业结构对市场适应性日趋被动的不利局面，充分利用该地区物种、气候、土地等优势资源，打绿色牌、走特色路。矿业方面的合作通过跨国生产经营，不仅可以使周边国家长期沉淀的资源被挖掘出来，变资源优势为经济优势，而且可使云南建立起境外生产体系，构建起自身的资源保护屏障，抵御国际原料市场波动的生存和竞争底线。

（3）优化产业结构，提升产业竞争力。目前云南与周边国家合作中，"生产增值环节"还相当薄弱，只有生物资源开发及毒品"替代种植"合作、矿产资源开发合作等较少和较低层次的生产性内容。从强化地缘经济的生产性功能入手，使互补性要素与资源在"生产环节"中实现优化组合与加工增值；使产业在时间上延续，上下游产业链接；使资源多次利用；使产品多次增值；使产业链不断延伸；使科技含量不断提高。培育橡胶、蔗糖、茶叶、钢铁、有色金属、化工等主导产业，形成跨国产业带，促进产业结构、产品结构、技术结构的优化升级，从而使资源得到最优配置，形成区域内的核心竞争力。

2. 构建沿边跨国产业链，提高区域合作的互动力

周边国家在其资源结构、经济结构、产品结构、技术结构和产业结构方面同云南较为趋同，这意味着，从贸易的角度看，双方有很大的竞争性。必须通过跨国产业链的融合和分配来解决这个问题，即双方形成一个整体，共同分享跨国产业链里的利益。构建跨国产业链，并非是一部分国家产业进入，另一部分国家产业退出这种简单的加减法，而是共同发展，日益形成相互依存、彼此互补的新型跨国产业链。

（1）构建沿边跨国产业链，优化资源配置。云南与周边国家的合作以产业链区域化合理延伸为导向，以提高产业区域化要素组织动员水平为目标，加快区域一体化重组与转移，促进产业区域化有效分工与合理布局，将使双方的产业由分散优势转变为整体优势，由单一优势转变为群体优势。跨国产业链是深化区域经济一体化最活跃的要素，它能加强国家与国家之间的联系，发展和深化国与国之间的生产、交换、流通、消费、技术产品开发研究方面的协作关系；能促进商品、劳务、资本和其他经济资源在区域范围内更有效地流动和更合理地配置。为区域内形成专业市场提供了基础条件，提升了区域企业开拓国内外市场的整体竞争力。

（2）构建沿边跨国产业链，深化国际分工。云南与周边国家合作形成跨国产业链，既投资于上、中、下游的最终产品，也投资于相关的中间产品；既投资于生产性项目，也投资于销售、储运等配套项目。这不仅可使云南在国内参与他国生产的国际分工，而且可在国外使他国参与我国生产的国际分工；不仅可在国内让他国的比较优势与云南的比较优势相结合，而且可在国外使云南的比较优势与他国的比较优势相结合。提高自身在国际分工中的地位，使双方的贸易逐步由基于要素禀赋差异产生的传统产业间贸易逐步走向基于规模经济和差别产品的产业内贸易，且贸易产品的范围不断扩大，形成互补性的分工，开拓区域贸易的新领域。

三 建立境外经贸合作区

到 2010 年，中国在全世界共有 19 个境外经贸合作区，多数分布在东南亚、非洲等地。如由中国华立集团与泰国安美德集团在泰国的罗勇合作建立泰中罗勇工业园，由红豆集团等四家企业与柬埔寨公司在柬埔寨合资打造的西哈努克港经济特区，由浙江省前江投资管理有限责任公司在越南前江省投资的工业园，由广西农垦投资在印度尼西亚中爪哇省沃诺吉利县的广西印尼沃诺吉利经贸合作区等。2010 年 10 月，云南省海外投资有限公司与老挝万象市政府双方共同组建"老中联合投资有限公司"，投资老挝万象新区 1000 公顷综合开发项目，按照"工业园区加新城开发"的中国开发区综合开发模式，把万象新区 1000 公顷土地建成农产品加工出口基地、轻工业加工出口基地、现代化住宅区、绿化区、旅游休闲区和物流中心。一期年产 20 万吨大米加工厂项目开工建设，远期 50 万吨，可创造年产值 1.2 亿美元，增加 500 个就业机会，带动农田种植 5 万公顷。

1. 云南企业"走出去"的有效路径

在后金融危机时代，国际贸易保护主义势力抬头，针对中国商品的反倾销措施层出不穷，人民币汇率升值压力加大，建立境外经贸合作区可使中国企业"走出去"能在一定程度上规避贸易壁垒，重获快速发展动力，有利于推进中国经济可持续发展。[①] 境外经贸合作区是我国企业探索"走出去"路径的一项战略，有利于发挥企业的群体优势，有利于政府给予相关政策扶持，从理论上看是一个较为理想的对外直接投资路径选择。

（1）避免了单个企业实力弱小的风险。国际市场是一个变幻莫测、竞争激烈的市场，主要的垄断企业控制了绝大多数的市场，在此环境下，相对弱小的企业单枪匹马闯荡国际市场，必然面临太大的风险和压力，很难取得成功。境外经贸合作区以两国政府之间的协议为基础，以中国政府强大的经济实力为后盾，以"抱团"的方式集体"走出去"，能够抵御和排除风险，增强企业境外投资成功的概率。

（2）集群方式"走出去"能够发挥集群效应。建立经贸合作区，实际上是搭建平台，提供前期软硬件服务，通过资本、服务、人才、信息的集中，有利于我国企业相对集中投资，形成产业集群，降低风险，发挥规模优势。集群的方式有利于企业之间产生互补协同效应，有利于提高产业境外投资集中度，有助于减少无序投资的资金资源浪费。同时，集群的企业形成一个整体，增强了竞争力，也拥有了更大的与东道国政府谈判的实力，有利于争取更加优惠的政策。

（3）境外经贸合作区能够提升企业对外直接投资的经验，增强竞争力。云南企业对外直接投资的经验不足，对于国际市场的了解也不够，经贸合作区提供了国内企业一个体验国际市场环境，培养国际经营经验的机会，同时国外广阔的市场也为企业竞争力提升、扩大规模提供了机遇。到条件具备的国家建设境外经贸合作区，可改善东道国投资环境，可以增加东道国的就业机会和财政收入，培训熟练技术工人、提高技术

[①] 王宗凯、孟华、倪元锦：《境外经贸合作区：中国企业"走出去"的突破口》，《中国国门时报》2010年7月2日。

水平、促进经济发展。

（4）境外经贸合作区能够规避贸易摩擦和争端，顺应企业国际化经营的大趋势。不断增加的贸易顺差已经引起了主要贸易伙伴的强烈不满，贸易摩擦愈演愈烈，再加上人民币升值的影响，出口形势已经严重恶化。境外经贸合作区规避贸易摩擦，消化过多的外汇储备，从而减少国内的货币流动性，对于抑制通货膨胀同样起到积极作用。在周边国家建经贸合作区贴近市场；国内接单境外加工，改变原产地；变商品输出为资本输出，不受贸易措施的约束，可以将贸易摩擦降到最低。

2. 云南建立境外经贸合作区的主要模式

境外经贸合作区是没有固定模式的，它是在企业国际经营的过程中逐渐产生和形成的。云南省积极建设境外经济贸易合作区，主要考虑有三个：一是我国企业有要求；二是周边国家有愿望；三是深化双边经贸合作有需要。云南建境外经贸合作区根据东道国国内要素资源，更多地走专注型产业道路，借助境外经贸合作区这块政府在海外打造的"绿洲"，增强竞争力，抢占海外市场。

（1）中缅皎漂经贸合作区选择境外出口加工区模式（出口导向型）。一是利用皎漂深水港联通中国与印度洋地区的区位优势，划出的一个由东道国海关监管的特殊封闭区域，在区域内建立必要的基本设施，实施特殊的加工贸易管理政策，以吸引中国资本和企业进入发展在国际上具有竞争能力的出口加工工业。二是利用欧美对于广大的发展中国家和地区都有特殊与差别性的优惠待遇，如普惠制、低关税、配额等，增加出口。三是对签订了自由贸易协议的"10+3"（东盟与中、日、韩）、"10+6"（东盟与中、日、韩、澳、印度、新西兰）的市场开拓，只要满足相关的原产地规定，中国即可通过在中缅皎漂经贸合作区的投资实现对这些国家的出口，最终形成辐射东南亚、南亚、中东、非洲和欧洲等地区的中国产品加工基地，形成中缅两国"互利共赢"的通海经济走廊区和区域经济发展中心。

（2）中缅密支那经贸合作区选择境外资源开发合作区模式（资源开发型）。缅甸西北部是资源富集区，土地资源、水能资源、生物资源、矿藏资源十分丰富，中国已经在这一区域进行大规模的水电开发和农业开发。在密支那形成以当地资源为依托,以资源开发产业链为主线,形成集资源开发、加工为一体的特殊区域。这就需要鼓励各类资源企业"走出去",扩大利用国外资源的范围和力度,弥补我国国内资源不足。建立境外资源开发合作园区则可为国内中小企业"走出去"提供依托,集中解决资金、信息、东道国政策等问题。这种集开发与加工为一体的园区形式,对东道国是有一定的吸引力的。因为对于周边国家,不仅缺乏资源的开发能力,更加缺乏资源的加工能力,从而处处受制于人。云南向这些国家转移加工生产能力,则可以推动东道国相关产业的发展。

(3) 中老万象经贸合作区可选择境外工业园区模式(当地市场寻求型)。老挝是农业国,工业基础很薄弱,其国内市场的工业品几乎都靠进口。对于老挝而言,引进中国工业园区则可以带动当地的产业发展,推动当地经济的发展,提高就业水平,满足市场需求,提高人民的福利水平。2010年云南省海外投资有限公司老挝万象新区1000公顷综合开发项目正式启动,一期年产20万吨大米加工厂项目开工建设。云南省利用这一园区,将国内具有相对比较优势的,生产能力过剩,国内市场饱和,产品积压,竞争比较激烈,但技术比较成熟的产业转移出去。例如,对于纺织服装、机械、食品、轻工、家用电器等产业,应鼓励向这一园区进行转移。随着园区的逐步发展,金融、物流、贸易、会展、餐饮、娱乐等行业也能够进驻园区,开展国际业务。

(4) 中泰清迈经贸合作区可选择境外物流园区模式(保税加工型)。云南的物流成本占GDP的25%,运输成本占物流成本的65%。从地缘优势的角度整合和升级现有的公共设施、交通和通信系统,改善现有的交通基础设施,包括水路、陆路、铁路和航空,建立中泰清迈经贸合作区发展保税物流和保税加工,以获得东南亚国家的其他资源和市场。发展产品流动网络系统,发展国际物流信息网络系统,发展物流节点的建设与经营,培养物流有效需要,促进商品贸易专业市场的建设发展,促进物流产业集聚。出台促进区域物流产业发展政策,建立物流协会之间贸易协调机制,加强物流人才培训,制定物流合作发展规划。加强双方合作,不仅能最大限度地提高中泰两国空间经济联系的运作效率和安全程度,也能使周边老挝和缅甸这样的国家受益。

第三章
云南沿边开放取得的瞩目成就

在中国与东盟的关系中，对东盟而言，中国意味着许多第一：第一大贸易伙伴，第一个加入《东南亚友好合作条约》，第一个与东盟建立战略伙伴关系，第一个明确支持《东南亚无核武器区条约》，第一个与东盟建立自贸区，该自贸区是发展中国家间第一大自贸区。而云南的沿边开放也创造了许多"第一"，表明云南的沿边开放是卓有成效的。云南省已经成为中国参与次区域国家合作中进出最为方便快捷、开展重大合作项目最多、成果最为显著、最具吸引力的省份。云南与周边国家在交通、能源、通信、金融、农业、旅游、贸易、投资、环保、人力资源、禁毒和"替代种植"等多个领域的合作取得较大突破与进展。

第一节 颇具规模的周边贸易

改革开放以来，随着边境贸易的发展和我国对外开放的格局由沿海向沿江、沿边扩大，云南在积极推动越南、老挝、缅甸三个邻国友好关系发展的同时，加强与东南亚其他国家的友好往来，云南外贸规模不断扩大，市场日趋多元化。1980年云南对外贸易1.1亿美元，2010年达133.6亿美元，增长了100多倍。2000年以前，云南省的对外贸易一直是进口大于出口，保持大量的贸易逆差；2000年以后，对外贸易是以顺差为主，反映出云南省的进出口结构发生了较大改变，出口能力增强。从沿边开放情况看，云南的贸易呈现以下特点。

表 3 - 1　1980~2010 年云南省对外贸易进出口总额

单位：万美元

年份	进出口总额	进口额	出口额	年份	进出口总额	进口额	出口额
1980	11037	9601	1436	1996	192220	109631	82589
1981	13474	10331	3143	1997	193698	117224	76474
1982	13614	10927	2687	1998	190329	117376	72953
1983	14724	11852	2872	1999	165967	103443	62524
1984	15076	11138	3938	2000	181283	117516	63767
1985	20953	12901	8052	2001	198906	74494	124412
1986	26537	16893	9644	2002	222635	79670	142965
1987	34217	26226	7991	2003	266767	99109	167658
1988	44388	34196	10192	2004	374777	150895	223882
1989	54768	37442	17326	2005	473822	209664	264158
1990	54842	43449	11393	2006	623174	284031	339143
1991	55051	40097	14954	2007	877975	404400	473600
1992	67056	46653	20403	2008	959936	461240	498696
1993	84008	52291	31717	2009	801912	350515	451402
1994	134406	91016	43390	2010	1336795	576227	760568
1995	189609	121548	68061	2011	1605271	657994	947277

注：1998 年以前不含边境贸易，1999 年后为海关进出口统计数。
资料来源：《云南省统计年鉴》相关年份。

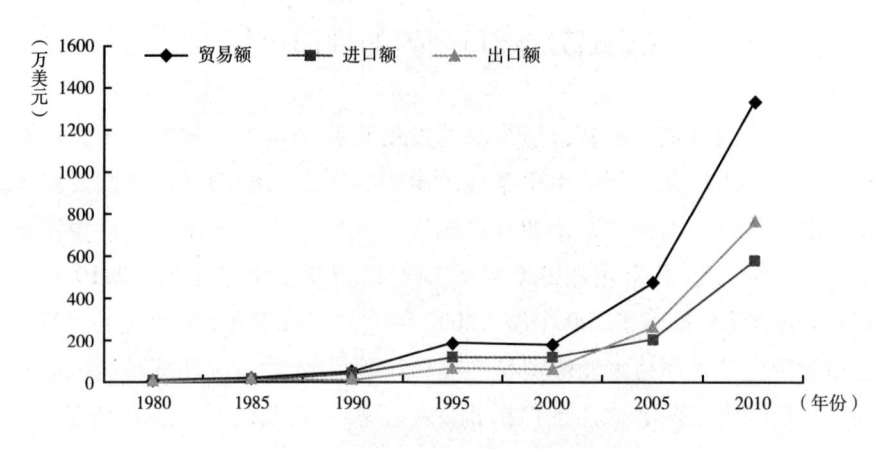

图 3 - 1　1980~2010 年云南省外贸增长

第三章 云南沿边开放取得的瞩目成就

一 云南省的对外贸易由慢车道进入到快车道

在 20 世纪 80 年代,云南的对外贸易刚起步,以边境贸易为主,贸易额由 1980 年的 1.1 亿美元增长到 1990 年的 5.4 亿美元,增长了 3.9 倍,年均增速 17.2%。在 90 年代早期和中期,云南的对外贸易增长保持较快的势头,贸易额由 1990 年的 5.4 亿美元增长到 1995 年的 18.9 亿美元,年均增长 28.4%。在 90 年代后期,云南的对外贸易遭受 1997 年亚洲金融风暴的冲击,贸易额由 1997 年的 19.3 亿美元下滑到 1999 年的 16.5 亿美元,一直到 2000 年才有所回升,达到 18.1 亿美元。

21 世纪前 10 年,随着中国—东盟自由贸易区的启动,GMS 合作的深化,尽管 2008 年遭遇世界金融危机,但贸易仍然高速增长。对外贸易的引擎作用日益增强,对外贸易由 2001 年的 19.89 亿美元上升到 2010 年的 133.7 亿美元,进出口额增长了 5.7 倍,年均增速 20% 以上。其中出口由 12.4 亿美元增长为 76.1 亿美元,进口由 7.4 亿美元增长为 57.6 亿美元,增速均超过全国水平,与东南亚国家的贸易增速也超过全国水平,是 30 年来,云南外贸增长的最快时期。2010 年云南外贸增速列全国第四位,云南省平均每天进出口额近 4000 万美元,标志着云南对外开放水平有了质的提高,开放型经济达到一定规模,外向型企业和外向型产业具备了一定实力,抗风险和可持续发展能力有了明显提高。

随着市场经济体制的逐步建立和完善,云南积极融入全球经济发展大潮,外贸结构得到优化,外贸质量和效益得到提高,外贸增长方式发生了巨大变化,对云南充分利用两个市场、两种资源以及优化资源配置、拓展发展空间发挥了重要作用。云南的贸易伙伴由 2001 年的 107 个拓展到 2010 年的 190 多个,进出口企业从不到 200 家上升到了现在的 1.2 万家。云南锡制品、磷酸氢二铵、过磷酸钙等工业品和花卉、咖啡、松茸、卷心菜、西蓝花、葡萄、梅子、李子等农产品出口位列全国第一;电力出口、进口居全国前列。部分农产品进口位列全国第一,对平抑农产品价格上涨发挥了突出作用。

二 东盟是云南最大的贸易伙伴

2002年中国—东盟自由贸易区开始启动，2004年双方将对约7000个税目的产品实施降税，到2010年建成中国—东盟自由贸易区。减少了贸易壁垒，扩大中国与东盟的市场空间，贸易大幅增加，拉动经济增长，中国与东盟互为市场，各国经济都强劲回升，东盟经济触底回升，东盟地区的经济增长出现强劲反弹。云南2010年完成贸易额133.7亿美元，较上年增加53.5亿美元，增长66.7%（比全国增速高31.8个百分点），增速列全国第4位，进出口规模排名全国21位，较上年提升2位。2010年，全省外贸依存度由2009年的8.9%提高到12.7%，提高了3.8个百分点，全省经济的外向度和开放度有了较大提升。外贸"净出口"值已达18亿美元，按国际通行的支出法计算，外贸对云南GDP增长贡献率为6.3%，拉动云南GDP增长0.9个百分点。[①] 中国—东盟自由贸易区全面启动，各领域合作全面展开，2010年中国与东盟贸易额2927.8亿美元，同比增长37.5%。云南与东盟贸易额达到45.75亿美元，同比增长45.2%，高于中国与东盟贸易的增速7.7个百分点，与东盟贸易占全省进出口比重为34.2%。

1. 云南与东盟的贸易结构有所提升

长期以来，云南对东盟的出口是以有色金属、磷化工产品为主。近年来，针对东盟国家特点，经过对出口商品结构的不断调整，云南省对东盟主要出口产品结构已有根本性变化，云南省与东盟国家市场互补作用越来越明显。2010年云南省对东盟市场重要出口大类商品为机电产品、农产品、电力、纺织品及服装等技术密集型和劳动密集型产品，有色金属等资源类产品出口比重已大大下降。2010年云南省累计出口总额76.06亿美元，其中对东盟国家出口总额为28.99亿美元，占云南省出口总额比重的38%。在主要出口产品中，机电产品对东盟出口7.4亿美元，同比增长42%，占同类产品出口比重43%。农产品

[①] 《2010年云南外贸实现历史性跨越 三大特点彰显又好又快发展》，云南省商务厅网站，2011年1月18日。

对东盟出口 6 亿美元，同比增长 57%，占同类产品出口比重为 44%。电力对东盟出口 2.87 亿美元，同比增长 39%，出口全部为东盟市场。纺织品及服装对东盟出口 2.67 亿美元，同比增长 49%，占同类产品出口比重为 38%。有色金属对东盟国家出口 9167 万美元，同比增长 33.7%，占同类产品出口比重 37.5%。2010 年，云南省从东盟进口大宗商品主要为我国工农业发展急需的生产性原材料和初级产品，主要有农产品、金属矿砂、橡胶及制品、木材及制品、电力等，约占云南省从东盟进口的 73%。[1]

2. 云南与东盟的经贸合作更紧密

2008 年国际金融危机的寒潮席卷东盟，东盟外向型经济发展模式使其出口普遍受挫，私人投资和消费陷入低迷，整个东盟经济遭遇强降温，2009 年经济增长率仅为 1.3%。2008 年，云南省的对外贸易也跌入低谷，较 2007 年下跌 15.7%；云南与东盟的贸易也出现了 7% 负增长。步入 2010 年，东盟地区的经济增长出现强劲反弹。东盟经济能够较快走出低谷，主要得益于两个因素：一是 1997 年亚洲金融危机后，东盟各国都对本国金融体制进行了调整，加强了地区合作，特别是加强了与中国的合作，提高了抵御风险的能力。二是中国—东盟自由贸易区启动强劲的带动，中国经济多年持续快速发展，使它们可以搭乘"顺风车"，不仅成功抵御了国际金融危机的冲击，而且在较短时间内实现经济回升向好。多年来，云南与东南亚国家的贸易总量一直维持在占全省进出口总额 28%～35% 的水平。2009 年，中国对东盟贸易下降 7.8%，而云南与东盟之间贸易却增长 14.1%。云南省对东盟的进出口逆势上扬，总额为 31.5 亿美元，较 2008 年增长 3.9 亿美元，同比增长 14.1%，2009 年云南与东盟的贸易额占全省贸易总额的比重由上年的 28.7% 上升为 39.3%，占云南外贸近四成，东盟成为全省外贸唯一实现同比正增长的市场，在全省外贸市场中稳居首位。[2]

---

[1] 《2010 年云南省对东盟贸易增长迅猛》，云南省商务厅网 2011 年 1 月 25 日。
[2] 《东盟成为云南外贸唯一正增长市场》，《云南日报》2010 年 1 月 27 日。

表 3-2 云南与东盟及周边国家的贸易

单位：万美元

年份	东盟	缅甸	越南	泰国	老挝
2001	70854	34873	16099	4327	1833
2002	82244	40687	16266	4360	1655
2003	101269	49297	22135	8715	2663
2004	127645	55132	33864	12931	3376
2005	155687	63126	32289	15125	4144
2006	217454	69208	50745	13069	6932
2007	297889	87357	97167	22021	8339
2008	276382	119279	64491	24975	11046
2009	315129	122733	79001	23586	15501
2010	457545	175962	94940	46343	20380
2011	595000	207000	121000	74000	27000

资料来源：《云南商务发展报告》，2004~2010 年各年。《云南商务发展报告》从 2004 年开始发布，其历史数据都来自 2004 年的报告。余同。

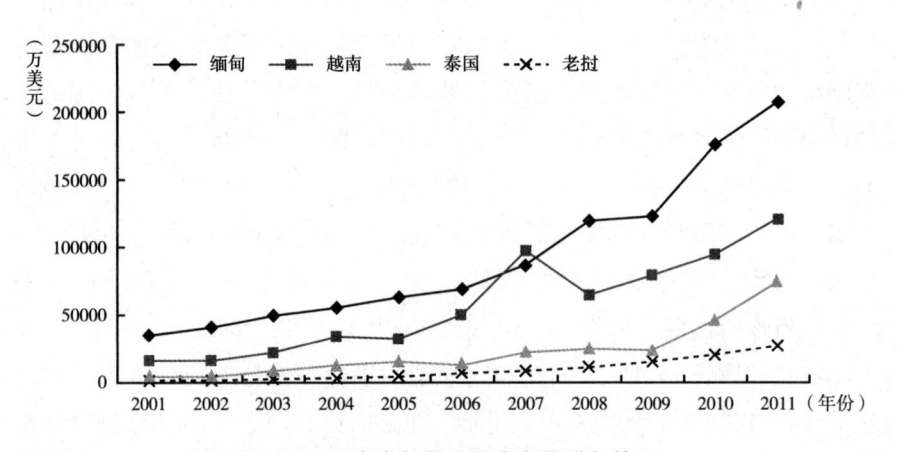

图 3-2 云南省与周边国家贸易增长情况

三 与周边国家的贸易仍然是云南的优势

改革开放以来，云南大力推进对外贸易市场多元化，在市场多元化上取得较快发展。云南已与东盟 10 国以及南亚国家建立了广泛贸易关系，但由于地缘经济的关系，贸易重点始终在沿边和近邻的东南亚国家。云南与周边各国加快落实《贸易投资便利化战略行动框架》和《便利客货跨境运输协定》，加强海关检查、检验检疫、贸易物流、人员流动等领域的协作，为企业间开展具体合作提供便利条件和优质服务。周边国家的缅甸、越南一直是云南省最大的两个贸易伙伴国，云南与周边国家的贸易一直在云南的对外贸易中占25%左右，在云南与东盟的贸易中占70%左右。尽管云南省的外贸受世界金融危机影响，但由于云南与周边国家经济联系日益紧密，相互依存不断增大，对周边国家的贸易仍呈增长势头。

1. 云南与周边国家贸易一直保持高位运行

多年来，云南与周边国家贸易一直持续高速增长，尽管受金融危机影响，云南对周边国家的贸易仍呈增长势头。特别是在中国—东盟自由贸易区建设进程中的2001~2011年的10年里，云南与周边国家贸易都在以年均20%以上的速度增长。2010年云南与缅甸的贸易占中缅贸易的38.6%，云南与老挝的贸易占中老贸易的35.4%。2010年云南对缅、越两国出口额已占云南对东盟出口总额66%，其中云南对缅出口额11.1亿美元，对越出口额7.89亿美元，占云南对东盟出口贸易比重分别为38%和27%。云南与泰国、老挝的贸易增速高于云南与东盟贸易的增速，分别以26.9%、33.7%的速度增长。

2. 民营企业成为云南对外贸易的生力军

随着对外贸易经营权的放开，越来越多的民营企业如雨后春笋般参与到外贸经营领域，开始从事自营进出口业务，成为云南对外贸易的新主力。2009年，云南进出口企业总数首次突破万家，其中，非公企业9271家（包括民营企业和外资企业），占云南进出口企业总数的88.5%，非公企业的贸易额首次超过国有企业。特别是民营企业进出口迅速增长，2005年，云南民营企业进出口额仅有14.14亿美元，占当年全省进出口总额的29.8%；到2010年，云南省民营企业进出口总额已经达到73亿美元，占当年全省进出口总额的54.8%，首次超过国有企业成为全省外贸主体。2005~2010年，云南省民营企业进出口以38.9%的速度增长，大大高于国有企业13%的增长速度。即使是在世界金融危机中，云南省对外贸易大幅度下滑的情况下，民营企业进出口也是一直保持较快的增长势头。民营企业进出口的快速增长，进出口规模的迅速扩大，不仅改变了云南省对外贸易长期以来以国有企业为主的企业结构,而且对推动云南省对外贸易发展起着越来越重要的作用。①

表3-3 云南省非公企业对外贸易的发展及地位

单位:万美元,%

年份	2005	2006	2007	2008	2009	2010	年均增长
全省贸易额	473822	623174	877975	959936	801912	1336795	23.0
国有企业	292546	393990	556406	586224	387031	539905	13.0
外商投资企业	39918	48572	55603	63625	43922	64499	10.0
民营企业	141358	180612	265966	310087	370959	732391	38.9
非公占全省比重	38.3	36.7	36.8	38.9	51.7	59.6	

资料来源:《云南商务发展报告》,2005~2010年各年。

3. 贸易结构趋于优化

云南出口商品结构由以资源型产品出口为主调整为以符合国家产业导向的劳动力密集型和技术密集型产品出口为主。2005年,有色金属和磷化工产品两类资源性产品出口位列云南省第一大和第二大出口商品,合计占全省出口的40.6%。到2010年,云南省以资源型产品出口为主的商品结构发生了逆转,机电产品、农产品和纺织服装成为云南第一大、第二大和第四大出口产品,分别完成17.2亿美元、13.5亿美元和7亿美元,合计占全省出口的49.6%。有色金属和磷化工下降为云南第六大和第三大出口商品,分别完成出口2.4亿美元和11.5亿美元,占全省出口的比重下降到18.3%,其中有色金属出口比重由2005年的21.6%下降到2010年的3.2%。云南的对外反倾销取得了重大进展,云南出口的黄磷和农副产品曾是国际反倾销调查的重点对象,相关企业在商务部和商协会的指导下,积极应对来自欧盟、美国、印度等国家或地区的反倾销诉讼,保住了市场,积累了经验。在欧盟案号398的对中国黄磷的反倾销调查中,云南马龙化建公司在反倾销应诉中取得了"市场经济地位",标志着我国长期以来对外反倾销取得了重大进展。

---

① 吴晓燕、罗蓉婵:《民企成为云南对外贸易的生力军》,《云南日报》2010年10月13日。

4. 边境贸易仍然是云南与东盟贸易的特色

边境贸易占云南对外贸易的比重虽然不大，但在边疆少数民族地区经济发展中发挥着"利国、富民、睦邻、安邦"的重要作用。[①] 多年实践证明，国家制定的扶持边境经济贸易发展政策不只是贸易政策，同时是民族政策、扶贫政策、兴边政策和外交政策的重要组成部分，从根本上增强了边疆少数民族地区的"造血功能"，促进了边疆少数民族地区的经济发展和社会进步，巩固了与毗邻国家的睦邻友好关系，不断地推进了沿边开放战略。尽管在金融危机的背景下，国家取消边境贸易的各项优惠政策，云南边境贸易仍然持续发展。2010年，云南省对东盟出口贸易中，边境小额贸易累计进出口总额17.36亿美元，同比增长37.6%，占对周边三国进出口贸易总额比重59.6%。

表3-4 21世纪前10年云南省边境贸易的发展及地位

单位：万美元，%

年份	云南的贸易总额	云南与周边三国贸易总额	云南的边境贸易额	边贸占云南贸易的比重	边贸占周边三国贸易的比重
2000	181283	48250	35628	19.7	73.8
2001	198906	52805	28761	14.5	54.5
2002	222635	58599	37143	16.7	63.4
2003	266767	73543	41927	15.7	57.0
2004	374777	92366	52407	14.0	56.7
2005	473822	99595	65459	13.8	65.7
2006	623174	126885	77649	12.5	61.2
2007	877975	192864	101101	11.5	52.4
2008	959936	194817	120110	12.5	61.7
2009	801912	217240	126134	15.7	58.1
2010	1336795	291284	173558	13.0	59.6

资料来源：《云南商务发展报告》，2000~2010年各年。

第二节 迅速崛起的"走出去"和"引进来"

20世纪90年代以来，云南充分利用和周边国家的传统友好关系、地缘优势和技术上的领先优势，在缅、老、越国家重点开展工程承包业务，

[①] 王建伟：《边贸是云南对外开放的特色之一》，云南省商务厅网站2009年7月16日。

业务量长年排名在全国第 10 名上下；具体业务主要有公路、桥梁、工业建筑、机场、市政建设等，为带动云南的设备材料、劳务、技术出口，培养外经人才、外经体系、外经市场做出了积极的贡献，同时又与周边国家结下了新的友谊。21 世纪后，随着国家"走出去"战略的推进，云南省出台了"走出去"战略发展方案，为企业"走出去"牵线搭桥，鼓励和支持企业到国外投资经营办厂。一些大企业集团借助"走出去"战略中所具有的地缘优势，积极向外拓展，并形成了一些中央和地方联合起来走出去的项目，对外投资合作步伐不断加大。从 2006 年起，云南省的境外实际投资就已在全国排第 12 位，在中国西部的省区中排第 1 位。[①]

一 云南省境外投资列中国西部地区第一

云南与东盟双方的相互投资已有一定的基础，中国—东盟自贸区成立后，继续推进投资合作的潜力巨大，加之东盟国家正处于吸引外资的高峰期，周边国家投资环境逐步稳定，为云南省企业进入这些国家直接投资创造了良好的时机，加快对东盟国家的直接投资成为现实。云南从重点地区、重点工作、重点项目入手，积极开展与周边国家双边、多边的经济合作，为企业"走出去"创造必要条件，呈现出立足周边、央企带动、宽领域、多主体、经营层次逐步提高。云南省企业在资金、技术、管理等方面具有显著的比较优势，而这些国家也比较容易吸收利用相近的

表 3-5 云南省境外投资（周边国家）情况

单位：万美元，%

年份	2005	2006	2007	2008	2009	2010
云南境外实际投资额	4364	4363	11834	23915	27000	47404
云南对缅甸实际投资额	760	1108	6781	7378	8572	20585
云南对越南实际投资额	433	956	391	649	2041	3531
云南对老挝实际投资额	615	1370	1308	2672	9669	6309
云南对三国实际投资额	1808	3434	8480	10699	20282	30425
三国实际投资占全省的比重	41.4	78.7	71.7	44.7	75.1	64.2

资料来源：《云南商务发展报告》，2005~2010 年各年。

---

① 《云南境外投资经济合作跃上新台阶》，《云南日报》2011 年 2 月 6 日。

高新技术和支持相应产品的消费。即使在世界金融危机期间，对外投资面临融资难、汇率风险加大、境外投资收益下降等诸多困难，在全国对外投资整体呈下滑趋势的大背景下，云南对外投资继续保持稳步增长态势。截至2010年，云南累计境外投资协议投资总额突破100亿美元大关，达107.17亿美元。

1. 周边国家投资环境的不断优化为境外投资创造了条件

经济上的高速发展与政治上的和平稳定是中国与周边国家近年来经济一直保持高速发展的一个重要前提。中国的改革进入了关键时期，非常需要一个和平稳定的国际环境。东盟各国也都进入了发展经济的新阶段，纷纷制定了符合本国国情的21世纪发展战略。中国与东盟都意识到，一个和平安定的国际环境，特别是和平安定的周边地区环境是必要条件。云南省立足产业优势，选择周边国家为投资重点。周边国家的矿产、能源、农业资源分布广泛而丰富，具有很大的找矿前景和开发价值，由于经济和技术等方面的原因，勘查与开发程度很低。而云南省企业在这些领域的生产有突出的比较优势，云南具有先进水电、冶炼技术支持。21世纪以来，周边国家经济形势有了明显好转，各国都采取各种措施，加大引资力度，放宽外资准入，加强投资促进工作，不断优化投资环境。云南通过对周边国家的投资，发挥地缘优势，突破发达国家对我国实施的贸易保护壁垒，进一步扩大我国的商品出口。

2. 云南与周边国家的合作日益紧密，境外投资呈跨越式发展

"走出去"到周边国家开展经济合作，是云南对外开放最有特点、最有优势、最有作为的领域，多年来云南以周边国家为重点，并以"走出去"为特色，立足自身特点，充分利用地缘优势，重点开展与东盟国家尤其是与周边国家之间的经济合作。在云南的境外投资中，对周边国家的投资额所占比例一直保持在60%~75%。2005年，云南对周边三国的实际投资额为0.18亿美元；到2010年就达3.04亿美元，以年均76%的速度增长；占全省当年4.74亿美元的64.1%。仅对缅甸的实际投资额达2.05亿美元，占全省的43.2%；对老挝的实际投资额达0.63亿美元，占全省的13.3%。对外直接投资，发挥边际性产业转移、业务转型、贸易升级、投资拉动等效应，为政治和经济安全创造良好的周边国际环境。通过企业的跨国投资行为，可以越过国家之间的隔阂，使资源在国家之间有效配置，云南与周边国家之间的联系日益加强，而且其本身又深受东道国的欢迎，云南企业加大对周边国家的投资正可以起到这样的"润物细无声"的作用。从今后的发展趋势看，周边国家仍然是云南企业对外投资重点目的地，2010年云南省境外投资签订的协议投资额达81.89亿美元，仅与缅甸签订的协议投资额就达76.74亿美元，占全省的93.7%。

3. 境外资源开发拉动投资，缓解了国内资源短缺"瓶颈"

中国经济的快速发展需要大量的资源支持，石油、煤等能源的紧缺已经一定程度上影响到国家经济安全。要解决这些问题，主要有两条途径：一是尽量将高能耗、低产出、国内严重过剩的行业向外转移；二是在资源丰富，但自身缺少开发能力的国家，通过海外投资，参与国外资源的开发。周边国家良好的投资环境，是云南省面向周边投资的前提，而周边国家丰富的水电、矿产、农业资源，与云南在经济上的互补性很强，是云南省立足投资产业发展的基础和优势。云南先进的矿产采集、筛选和冶炼技术也与东盟国家丰富的矿产资源相契合，使得矿产资源开发投资得到快速发展。周边国家特别欢迎中国去从事基础产业的开发工作，如建钢铁厂、开采矿石、建电站、修路、发展农业、利用当地资源来进行生产和加工，以利用云南的产业优势建立、形成自己国家的工业体系，为云南的"走出去"营造了一个良好的产业承接环境。2009年、2010年，云南省对外的矿业投资分别为11566万美元和16967万美元，分别占同期全省实际投资额的42.8%和35.7%；云南对外的电力投资分别为12315万美元和21947万美元，分别占同期全省实际投资额的45.6%和46.3%。2010年云南省境外投资签订的协议投资额，电力为77.32亿美元，矿业为2.39亿美元，占全省协议投资额的94.3%和2.9%，仅电力与矿业就占97.2%。

4. 央企入滇带动云南境外投资增长

云南省境外投资起步较晚，但发展迅速，投资主体从边境民营企业起步到省属国有大型企业乃至中央企业积极参与。云南的对外投资是大企业、大集团、大项目占投资主导地位。昆钢集团、云南铜业集团、云锡集团、云南冶金集团、云南建工集团、云南电网公司等大型企业的参与使投资规模不断增大。由于东南亚是我国对外投资重点区域，云南充分利用区位和通道优势，为央企和省外大企业提供优质服务以及走向东南亚国家投资的平台，吸引了中电投、大唐、华能等央企和省外大企业纷纷落户云南。其中，在滇央企以其雄厚的实力，以及不断丰富的跨国经营经验，走在了境外投资的前沿，对云南省境外投资起到了支柱作用。如华能集团控股的云南联合电力公司在缅甸投资4.75亿美元建设的60万千瓦瑞丽江一级水电站成功投产就是一个典范。2010年，在云南省落户的中国电力投资集团公司云南国际电力投资有限公司实际投资20342.5万美元，占云南省对外投资的45%，未来比例还会更高。另外，浙江、广东、江苏等一些沿海实力较强的大企业也积极和云南企业合作，在云南注册公司，利用云南优惠政策和便利措施，到周边国家进行矿产资源开发，取得了较好业绩，拉动了云南省对境外投资的增长。

二 云南省对外经济技术合作稳步增长

对外经济技术合作是云南对周边国家的传统优势项目，周边国家的对外经济合作大多采取"资源换工程"模式，云南相应实施以"工程换资源"模式，尽快形成一批以资源开发合作为导向的，开展工程、贷款、资源开发、经贸一揽子合作的项目建设。1984年6月云南省成立了第一家外经公司——云南国际经济技术合作公司，专门从事对外承包工程、劳务合作、对外投资的工作。从此，云南省的外经工作步入了正轨。到2010年，云南省从事外经业务的队伍有近20万人，形成了国有企事业单位为主，各专业外贸公司、边境贸易公司、民营企业多层次的对外经济技术合作队伍，在与云南省接壤的越南、老挝、缅甸等东盟国家的经济技术合作中做出了显著的成绩。云南的对外工程承包、设计咨询、劳务合作，营业额从1990年的41万美元发展到2010年的近10亿美元，20年间以年均47.7%的增长，取得了全国各省份第13位、西部地区第2位、沿边省份第2位的显著成绩。[1] 2010年，全省对外承包工程、劳务合作和设计咨询完成营业额9.5亿美元，拉动外贸进出口4.3亿美元；外派劳务达1.12万人。

---

[1] 《2006年云南对外工程承包战绩列西部第二位》，新华网云南频道2007年2月6日。

表 3-6 云南省对外承包工程执行情况

单位：万美元

年份	合同金额	营业额	年份	合同金额	营业额
1986	1278	615	1999	33900	16700
1987	321	1004	2000	30000	15000
1988	575	827	"九五"期间	113400	63900
1989	701	345	2001	28800	20300
1990	686	41	2002	29300	22500
"七五"期间	3561	2832	2003	30800	24400
1991	2620	800	2004	3160	33648
1992	4601	2397	2005	53366	38766
1993	4102	2587	"十五"期间	145426	137614
1994	10500	3367	2006	60364	43371
1995	23000	10500	2007	70098	50028
"八五"期间	44823	19651	2008	85000	62000
1996	8700	12700	2009	92403	73755
1997	9800	9500	2010	106102	99194
1998	31000	10000	"十一五"期间	413967	328348

资料来源：《云南商务发展报告》，2004～2010年各年。

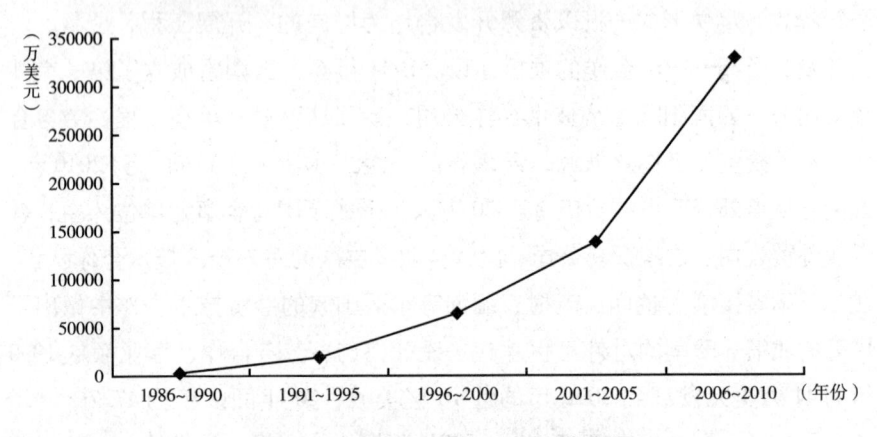

图 3-3 云南省对外工程承包营业额

1. 对外工程承包实施周边路线起步

云南省外经业务的最主要市场是东南亚国家，特别是周边的次区域国家，占云南省对外承包工程项目总数的80%以上。由于在经济结构，产业结构和需求结构上的互补性，云南省的对外承包业务每年的增长速度较快。云南省对外工程承包主要市场是大湄公河次区域国家，域内各国在地域上相连，同属发展中国家，多样性突出，在贸易、投资和经济技术合作领域上合作空间很大，市场结构和产业结构不尽相同，互补性较强。但经济相对不发达，消费能力不强，人均收入偏低，基本上仍为待开发消费市场。云南充分利用和接壤国家的传统友好关系、地缘优势和技术上的领先优势，在东南亚国家重点开展"走出去"业务。缅甸、老挝、越南是云南工程承包的最主要市场，多年来，云南外经企业承接了周边三国很多公路、桥梁、电站、工业及民用建筑工程的建设。例如，云南省机械设备进出口公司在缅甸建设了19个水电站，在缅甸的水电行业享有很高的声誉。

2. 加大了对外工程承包的支持力度

周边国家基础设施匮乏，现阶段开发是以基建项目和进口替代为主，是一个巨大的建设市场，在基础设施和基础工业建设上有很大需求。云南对次区域国家还不成熟的建筑市场比较熟悉，并积累了一定经验，应进一步发挥这一优势，大力拓展次区域建筑市场。根据次区域的实际，大力发展对外工程承包，并探讨以贸易、投资、外援相结合发展对外工程承包市场的新路子，创新对外承包方式，采用补偿贸易、资源抵押、特许开发和经营权、合资合股等方式扩大在次区域国家建筑市场上的份额；鉴于带资承包成为国际惯例的实际，云南省建立了国际经济合作基金，专门用于支持全省有关对外承包工程项目的担保、贴息、市场开发、信贷等业务；鼓励建筑企业参与次区域国家的BOT（及衍生方式）项目；支持发展海外建筑承包的信息、咨询、市场调查、承揽任务等中介机构，健全企业国际市场开拓专门机构和队伍，加强海外专业营销和管理力量。

3. 对外承包工程向宽领域、多元化拓展

20世纪，云南省对外承包工程项目，最初多以劳动密集型的房建、修路等土木工程为主，承包工程主要是中小型项目，特别是分包项目和土建项目居多。21世纪后逐渐拓展到资金技术密集的水电、冶金、机械设备等领域，所承揽大型工程项目增多，技术含量增加，推动设计咨询业"走出去"，发挥其"龙头"作用，带动对外承包工程业务发展；增强工程带动成套设备与大型装备出口的能力。投资领域由点及面，从设立贸易公司、办事处为主，向加工贸易、水电、矿产资源开发等多领域发展；投资主体从边境民营企业起步到省属国有大型企业乃至中央企业积极参与；投资国别从缅、老、越周边三国延伸到次区域国家，乃至东盟其他国家。改变过去云南省长期以承担周边国家中小型项目为主的合作方式。民营企业逐步成为"走出去"的生力军，企业市场化程度较高，有灵活的经营管理机制，投资决策、工资分配制度、营销方式有较多的自主权，因此规避市场风险的灵活程度较高，特别是在我国整个海外投资大的气候尚未形成的情况下，民营企业的这些特征便凸显出来，成为云南企业"走出去"的"黑马"。到2008年，云南省有140家民营企业对海外投资，占云南省海外企业总数的80%。

4. 对外承包工程向优质化、树品牌方面深化

多年来，云南培育一批具有相当规模和较强国际竞争力的大型承包工程企业，提高云南省企业承揽大中型项目的竞争力。随着对越送电项目、缅甸邦朗电站项目、老挝东昌酒店项目、柬埔寨政府办公大楼等一批重大项目的成功实施，云南企业在次区域国家树立的良好形象和信誉进一步巩固，企业"走出去"谋求发展的步伐不断加快。云南利用周边国家的对外经济合作大多采取"资源换工程"模式，形成一批以资源开发合作为导向，开展工程、贷款、资源开发、经贸一揽子合作的项目建设。同时，以优质工程取胜，例如，云南省建工集团在1983~2006年的23年间，累计完成海外营业额6000万美元；而把海外市场纳入集团产业发展战略以来的2007~2009年，完成2亿多美元。在营业额快速增长的同时，云南建工承建的海外工程获得多项殊荣，老挝东昌酒店荣获老挝发展勋章，老挝第25届东南亚运动会场馆荣获老挝劳动勋章，援柬政府办公大楼获得柬埔寨国王亲自颁发的柬埔寨一级贡献勋章。[①]

5. 对外承包工程增长方式进一步转变

云南支持企业"以工程换资源"和出口信贷项目"债转股"，推动对外承包工程方式多样化，鼓励与当地企业适当联合，这既是周边国家扶

---

① 《柬埔寨政府办公大楼承建工程获鲁班奖》，《云南日报》2011年2月25日。

持本国企业发展的一项措施，又是云南企业争取夺标的一条捷径。越来越多的企业转变发展方式，尝试 BOT（建设—经营—转让）、BT（建设—转让）、EPC（设计—采购—施工）等多种形式承揽承包工程项目，以技术服务方式大胆"走出去"。云南对外承包工程的开展逐步改变了传统商品出口贸易的单一的贸易方式，已成为实现出口方式多样化的重要方面。作为货物贸易、技术贸易、服务贸易的综合载体，对外承包工程包含着货物、资金、技术、劳务等多种因素的运行，大的总承包项目和交钥匙工程带动了大型国产机电成套设备及相关技术、劳务的出口。例如，云南电网公司承建了中国在老挝的第一个 EPC 输变电项目，老挝北部 115 千伏送电工程，线路全长 34.61 公里，涉及项目实施中的设计、采购及供应、施工建设等各个环节，已于 2009 年建成，开启了云南电网公司对外项目承包的全新模式。以对外工程承包带动国产机电产品、成套机械设备和一般物资出口与单纯外贸相比，无论在贸易方式上还是在社会经济效益方面，都更具有明显优势，为今后全省外经贸工作的更好发展创造了条件。

6. 劳务合作拓宽领域，对外劳务合作列全国第 13 位

云南省把对外劳务合作作为一项重要工作来抓，既"外抓市场"，又"内抓资源"，针对外派劳务需求，建立外派劳务基地，提升外派劳务人员专业素质。支持中小企业到境外承包耕地、承包山林，开展商品流通、物流配送等业务。根据周边国家市场的需求，丰富劳务合作的方式，拓宽外派劳务的市场和领域。GMS 国家在公路桥梁、小电站、建筑安装、人力资源开发等领域，每年需求大量多种熟练技术人才参与建设。云南省在对外直接投资和对外承包工程项目的拉动下，对外劳务合作步伐加快，发展迅速。2007 年，云南外派劳务还只有一两千人的输出规模，但就在短短 3 年多时间里，纯劳务输出增长率由原 5% 上升至 30%，而其中真正云南籍的外派劳务者增长率也占到了 53%。2010 年全省累计派出各类劳务人员 11275 人，派出人数在全国位列第 13 位，其中，工程项下带出劳务人员 9762 人，占 86.6%。[①] 在巩固传统市场的同时，扩大工程师、教师、

---

① 《云南对外经济合作大步推动》，《云南日报》2011 年 2 月 16 日。

设计师、医护人员等高层次劳务的输出规模，拓展文化教育、医疗卫生、科学技术等新的劳务领域，提高对外劳务合作的附加值。

三 云南利用外资逐步走出低谷

云南省利用外商投资较全国晚了5年，1984年云南批准第一家外资企业。云南利用外资无论是在规模上还是在质量上，都处于较低发展阶段，曾在一段时间内处于徘徊不前的状况，在利用外资方面始终没有形成新的增长点。进入21世纪后，国内宏观经济和区域经济结构发生了重要变化，云南引进外资的环境也发生了变化。整个"十一五"期间，全省利用外资达到了38.2亿美元。2006~2010年，云南省5年实际利用外资分别是3亿美元、5亿美元、7.8亿美元、9.1亿美元和13.3亿美元；2010年，云南省利用外资仍然实现历史性跨越，全年新批外商投资项目163个，合同外资金额15.2亿美元，实际利用外资金额13.3亿美元，利用外资三项指标均创下历史最高水平。

表3-7 云南省利用外资统计

单位：万美元

年份	合同外资	实际外资	年份	合同外资	实际外资
1986	185	50	1999	31928	21670
1987	24	557	2000	31451	15808
1988	309	355	"九五"期间	130887	85846
1989	310	712	2001	31856	6459
1990	209	293	2002	33289	11471
"七五"期间	1037	1967	2003	44583	8384
1991	2175	280	2004	31818	14152
1992	15507	842	2005	43623	17352
1993	49222	4637	"十五"期间	185169	57818
1994	24501	5133	2006	79771	30234
1995	29772	6283	2007	96600	50300
"八五"期间	121177	17175	2008	169000	77688
1996	17664	17680	2009	168249	91010
1997	18626	13958	2010	151755	132902
1998	31218	16730	"十一五"期间	665375	382134

资料来源：《云南商务发展报告》，2004~2010年各年。

图 3-4 云南省实际利用外资情况

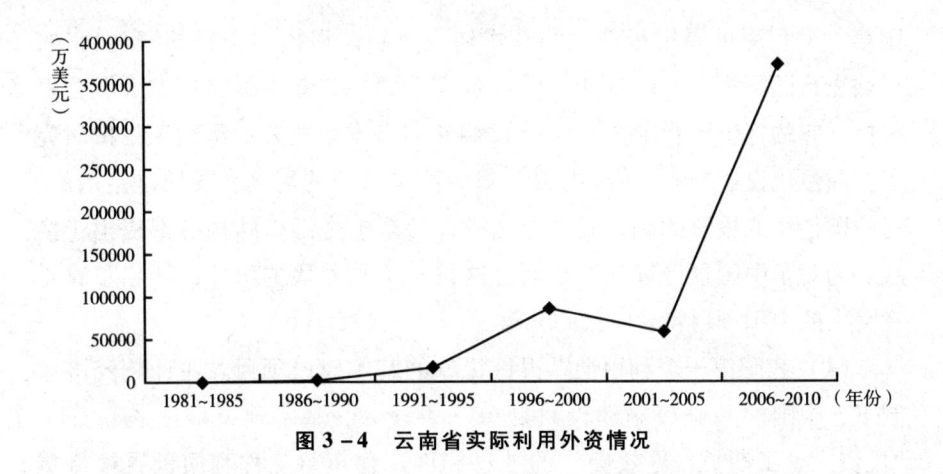

1. 云南引进外资开始逐步由低谷转向恢复性增长

云南省利用外资大体经历了三个特征明显的阶段。第一阶段（1984~1990）是云南外商投资企业发展的起步阶段，在这 7 年的时间里累计合同利用外资 2891 万美元，实际利用外资 2064 万美元，平均每年实际利用外资不到 300 万美元，平均每个项目利用外资 71.75 万美元，处于低速、小规模发展阶段。第二阶段（1991~2005）是云南引进外商投资企业的缓慢增长阶段，在 15 年的时间里，实际利用外资 43.7 亿美元，平均每年实际利用外资 2.9 亿美元。第三阶段（2006~2010）是云南外商投资企业发展的下滑和恢复阶段。在这 5 年的时间里，实际利用外资 38.2 亿美元，平均每年实际利用外资 7.6 亿美元。这是云南省引进外资最快的时期，从 2005 年的 1.7 亿美元到 2010 的 13.3 亿美元，以年均 50.6% 的速度增长，五年的时间就增长了 6 倍。[1] 虽然云南利用外资取得较好成绩，但也应该看到，云南利用外资占全国的比重不大，与云南 GDP 在全国所占比重不相称。从总体上看，云南省的外商投资没有达到能够推动全省经济增长，加快技术进步和产业结构调整的水平，其主要特征可归纳为"规模偏小、来源偏窄、地域集中、行业分散"等方面。

2. 80 年代云南引进外资形成了巨大的"鲁布革冲击波"

1981 年，国家批准在云南建设装机 60 万千瓦的鲁布革水电站，是中

---

[1]《云南 2010 年实际利用外资 13 亿美元》，《都市时报》2011 年 1 月 20 日。

国第一个利用世界银行贷款的基本建设项目。根据与世界银行的协议,必须进行国际招标。1984年,经过各方面评标,最终确定日本大成公司中标,它的标价比我国企业标价低44%。日本大成公司承建工程按时完工,质量优良。"鲁布革冲击波"对中国建筑业的影响和震撼是空前的,对中国传统的投资体制、施工管理模式乃至国企组织结构等都提出了挑战。而对于中国项目管理发展而言这是一个划时代的事件,开启了真正意义上的中国项目管理时代的元年。①

(1) 我国第一个利用世界银行贷款的基本建设项目。在计划经济体制下,中国的基础设施建设只是单一讲投入,基本建设战线长期处于"投资大、工期长、见效慢"的被动局面。鲁布革工程利用世界银行贷款,对过去的投资体制形成冲击,无论是造价、工期还是质量都严格达到了合同要求,是具有里程碑意义的基本建设投资体制改革的试点工程。

(2) 我国第一个以国际公开招标方式的工程。引入竞争机制,冲击了我国原有计划分配任务的体制。鲁布革工程原由水电部十四工程局施工,已开工3年。为了使用贷款,把引水隧洞工程投入了国际市场。在中国、日本、挪威、意大利、美国、德国、南斯拉夫、法国8国承包商的竞争中,日本大成公司以比中国与外国公司联营体投标价低3600万元而中标。

(3) 引进先进的施工管理模式,冲击了原有国有企业内部组织结构。中国原来的建设施工队伍接到任务后,拖家带口一起上,坛坛罐罐一块搬。而在鲁布革工程中,日本大成公司只出了30多人的项目管理层,全部作业人员是从中国水电十四工程局雇用的500名工人。就是这样一个管理层与作业层在现场结合的模式,创出了高效率、低成本的工程施工管理特点。

(4) 引进国外先进技术和管理经验,冲击着传统的生产方式。在隧洞开挖设计生产方缅,我国一直沿用多年的马蹄形开挖方式,日本大成公司采用圆形断面一次开挖成型,两者相比,日本大成公司的生产方式使整个隧洞减少了6万立方米的开挖量和混凝土回填量,节省开挖费228

---

① 杨飑:《鲁布革冲击》,《人民日报》1987年8月6日。

万元、混凝土 1230 万元，共计 1458 万元。这是日本大成公司比中方报价低 44% 的一个重要原因。

3. 利用外资领域进一步拓宽

过去，云南省引进外资多集中在制造业，近年来，外商投资领域正逐步扩大。英国比利顿、澳大利亚西方矿业公司等世界知名企业纷纷进入云南进行矿产资源风险勘探和开发，服务贸易业利用外资也有了新的进展，昆明市的家乐福、百安居、沃尔玛、普尔斯马特等项目正式涉足云南省商业领域；法国水务公司、香港新世界也将进入城市基础设施领域，由美国远东国际集团公司协议投资 51 亿元的环滇池公路南段，马来西亚实康集团投资 3 亿元的昆明市新城水厂等一批重大项目正在积极推进之中；还有房地产业、地质勘探业、卫生体育事业和教育科学事业也不断引进外资。从 2010 年全省外商投资行业分布情况看，外资进入较多的领域是建筑业，实际利用外资 29555 万美元，占云南实际利用外资的 22.2%；制造业实际利用外资 25942 万美元，占 19.5%；电力、燃气及水的生产和供应业实际利用外资 15861 万美元，占 11.8%；批发和零售业实际利用外资 14878 万美元，占 11.1%；房地产业实际利用外资 10952 万美元；占 8.24%，云南利用外资质量逐渐提高，行业分类趋向合理。但云南省引进外资的行业较为分散，大项目少，大多还没有形成规模效应和集聚效应，没有对云南的产业结构调整产生大的影响。尤其是农、林、牧、渔业是薄弱环节，实际利用外资 1657 万美元，仅仅占到 1.2%。

4. 外商投资的地域逐步由大城市转向各地延伸

过去，云南省引进外资多集中在省会城市昆明，各国家级开发区发挥了利用外资的载体和平台作用。近年来，外商投资项目地区分布发生了变化，除昆明市外，外商投资逐步向玉溪、楚雄、曲靖、大理、西双版纳等几个欠发达地区发展。特别是已开始向一些贫困地区发展，例如，作为世界十大造纸集团之一的印尼金光集团瞄准云南省文山州，投资 2.92 亿美元新建 550 万亩速生丰产林原材料基地，这是文山州建设惠及八个县的"开放式扶贫"工程。按照双方正式协议，从造林后第四年开始，将建设年产 60 万~120 万吨化学纸浆厂和年产 50 万吨纸厂，协议总投资 18 亿美元。但还要看到，云南省各地区引进外资不平衡，还有相当一部分地区引进外资项目少，部分地区还是空白，2011年，云南实际利用外资前五位主要集中在昆明 100885 万美元，占云南实际利用外资的 75.8%；其次是迪庆州 8706 万美元、保山 3364 万美元、玉溪 3231 万美元、普洱 3033 万美元，四个州市实际利用外资超过 18334 万美元，占 13.8%；其余的 11 个州市实际利用外资 13683 万美元，仅占 10.3%。

5. 外商投资的国家由来源单一扩展到来源多元

外资来源地渐趋广泛，外商投资从原来传统的中国台湾和香港地区及欧美地区拓展到 50 多个国家和地区，日本及东南亚国家在云南的投资逐渐增多。一是香港是云南外资的主要来源地，2010 年香港地区在滇投资项目 73 个，实际到位外资 7.38 亿美元，占全省实际到位外资的 55.6%。欧美日等发达国家有个别投资，其余依次为美国、中国台湾、新加坡、泰国、日本、德国、加拿大等。二是在云南的台资企业逐渐增加，2010 年在昆明的台资企业有 308 家，总投资规模超过 4 亿美元，涉及装备制造、能源开发、信息咨询、科教研发、房地产、农产品深加工、农业种植养殖等领域。三是广大侨商成为推动云南经济社会发展的一支重要力量。众多华侨华人、港澳同胞怀着对云南的深厚感情，利用自身优势，纷纷回乡投资兴业，为云南的经济建设注入了新的活力，侨胞在云南兴办的企业发展势头良好，取得了骄人成绩。截至 2009 年，云南省外资企业中逾 65% 为侨资企业，侨资企业在云南已形成 480 亿元的固定资产，年产值达 240 亿元，从业人员达 10 余万人，年上缴利税超过 20 亿元。① 四是东盟国家成为云南面向世界吸引外资的重要来源地。新加坡三德集团增资 3 亿元人民币扩建大理鹤庆水泥厂年产 100 万吨水泥生产线；菲律宾世纪金源集团投资在腾冲建 54 洞高尔夫球场和一个五星级酒店；泰国 TCC 集团投资 3 亿元人民币引进国际知名品牌洲际酒店集团分别对昆明邦克酒店、樱花酒店进行改造，使云南省在引进外商大项目上有所突破。

---

① 杨光民：《侨商成为云南经济发展的重要力量》，中国新闻网 2010 年 1 月 24 日。

6. 引进外资的方式由单一的绿地投资扩展到跨国并购

云南省对申请以股权出资以及股权质押融资登记的外商提供高效优质的服务，全力帮助企业扩大投融资渠道，提升服务质量。鼓励引入境外战略投资者，实现优势互补、强强联合，支持符合条件的省内企业到境外上市融资，支持符合条件的外商投资企业改造成股份公司并积极争取境内上市，鼓励中小成长性外商投资企业积极利用私募投资基金、风险投资基金和其他基金，拓宽融资渠道。云南省的吸收外资也采用了跨国并购等方式，例如，世界十大风险投资公司之一的美国 IDG 斥资 3000 万美元，收购玉溪蓝晶科技有限公司 10% 的股权；世界 500 强企业之一嘉士伯集团在大理市投资 2626 万美元，全资收购了云南省名气最大的大理啤酒集团，使大理的本土企业与国际大企业通过资本运作实现快速对接、融合，企业迅速发展起来。又如，昆明市公交公司引资 7000 万元，将两个子公司 51% 的股份转让给香港新世纪第一巴士公司，2004 年，资金已全部到位并挂牌运营。由云南石化集团下属原昆阳磷肥厂整体转让给印尼安达公司独资，公司注册资本 5252 万元，产品远销日本、南亚、东南亚及欧美等国家和地区，在国内外用户中享有良好的声誉，成为云南国有企业与国外企业结合的典范。

第三节　互利共赢的能源合作

随着云南与周边国家经济关系越来越紧密，能源合作的地位也日渐突出。不仅与缅甸，云南在与大湄公河次区域（GMS）国家的合作中，能源合作的比重也越来越大。云南与周边国家的能源合作主要体现在能源管道建设以及能源开发两方面。其中能源开发又包含对缅甸油气资源以及水能资源的开发。特别是水能资源，目前东盟正在努力打造一个涵盖东盟国家的大电网，而在这样的背景下，在水电方面的合作进展较快。中国目前在缅甸北部已经有规模超过 2000 万千瓦的水电开发工程。因此在这方面两国的合作比较紧密。另外，云南对周边国家天然气资源的开发也较为重视，能源管道项目的建设进展顺利，能源方面的合作正朝着良好的方向发展。

一 独具优势的电力合作

电力产业作为云南与东盟深层次合作与发展的基础产业,将对东盟和云南经济合作的构建提供产业支撑和稳定发展平台。第二十五届东盟国家能源部长会议已经达成共识,共同协调和推动大联网工作的实施,建立一个跨区域、跨国家的东盟大电网,电力建设和服务方面欢迎中国企业积极参与。

1. 云南对周边国家的电力合作全面展开

云南地处我国及亚洲多条大江大河的上游,素有"亚洲水塔"之称,被誉为东南亚的能源库。当前在全球经济和区域经济一体化的形势下,电力产业作为云南与东盟深层次合作与发展的基础产业,将对东盟和云南经济合作的构建提供产业支撑和稳定发展平台。东盟国家巨大的电力能源缺口带来了技术设备和工程设计、建设方面的强大需求,据预测,到2020年,东盟电力建设投资资金将达2000亿美元,其中电力设备、电工产品至少需要1000亿美元。而作为我国优势产业的电力能源工业在技术、管理、价格、服务等方面比欧美国家更具有优势,中国与东盟国家的电力合作呈现蓬勃之势。云南已经利用自身资源、技术优势,和东盟国家在电力供应、电力规划、电厂建设、资源开发等重要领域开展一系列合作,合作规模效应初步显现。

2. 云南成为中国对外电力交换枢纽

云南省积极推进与GMS国家的电力合作,构建中国—大湄公河次区域能源经济通道,稳步推进云南与大湄公河次区域国家电力联网建设和电力贸易,加快对水能资源的开发和电源的建设力度;不断扩大向GMS国家的售电规模;共建大湄公河次区域跨国电网及区域电力市场。2004年,云南第一个对越送电项目——云南河口至越南老街110千伏联网工程顺利投产,供电范围为老街、莱州两省,拉开了云南电网对越南送电的序幕。随后几年,又有多条对越输电线路投产,云南电网主要通过110千伏和220千伏2个电压等级、4条通道共6回线路向越南送电,范围包括越南北部的老街、莱州、河江等12省区,最大送电能力近80万千瓦。早在2000年,云南电网公司已向老挝边境省和口岸小规模输电;云南电网公司与老挝国家电力公司签署了《云南电网公司与老挝国家电力公司关于老挝北部 115 千伏线路送电项目 EPC 合同》，中国在老挝的第一个 EPC 输变电项目，由云南电网公司承建，已于 2009 年竣工，云南开始向老挝北方送电，开启了云南企业对外项目承包的全新模式。还建成了 220 千伏缅甸瑞丽江一级水电站至 500 千伏德宏变电站输电线路。从今后看，云南还将会大规模向泰国送电。中泰两国政府签订了《关于泰王国从中华人民共和国购电的谅解备忘录》，到 2017 年中国向泰国送电 300 万千瓦。

3. 云南电力进出口居全国前列

云南与越、老、缅电力贸易合作成为中国与大湄公河次区域经贸合作中最具潜力的重要组成部分。"云电外送"大通道已经成为继公路、铁路、航运之外，我国连接大湄公河次区域的第四条经济大通道，为云南资源优化配置和可持续发展打下了良好的基础。按照我国与东盟合作的有关协议，以及云南省"云电外送"规划，云南对越送电电压将提高到 500 千伏，新增送电 200 万千瓦，送电规模达到 270 万千瓦。结合糯扎渡等电站的投产，实施向泰国送电 300 万千瓦。到 2020 年，争取从缅甸输入水电 1000 万千瓦至 2000 万千瓦，从老挝输入电力 500 万千瓦至 1000 万千瓦。届时，云南电网在大湄公河次区域资源配置和产业引导中的核心地位将得到确立，中国面向大湄公河次区域的电力交换枢纽、交易平台作用将进一步凸显。

云南与越南的电力贸易在 2007 年云南电网公司对越送电量达 25 亿千瓦时，年销售收入突破 1 亿美元；2008 年为 31.5 亿千瓦时，贸易额达到 1.4 亿美元以上；2009 年为 38 亿千瓦时，电费收入 1.98 亿美元；2010 年为 43.6 亿千瓦时，电费收入 2.76 亿美元，居云南省对越商品出口总额的第二位。截至 2011 年 4 月，云南电网累计对越送电 185 亿千瓦时，累计电力贸易额超过 9 亿美元，缓解了越南北方数十个省市用电紧张的局面，产生了良好的经济、社会效益。云南与老挝的电力贸易自 2010 年 10 月 26 日开始，供电范围又扩大至老挝北部琅勃拉邦及沙耶武里等省。同时，115 千伏勐腊—那磨线路月度最高负荷增至 30 兆瓦，月平均电量增至 1200 万千瓦时左右。云南与缅甸的电力贸易从 2009 年，瑞丽江一级水电站 6 台机组（6×10 万千瓦）全部投运，其中 3 台机组所发电量向云南电网送电。之后云南电网公司又成功实现了从缅甸太平江一级水电站进、出口电力。

表3-8 2010年云南省与周边国家的电力贸易

	进出口		出 口		进 口	
	亿千瓦时	万美元	亿千瓦时	万美元	亿千瓦时	万美元
越南	55.29	27663	55.29	27663		
缅甸	15.58	4963	0.78	511	14.80	4452
老挝	0.66	514	0.66	514		
合计	71.53	33140	56.73	286688	14.80	4452

资料来源：《云南商务发展报告》，2010年。

4. 云南对外电力投资迈上新的台阶

（1）云南与缅甸的电力合作。20世纪90年代，云南企业开始走出国门、积极开拓海外市场，借助参与大湄公河次区域的开发与合作以及中国—东盟自贸区建设的平台，积极开展与有关国家的合作。云南省承建的缅甸目前最大的水电站邦郎水电站，自2005年3月建成投产后，为缅甸新增的电量占全国用电量的30%，成为缅甸国家电网最强劲的电源和缅甸中部的水利枢纽，被称之为"缅甸三峡电站"。由云南省和缅方共同投资开发总装机容量约180万千瓦的缅甸瑞丽江流域水电资源，其中装机60万千瓦的一级电站于2009年投产发电，这是迄今为止中国企业在缅甸最大的投资项目，既可解决缅甸北部用电问题，又将大部分电力送回国内，参加"西电东送"，实现中缅双方的互利共赢。发挥云南企业在项目管理、水电建设、资金、技术等方面的优势，树立企业在东南亚国家的良好企业形象。2009年，中电投、大唐等央企的大项目、大企业落户云南，以云南作为平台到周边国家进行投资。中电投、大唐在缅甸投资的大型水电站项目，若两个项目得以顺利实施，将提升云南对外开放水平，拉动相关产业升级，带动当地的经济社会发展。

（2）云南与老挝的电力合作。老挝水能资源丰富，为了摆脱落后的经济现状，一直在努力探索改革开放的国策。老挝确立了发展国民经济的重点之一就是积极吸引外资，大力开发较为丰富的水电资源，把老挝打造成地区电力中心，向邻国输出电力。通过向周边国家（包括泰国、越南等）输送电力来增加其外汇收入。老挝欢迎有实力的中国公司以任何一种方式在老挝修建水电站。从老挝的电力发展规划来看，云南企业占有一定的地位，十年规划7个项目中4个意向由云南公司承建，将在老挝水电市场占据主导地位。

5. 瑞丽江水电站创下了我国国际水电投资多项新纪录

瑞丽江一级水电站位于缅甸北部掸邦境内紧邻中缅边境的瑞丽江干流上，总装机60万千瓦，设计年发电量40亿千瓦时，概算总投资32亿元人民币。该项目是当时中国在缅甸投资的最大BOT水电项目，也是缅甸建成投产的最大水电站，由云南联合电力开发有限公司以BOT（建设—运营—移交）方式开发、运行和管理。工程建设创下了国际国内水电建设多项新纪录，是我国首个对外投资水电BOT项目，电站投产后将由合资公司运营40年后无偿移交给缅甸政府。2009年，时任缅甸总理的登盛亲自出席了电站竣工投产仪式，对该项目给予了高度赞扬。中缅双方同舟共济，精诚合作，顺利实现了水电站投产发电目标，标志着中缅双方在电力开发合作方面进入了一个新的阶段。

（1）瑞丽江一级水电站在缅甸已经取得了良好的经济效益。缅甸瑞丽江一级水电站目前仍然是缅甸已建成的最大水电站，2010年发电量为30.5亿千瓦时。缅甸政府获得来自电厂免费提供的15%发电的收入、20%的水电站利润以及中方上缴的各种税费。该电站的电力资源由中缅双方共享，电站同时向中国，以及缅甸内地和边境的木姐、南坎等城市供电，大大改善了该地区的投资环境。过去，这些城市基础设施落后，电力十分短缺，每度电达2元多，严重制约了经济的发展。瑞丽江一级水电站建成后，不仅缓解了电力紧缺的矛盾，而且大大降低了电价，每度电下降到约0.2元，有力地带动了其经济社会的发展。电站将电力输送到达贡山镍矿等缅甸东北部地区，解决了当地的用电问题。

（2）瑞丽江一级水电站在缅甸已经取得了良好的社会效益。我业主方华能澜沧江水电有限公司在进入缅甸进行投资时就成为当地社会的一分子，承担了一定的社会责任。立足点是在当地社会，扎根于当地，造福于当地。2010年，在电站投产的第一年，公司就积极回报当地社会，投资10万元重新铺设了通往坂达村的道路，改善了当地的交通条件。公司还向当地的学校捐赠了10万元的课桌等学习用品，向当地的医院捐赠了5万元的医疗器械和医疗用品。公司已经为自己在当地树立了良好的"公众形象"，得到了当地政府和广大群众的拥护。

二 优势互补的石油天然气合作

随着经济的发展，中国对能源的需求将持续攀升，未来的油气管线应该像铁路一样四通八达，形成"四面来油"的局面。云南在中缅陆上输油项目寻求实质性突破，对中缅两国均有重大意义。从中国的角度来说，这两条油气管道为中国提供了一个较为安全的能源通道，不用经过马六甲海峡缩短了距离，同时也规避了通过马六甲海峡时可能遭遇的风险。从缅甸的角度来说，这两条管道的建成对于缅甸，特别是管道沿线区域的经济发展能够起到极大的带动作用，既满足了当地的能源需求，又能带动当地的交通建设，从而催生许多现代产业的发展。

1. 云南省与周边国家的石油天然气开发合作

大湄公河次区域是油气资源丰富的地区，已经成为世界油气资源开发的热点。在世界各国中，越南石油储量居第25位，越南也是中国第六大进口国，原油已成为越南第一大出口商品。缅甸石油天然气十分丰富，已确定的天然气储量为25400亿立方米，已确知的原油储量为32亿桶。云南与周边国家近在咫尺，从20世纪90年代就积极"走出去"，参与周边国家的石油天然气资源的开发。由于云南本身缺气少油，缺乏勘探石油、天然气的资金、技术等必要条件，对周边国家的石油天然气勘探主要是中石化集团麾下滇黔桂石油勘探局。它们把输油和输气管道与建立中国稳定的石油资源基地结合起来，使能源合作有很大的突破。

（1）与越南的石油天然气开发合作。2004年9月，滇黔桂石油勘探局与越南国家石油公司旗下的越南石油投资发展公司正式签署了石油工程技术服务合同，在越南北部河内盆地钻两口天然井，中方作为承包商，提供设备、技术及人员。2004年开钻，历时5个月，钻探了两个井。第一口井井深1600米，第二口井井深3478米。其中第二口井发现了日产3万~4万方的石油天然气田。这是中国石油勘探行业在越南承揽项目的历史性突破。

（2）与缅甸的石油天然气开发合作。滇黔桂石油勘探局对缅甸石油天然气的勘探始于 2001 年。2005 年，中石化集团在云南的滇黔桂石油勘探局与缅甸石油天然气公司，启动了首个与缅甸合作进行勘探的石油天然气项目，在缅甸获得了 6 个缅甸沿海地区区块的勘探开采权，总开采面积已经超过我国渤海油田，是中国投资缅甸的一个突破性进展。远景目标是建成一个百万吨级的油田，该项目首期投入资金达 3000 万元，勘探期为 3 年。如有商业发现，该合同延长至 20 年，建成年生产达 100 万吨级的油田。迄今为止，中国的三大石油公司都在缅甸安营扎寨，为中缅油气管道的建设提供了必要的保障。

（3）与泰国的石油天然气开发合作。2005 年中泰经贸洽谈会期间，中海油与泰国国家石油公司（PTT）及泰国石油勘探开发有限公司（PTTEP）共同签署了合作备忘录，议定中国海洋石油总公司及中国海洋石油有限公司同 PTT 及 PTTEP 在泰国境内及海外部分地区共同寻求合作勘探开发生产油气田的机会，并对泰国境内即将到期的老区块寻求新的机会。

2. 中缅油气管道项目目前进展顺利

当今世界，石油、天然气和水资源等成为激起诸多国际、国内矛盾的重要因素，确保能源安全仍将是各国安全战略的核心考量。中缅管道无疑为中国能源安全开辟了一条新路，它将有力地扭转中国原油进口依赖海运的格局。中缅油气管道是我国陆上三大能源进口通道之一，管道起于缅甸西海岸马德岛的皎漂市，经缅甸从云南瑞丽市入境至昆明，然后到达中国西南各省。2009 年，中缅双方签订了《关于建设中缅原油和天然气管道的政府协议》。该项目输油和输气能力分别为 2200 万吨/年和 120 亿立方米/年，沿途在缅甸境内分流部分天然气，供当地发展经济。按照中缅双方达成的共识，政策维持 30 年不变，这是新中国成立以来云南最大的工业投资项目。该项目由中缅原油管道、中缅天然气管道、炼化基地三部分组成，一期工程预计投入建设资金至少 1000 亿元，其中，炼油项目投入约 180 亿元，油气管道（中国境内段）项目为 450 亿元。预计项目投产后，炼厂可年产成品油 750 万吨，聚丙烯 20 万吨，丙烷 9

万吨，液化气25万吨，年销售收入将达480亿元；天然气的销售能力达到40亿立方米，年销售收入120亿元；年销售成品油500万吨，年销售收入达到3300亿元以上。项目预计年总产值约1000亿元；每年可上缴税金约20亿元，直接或间接提供近5万人的就业机会。按规划，通过中缅油气管道输送的缅甸西海天然气，可望在2013年入昆，昆明三年后要烧缅甸天然气。①

3. 中缅油气管道建设将改写中国能源运输版图

中缅油气管道的大致走向为：把来自中东和非洲的石油，经远洋油轮从印度洋运至缅甸实兑港输送上岸，再通过长达900公里的输油管线经过缅甸曼德勒、云南瑞丽，直达昆明。它的作用是，把中国从中东及非洲采购的石油，直接从印度洋经缅甸过境，进入中国。与通过马六甲海峡将原油运抵湛江和宁波的"太平洋线路"相比，这条"印度洋线路"要缩短距离1200公里，而且也安全得多。中缅油气管道对中国有深远影响，不仅是加强中国能源安全的重要举措，也是云南乃至西南地区对外开放的重要组成部分，将推动GMS南北走廊经济建设，加强中国与大湄公河流域国家的合作。

（1）突破中国石油进口的马六甲"咽喉"。能源安全从生产、存储、消费是一个链条，而运输是世界各国所关注的重点，尤其是石油的运输。一直以来，马六甲海峡是中国原油进口的"华山道"，中国近60%的石油进口要通过这里，中国要确保石油运输安全，必须寻找一条比马六甲海峡更便捷、更便宜、更安全的石油运输线路。随着改革开放30年来经济建设的发展和综合国力的增强，我国对能源需求日益紧迫，从国外进口油气有增无已，能源领域的"两洋"战略也愈加凸显。中缅油气管道绕过马六甲海峡，直接进入中国境内，使中国能源供应多元化，能够保障中国能源安全，增加能源供应。中缅石油管道大大减轻对马六甲海峡通道的依赖度，从而能够更好地维护我国的能源安全。与海上航运相比，陆上管道运送有利于增强能源供应的稳定性、可控性，远比海上运输的风险小。但美国等大国一直染指并试图

---

① 《中缅原油管道明年开建，破解马六甲瓶颈》，新华社2009年06月20日。

控制该地区。

（2）中缅油气管道开辟双边能源合作的新格局。中缅油气管道既是中国能源的生命线，也是缅甸发展经济主轴线，中缅油气管道使中缅两国的经济利益紧密联系在一起，已经形成你中有我，我中有你，一荣俱荣、一损俱损的格局。中缅油气管道项目的建设将为缅甸带来可观的经济效益，带动管道沿线的经济发展，增加就业机会，拉动缅甸整体经济发展，给缅甸民众带来更多实惠，改善缅甸国内的基础设施，推动管道沿线的城市化进程，促进缅甸的经济发展和社会稳定，进一步巩固和发展中缅关系，缅甸与中国的经贸合作也会得到进一步加强。在缅甸修建管道，中国并不是第一个，从缅甸到泰国输气管道出口天然气，缅甸每年有20多亿美元的外汇收入。缅甸石油和天然气主要分布在若开山脉与掸邦高原之间、位于缅甸中部的沉积盆地地区和沿海大陆架。中缅油气管道的建设将为中缅能源更广泛的合作以及能源资源的开放奠定良好的基础。

（3）中缅油气管道再造中国能源新基地。中缅油气管道开辟新的油气资源陆路进口通道，改善西南地区能源供给结构。2010年云南1000万吨石油炼化项目建设开工，作为配套项目，一座千万吨级的石油炼化基地在昆明建设。根据两方此前签订的框架协议，这座1000万吨级的炼油厂计划在2013年建成投产。不仅将填补云南成品油生产空白，也将对云南化工、轻工、纺织等产业产生巨大拉动作用，石化工业将成为云南又一新的重要产业。就云南而言，最直观的好处在于每年仅税收就会增加几十亿元。项目建成投产后还将极大地促进地方就业，再算上配套项目和上下游产业，可以显著提升云南的经济发展水平，形成我国新的油气进口通道和新兴石油炼化产业一体化发展的综合性石化基地。最终形成我国重要的能源通道，西南稳定的、高质量的油气供应基地，国内一流、在国际上占有重要地位的、人与自然协调发展的国家级现代化石油化工基地。

4. 中泰能源通道，能为能源安全再加码

能源对于一个国家和地区的未来生存与可持续发展，已演变成战略性命题。目前，世界各国都对能源安全问题给予了高度关注。因此，在中缅陆上输油项目寻求实质性突破的同时，加紧备用通道建设意义也十分重大。如修建经由泰国、老挝抵达中国的中南半岛的能源通道。克拉地峡是泰国南部的一段狭长地带，北连中南半岛，南接马来半岛。这条运河修成后，船只不必穿过马六甲海峡、绕道马来西亚和新加坡，而是可直接从印度洋的安达曼海进入太平洋的泰国湾。2004年，泰国政府提出筹资6亿美元，在泰国南部克拉地峡地区修建一条长达260公里的石油管线。该工程包括位于克拉地峡两端的两个深水油港、石油储存仓库和连接印度洋安达曼海和太平洋泰国湾的输油管道。当然，这并不是绝对安全的，也不是最经济的能源通道。然而，从战略的角度看，这绝对是一条值得打通的通道。有了中泰能源通道，中国拥有的选择项无疑就多了许多。

（1）澜沧江—湄公河国际航运曾做过能源通道尝试。2006年，中国、老挝、缅甸、泰国四国专家考察了澜沧江—湄公河航线成品油试运输，并达成了"可以通航"的共识，待各国政府批准后，澜沧江—湄公河成品油运输工作将正式开展。但当时的条件还不具备，没有成功。现在，澜沧江—湄公河国际航运逐步发展，逐年上台阶，运输品种从单一的件杂货发展到现在的集装箱、重大件、冷藏鲜货、国际旅游多品种兼有的综合运输服务。在运输快速发展的同时，国际运输船舶数量也从最初的8艘发展到现在的115艘，运输船舶最大载重吨位从最初的80吨发展到现在的380吨。由西双版纳石化公司在中国关累码头，投资2000万元建设了库容为5000立方米的专用码头油库，将借助澜沧江—湄公河航道，根据市场需求情况逐步扩大成品油进口量，并已建造了数艘核载量分别为205吨的油船，澜沧江—湄公河航道开展成品油运输的条件已成熟。

（2）昆明—曼谷公路已开通了泰国直达中国的能源通道。2008年昆明—曼谷公路建成通车，沟通了中国与泰国的经济往来。同年云南与泰国签订《中国云南蔬菜换取泰国成品油易货贸易协议》，计划云南向泰国出口蔬菜1000万吨，从泰国进口成品油50万吨。到2009年年底，云南已从泰国换回价值1.2亿元人民币的成品油。泰国成品油通过陆路运抵云南，由于运距短，运输成本低，在云南省的西双版纳州、普洱市等地使用泰国成品油，每升成品油价格要低于当地价格 0.2~0.3 元。由于中泰尚未签订《大湄公河次区域便利客货跨境运输协定》谅解备忘录，泰国直达中国的能源通道还不是很顺畅，中方运输车辆只能到达老挝会晒口岸，不能入境泰国；泰国运输车辆也只能到达老挝磨丁口岸，不能入境中国。双方人员和货物只能采取在中国磨憨—老挝磨丁、老挝会晒口岸甩挂、接驳的方式进行，增加了运输成本，未能充分发挥昆曼公路国际大通道的重要作用。而随着 GMS 南北经济走廊昆曼公路交通基础设施的改善，沿线国家越来越多的企业要求有效利用道路，开展直达运输，减少中转环节，降低运输成本，提高竞争力，跨境运输便利化面临的障碍有望得到解决。泰国直达中国的能源通道将能发挥更大的效益，为了推进这个项目，西双版纳石化集团已投资 5000 余万元人民币在昆曼公路、澜沧江—湄公河区域建设了一座 1 万立方米的成品油保税储油库。

（3）中泰铁路网络的建设有条件催生新的能源通道。在跨境交通还很不完善，交通技术落后、陆上交通运输成本太高的条件下，克拉地峡梦想是很难实现的，而现代交通运输能破解克拉地峡梦想造价高、工期长、收益低这一难题。泰国总理阿披实指出，快速铁路的开通，将从此解决之前由中国到泰国需要绕道越南所带来的不便，同时，泰国国内物流成本偏高的问题也将得以解决。[①] 中老泰国际铁路通道指的是昆明经老挝至泰国曼谷铁路，是规划中的泛亚铁路中线，全长约 1830 公里，这一铁路线的建成，客观上将促进中国—东盟自由贸易区的进一步发展，补充已有的物流通道，增大中泰的能源运输。重要的是这条高速铁路必须经过克拉地峡，中老泰铁路推进泰国改善物流系统并使之更加高效，且将其他运输系统与之相连接，有条件形成新的能源通道。尽管中泰能源通道的陆上运输距离比中缅能源通道长 1000 公里，比绕道马六甲海峡仅缩短 1000 公里，但它可分散两者的各种风险，而且是一条比较安全的替代路线。一旦有需要，中国将启用这条铁路运输石油，从克拉地峡运送石油的百年梦想就会成为现实。

---

① 《中泰拟建三条高速铁路线　发展跨境旅游》，中国新闻网 2010 年 9 月 14 日。

第四节 睦邻、安邻、富邻的农业合作

云南省与东盟各国贸易及投资多与农业有关，涉及农产品贸易、农业技术交流、农业技术人员培训、热区作物开发及跨境动植物疫病监控等。云南多年来重视科研和技术开发，不论在生物资源的广度开发、深度开发、种植技术、农副产品加工及农业综合规划等方面与邻国相比均有较大的优势。云南与周边国家的农业开发合作近期主要侧重于大农业生物资源的综合开发及生物资源开发科技合作两方面。农业生物资源综合开发又以边境地区毒品"替代种植"并向"替代产业"发展为切入点，是我国在国际禁毒工作中的一个伟大创举，它改变了烟农祖祖辈辈靠种植罂粟，赖以生存的生产生活习惯，促进中缅、中老双方禁毒和经贸合作与共赢，备受国际禁毒组织的赞赏。

一 "替代种植"成效斐然

"替代种植"是指充分发挥云南的区位和经济技术优势，以市场为导向、资源为基础、科技为依托，积极帮助周边国家利用农经作物及其他产业替代罂粟种植、毒品生产，以逐步削弱这些地区对毒品经济的依赖，用有益经济替代有害经济，减少乃至消除其毒品对我国和全世界的危害。自20世纪90年代起，云南企业在政府有关部门的支持和鼓励下，在缅老北部开展了粮食、橡胶、甘蔗、茶叶、水果等农经作物替代罂粟的种植。无偿或低价提供各类粮食和经济作物种子千余吨，各类经济苗木数百万株，派出各类专家和技术人员2万多人次，帮助境外培训专业技术人员近2000人次。到2010年，云南省在缅甸、老挝北部开展境外罂粟"替代种植"面积已达310余万亩，种植粮食、橡胶、甘蔗、玉米、茶叶、水果等近40种农经作物，累计投资10多亿元人民币。随着"替代种植"工作的推进，替代项目遍及老挝北部七省、缅甸北部掸邦和克钦邦，境外罂粟种植面积明显减少，当地农业得到较快发展，充分体现出经济效益、社会效益和禁毒效益。

1. 国家对"替代种植"实施了优惠政策

泰、老、缅三国接壤的"金三角"地带，是世界主要的毒源地之一。

云南由于与之毗邻，深受毒品泛滥之害。毒品侵入和随之带来的艾滋病问题相交织，严重威胁边疆稳定。为禁绝毒品，维护人民群众的利益，稳定和繁荣边疆，自20世纪90年代以来，云南省与邻国政府和地方组织在境外罂粟种植地区开展了"替代种植"。在云南的积极建议和参与下，目前，"替代种植"已经初步形成了不同层次的多种合作机制：1998年大湄公河次区域经济合作第八次部长级会议将禁毒列为合作领域，并提出开展替代罂粟种植；2000年中、老、缅、泰四国禁毒合作部长级会议通过的《北京宣言》，把替代发展列为四国禁毒实质性合作的一项内容；毗邻缅、老的云南六州市与缅、老有关地方政府之间建立了包括合作开展"替代种植"内容在内的官员会晤机制或工作联系会议机制。

中国政府支持"替代种植"的发展，也为云南省提供了一些优惠政策。一是国家免除了"替代种植"项下农产品进出口关税。对替代发展项下农业经济作物进口，在国家核定的数量内，给予免征进口关税和进口环节增值税。对企业在替代发展项下带出的农业生产资料，在国家核定的数量内，免征出口关税。二是国家对"替代种植"提供了资金支持。国家设立了替代发展专项资金，对因"替代种植"需要而开展的道路、交通、水利等基础设施建设以及农技人员的培训给予一次性资补助；对发展"替代种植"给予补助，将境外罂粟"替代种植"按面积计算给予一次性补助10~30元/亩（按不同种植作物分类执行）。三是国家为从事"替代种植"的进出境人员提供了方便。减少替代发展人员进出境的相关费用，对替代项下长期居住在边境地区并办理暂住证的非边境地区人员，给予办理《中华人民共和国边境地区出入境通行证》，并持证从云南所有建立了查控设施的口岸（通道）出入。

联合国禁毒署已将"减少毒品种植，实施替代发展"确定为今后全球禁毒工作的重点之一。云南省"替代种植"工作得到了国际社会的一致肯定和赞扬。联合国前秘书长安南说，在禁毒方面，全世界都应该学习中国，联合国视中国为国际禁毒合作中的重要伙伴，中国在东南亚地区的禁毒努力中可以发挥关键作用。联合国禁毒署执行主任阿拉齐先生在考察了云南帮助境外的绿色禁毒工程后，高度赞扬云南开展的工作。认为云南的禁毒经验和毒品"替代种植"是世界的楷模，为联合国制定全球禁毒战略提供了令人信服的佐证。

2. 极大地丰富了云南边疆民族地区对外开放的内涵

境外"替代种植"是通过中、缅、老多方沟通协作,云南企业在缅甸北部和老挝北部逐渐探索出中方投技术、资金,缅方、老方投土地、劳力等形式展开的,加快了云南边疆民族地区对外开放的进程。

一是创新了合作的模式。在境外"替代种植"方式上,有合作、合资和独资三种方式,主要推行的是中方公司+外方公司+当地农户或者中方公司+当地政府+当地农户这种"替代种植"发展模式,它更好地融入当地社会,最大限度减少投资风险;在项目管理上,将"替代种植"纳入境外投资企业管理模式中,以解决其到境外投资身份的合法性;在产品种植上,推行种植国内战略性资源需求品种,如橡胶、木薯和麻蜂树(后二者是生产生物柴油的原料)。同时,选择种植产品上推行"先短后长、以短养长、长短结合",确保"替代种植"项目的可持续发展。

二是拓宽了合作的领域。境外罂粟"替代种植"带来了双方人员的交往,带来了物流、资金流和信息流。把境外投资、境外经济技术合作和对外贸易紧密结合起来,大力发展与"替代种植"相关的初级产品加工及生物资源开发,培养一批当地的自主发展项目,推动"替代种植"向"替代发展"转型,巩固罂粟替代成果,提高替代发展综合效应,使云南边境地区的对外开放迈上了一个新的台阶。"替代种植"带动了云南境外工程承包、境外投资、境外加工等项业务的发展。云南一些有实力的企业,如云南省土产进出口公司、云南鸿宇集团、昆钢集团、云冶集团等已进入境外罂粟替代发展领域;边境经济技术合作出现了蓬勃发展的势头,形成了境外罂粟"替代种植"与边境经济技术合作相互促进的局面。

三是增进了与毗邻国家的睦邻友好关系,改善中国与周边国家关系,维护了西南边疆的安全、和谐与稳定。通过与缅、老政府建立双边机制、制定有关政策和实施替代项目,推进替代项目规范、有序开展,深化了双边经贸合作和禁毒合作,使毒品泛滥、艾滋病流行的态势在云南边境地区得到有力遏制,得到了周边国家政府和当地居民的欢迎。

3. 推进了云南边疆民族地区优势产业的发展

云南省在开展境外罂粟"替代种植"的过程中,把自身的产业优势与境外的资源优势有机地结合起来，推进了优势产业的发展。云南省与缅、老边境一带大多处于热区，气候湿润，日照时间长，热量充足、雨量充沛，适应发展热区经济作物。云南省的普洱、西双版纳、临沧、保山、德宏、怒江六个边境地州发挥地理、人文、技术、市场方面的优势，按照平等有偿、互利互惠、互通有无的原则，采取政府支持倡导、企业出面经营、双方平等协商的办法，积极推进境外邻国毒源地区"替代种植"，并从资金、技术、市场、关税等方面提供优惠条件。

一是做强做大边疆民族地区的优势产业。云南边疆民族地区在发展橡胶业、糖业、热带水果等农业产业的过程中，面临最大的"瓶颈"，就是土地匮乏，可利用的土地面积少制约着产业的发展。云南利用缅、老北部丰富的土地资源来发展橡胶业、糖业、热带水果产业，通过提高改善缅甸、老挝北部农业生产条件，为这些产业做大做强创造巨大的发展空间。境外罂粟"替代种植"为云南边疆民族地区实施跨国产业发展带来了一个前所未有的机会，为制糖业、橡胶业提供了大量的原料，解决了一些糖厂长期"吃不饱"的问题。云南的橡胶，无论在种植面积还是产量方面都居全国第一，重要的原因在于云南利用了境外资源。再过5年或10年，云南企业在缅老北部种植的橡胶和其他长期农经作物都进入收获期，云南就有望在境外再造几个"西双版纳州"。

二是催生了云南边疆民族地区一批新的产业。云南省边疆民族地区把发展境外罂粟"替代种植"与本地区生物资源开发、山区经济和扶贫开发结合起来，"替代种植"逐步从单一的经济作物替代向综合利用和产品深加工为主的替代产业过渡。充分利用境外资源优势，发展特色经济，形成了不同规模的、各具特色的生物资源开发的格局，形成各具特色的产业门类。境外罂粟"替代种植"已经由过去单一的农产品种植扩展到农产品加工、人力资源培训、贸易、林产品开发等领域，已形成境外原料基地与境内加工生产相结合的发展趋势。甘蔗与白糖生产、木薯与酒精生产、虫胶与胶片生产、橡胶与乳胶生产等，一批榨糖厂、橡胶厂、酒精厂、水果加工厂、茶厂、碾米厂应运而生。例如，缅甸果敢地区边民种植的甘蔗全部由镇康南华南伞糖业有限公司收购加工，企业制糖的原料60%来自果敢地区。

三是补充了我国国内部分产品的供给。缅、老北部土地肥沃、资源丰富，云南企业"走出去"到这些国家发展，与全国企业相比，在便利程度上是独一无二的。未来10年到20年经济的增长靠的是资源，竞争的焦点也可能是资源，境外罂粟"替代种植"就是一个很好的机会和切入点，它带动了云南边境地区特色经济和地方企业的发展，带动了广大农民的脱贫致富，对云南边疆民族地区经济社会发展起到了税费贡献、减缓了境内的就业压力，提高了当地居民收入和生活水平，开拓了国际市场。

4. 为周边国家贫困地区经济发展开辟了新的路子

"替代种植"是中国跨越国境帮助友好邻邦，用实际行动和真诚帮助去实践"一个负责任大国"的理念，是一种创新禁毒模式，用经济的手段和经济的方法去实现禁毒禁种的目标。经过几年来的不懈努力，境外罂粟替代发展已经产生了多方面的成效。

一是提高了当地群众的生活水平，改善了生活环境。经过中缅双方的合作努力，替代项目渐成规模，罂粟禁种成效明显。截至2010年，缅北中方"替代种植"企业已经达到100多家，累计种植各类农林作物面积200多万亩，涉及水稻、玉米、香蕉、橡胶、甘蔗等40多个品种。缅北受益人群超过13万人，当地人均年收入从过去的约500元人民币增加到目前的2000元人民币左右。项目还带动改善了当地的道路、桥梁、房屋、饮水工程、学校、卫生所等基础设施建设。中国还在2006年和2008年两次向缅北禁种罂粟的烟农捐赠了2万吨大米。在执法打击、"替代种植"等多种因素共同作用下，2007年缅北罂粟种植面积降至1.86万公顷的历史最低点，掸邦第一、二、四特区最近几年持续保持禁种。[①]

二是改变了当地传统的生产方式。发展"替代种植"，通过技术支持、田间作业等，培训了当地群众发展经济的技能，为当地发展培养了一批初级农经人才，教会了缅、老北部地区烟农一定的生产技术，在一定程度上推进了传统种植业、养殖业向科学化、集约化、规模化发展。大部分群众都在改变原来的耕作方式，相关部门还请云南专家指导当地

---

① 《中缅替代发展合作》，新华网2011年11月01日。

村民在橡胶地里套种玉米、陆稻等农作物,既提高了生产力水平,又增加了村民收入,使之彻底放弃了罂粟种植。

三是促进了缅、老北部地区基础设施建设和社会公益事业同步发展。云南省政府要求云南企业在开展"替代种植"的同时,应综合运用交通基础设施建设支援、卫生事业建设支援、教育事业建设支援和多领域的经济合作,加强境外"替代种植"区域的交通、卫生、教育、水利等领域基础设施和软环境建设。开展了大量的道路、桥梁、学校、卫生所、饮水工程等基础设施建设工作。据不完全统计,"十一五"期间,云南企业在缅北、老北地区共修建简易公路3000多公里、桥梁18座、水渠500多公里、水池30多座、变电站6个、学校18所、卫生院和卫生室13所,并从国内引入医疗设备和药物,为提高当地群众健康素质发挥了积极作用。

四是创新了全球禁毒的理论与实践。云南企业运用经济手段,在缅、老北部原罂粟种植区域开展大规模的"替代种植",从源头上铲除毒品对人类的危害,创新了全球禁毒的传统模式,得到了当地政府的高度评价。老挝中央禁毒委官员表示,在中国企业的扶持和带动下,老挝北部积极种植粮食,发展橡胶产业,给当地群众带来了实惠,希望中国政府和企业加大投资力度,更好地促进罂粟"替代种植"。缅甸中央禁毒委官员也表示,替代发展项目实实在在帮助了缅北地区的烟农,大部分群众改变了原来的生产生活习惯,逐步放弃了罂粟种植。"替代种植"扩大了我国的国际影响,提升了我国的国际地位,实现了与周边国家关系的"睦邻友好"。

二 农业资源综合开发

周边国家农业资源、林业资源、渔业资源十分丰富,土壤肥沃,雨量充沛,光照充足,自然条件优越,泰国、越南、缅甸是世界著名的三大谷仓。云南是全球生物多样性最丰富、最集中的地区之一,素有"植物王国""动物王国"之美誉。云南对周边国家的粮食、天然橡胶、棕榈油、椰油、海水产品、热带水果、木材等产品需求巨大;周边国家对云南省的优质无公害蔬菜、温带特色水果及肉牛为主的畜禽等产品需求旺盛;对云南的农机具产品、饲料、化肥、农药、稻种、果苗等农资产品的需求较大。2002年中国与东盟签署了《农业合作谅解备忘录》,将杂交水稻种植、水产养殖等列为长期合作重点。2004年中国与东盟正式启动"早期收获"计划,为双方农业领域投资合作搭建新平台。

1. 农业合作、拓宽领域

目前中国与东盟在农业领域的合作远不止农产品的"买进卖出",已经扩展到种植业、畜牧业、水产养殖业、农产品加工、动物疫病防治、农村能源与生态等诸多领域,合作方式包括人力资源开发、农业科技交流、小型境外示范项目、农产品贸易促进等。随着自贸区发展驶入"快车道",中国和东盟国家之间农业合作正在不断走向深入,在超级稻推广、技术传播以及人才培养方面亮点频现。云南与周边国家具有生态多样、特色农业等共同特性,为中国—东盟农业新品种培育和种业发展合作提供了良好的自然条件。近年来云南通过实施农业部"南南合作项目""中国—老挝农村户用沼气建设示范项目""中老缅禽流感防控技术与交流项目""中泰中草药与水果示范种植""中越菠萝示范种植",以及"中国云南省农业厅与缅甸联邦畜牧渔业产业部畜牧兽医司关于跨境动物疫病防控合作项目"等多个对外援助与合作项目,云南农业的对外开放工作突飞猛进,取得了显著成效,特别是与GMS国家的农业合作初见雏形。

2. 云南模式、绿色经济

农业是最古老的产业,农业可持续发展已经成为全球千年发展计划的首要战略任务。资源环境、能源安全、气候变化、饥饿贫困等全球性重大问题,无不与农业息息相关。云南与周边各国具有生态多样、特色农业等共同特性,为中国—东盟农业新品种培育和种业发展合作提供了良好的自然条件。近年来,云南广泛开展与次区域国家的生物资源开发合作,并取得了显著成效。GMS各国把云南以粮食安全为基础,经济、社会、生态协调发展的经验称为"云南模式"。一是充分发挥云南科技优势及周边国家丰富的土地、生物资源优势,做到优势互补,互利互惠,合作研究开发天然药物、低毒低残留生物农药及生物肥料、天然化妆品等。二是跨国生物多样性保护。如开展"中越老三角地带生物多样性保护规划研究",开展杂交水稻、杂交玉米、茶叶、甘蔗、咖啡以及山区高效可持续发展技术等示范工作,促进区域内粮食增产、农民增收、农村稳定、保护资源和生态，提高项目区人民生活水平，实现经济、社会与生态协调发展。三是有关单位合作研究该地区生态环境与生物多样性保护的合作问题，合作开展生物多样性联合科学考察和评价，制定保护规划；并探讨建立跨国自然保护区的可行性。

3. 科技农业、引领GMS

云南与周边国家的农业都共同面对传统农业向现代农业、低水平向高端科技的转变，以及生态环境和生物多样性亟须保护等挑战。依托自然资源的优势，培育农业新品种，建立现代种业产业，已成为云南与周边国家携手合作，共同推动区域农业发展的重要选择。为积极应对国际种植业的激烈竞争，云南加强了农业新品种的技术转移和成果转化，加强了与东盟各国农业新品种培育的合作，大力发展农业新品种的培育和种业的科技创新与产业化，提高农业科技创新能力，提升种业国际竞争力，共同促进云南与周边各国区域农业产业的可持续发展。云南与东南亚的农业教育、科研机构在农业学术领域交流日益频繁，科研人员交往日益密切，云南与柬埔寨国家农业科学院、老挝国家农林科学院、缅甸农林牧渔科学院、泰国农业合作部农业司、越南国家农业科学院签署（或续签）了合作协议，选育的蔬菜、茶叶、甘蔗、马铃薯等品种已被越南、泰国、柬埔寨、老挝、缅甸等周边国家引进并示范、推广。云南陆稻在老挝、泰国、越南等国家的成功引种示范，仅是云南农业科技"走出去"，支撑并引领GMS国家农业发展的一个缩影。以"陆引46"为代表的云南陆稻品种已成为老挝北方四省的主栽品种，并向老挝中部及南部地区推广种植。就在去年，老挝又一次收获了在自己国家的土地上生长的"陆引46"，平均单产达到每公顷4.1吨，比当地主栽地方品种平均产量增产1倍以上。

4. 友谊项目、合作典范

云南加快境外现代农业科技示范基地建设，取得了重大进步。在老挝建立了"中国云南省—老挝乌都姆赛省农业科技示范园"、在柬埔寨建立了"中国云南省—柬埔寨暹粒省农业友好示范园"、在缅甸建立"中缅农业科技示范园"等。通过这些载体，加大高产栽培技术，以及防虫、防病等科技输出，促进了育种技术、植保、水肥技术的融合，提高了农业的科技水平。开展针对周边各国的农业技术培训,对当地农业官员、农技人员和经销商进行高产栽培、制种技术培训;定期派专家到当地现场示范,推广良种良法配套技术;广泛与当地或现有进口国开展多种形式的技术合作,建立稳定的海外科研育种与示范基地,派出技术专家和种田能手前往有关国家指导当地农民种植,实现良种良法配套示范。同时,云南还在与缅甸、老挝、越南相邻地区,建设12个动植物疫病监测站,建立30公里的免疫带,强化对境外重大动植物疫病的防控能力。

5. 取长补短,互利共赢

云南与周边国家的农业合作坚持"互利共赢"原则,在帮助东道国改善本国农业生产条件方面做出了突出贡献,也深化了中国与东道国的双边关系。中国农业"走出去"所建设的一些农业生产基地成功地推广了先进的农业技术,提高了东道国的粮食产量,起到了稳定当地社会秩序、促进当地农业发展的积极作用。所收获的农产品不像"海外屯田"那样以满足本国市场,相反,所收获的大部分农产品都在东道国当地市场销售,事实上起到了稳定东道国农产品市场的作用。云南农业"走出去"所收获的农产品即使运回国内也只是为了起到调剂余缺的作用。中国政府一贯坚持95%的粮食自给率,中国农产品市场以自给自足为显著特征,整体上对外部市场的依赖性并不明显。①

三 农产品贸易快速增长

云南的农产品出口在2010年首次突破10亿美元,占全省出口商品比重为17.1%,跃居第一大出口商品位置,打破了云南长期以来以磷化工和有色金属产品出口为主的格局。云南省农产品贸易额连续多年位居西部省份第一位,一直是对东盟贸易主要的贸易大类商品,占对东盟出口贸易额比重较高。农业也是中国—东盟自由贸易区建设进程中最早受惠的领域,2002年中国与东盟就签署了农业合作谅解备忘录,紧接着"早

---

① 马述忠、段钒:《中国农业"走出去"并非"海外屯田"》,《中国社会科学报》2011年2月25日。

期收获"计划大大推动了双边农业合作。从2003年起,双边农产品进出口关税大幅下调,到2006年,自贸区"早期收获"协议下的农产品全部实现了零关税。2008年中国农业部还启动了《中国—东盟农业合作中长期规划》,推动与东盟农业合作深入发展。随着自贸区建设的不断推进和《货物贸易协议》的签署和实施,双边在农产品贸易领域的互利互惠日益显现。随着中国—东盟自由贸易区等一系列自由贸易政策顺利推进,云南与东南亚农产品贸易显著增长。2010年,云南与东南亚农产品贸易额达到12.2亿美元,约占同期云南农产品对外贸易总额的55%,7年的时间翻了两番,以年均36.5%的速度增长。

表3-9 云南对东盟的农产品贸易

单位:万美元,%

		2003年	2004年	2005年	2006年	2007年	2008年	2009年	2010年	年均增长
东盟	进出口	13899	15130	20232	23961	30510	55888	71963	122356	36.5
	出口	11063	12057	15587	18665	21638	30509	39382	60500	27.4
	进口	2836	3073	4645	5026	8872	25379	32581	61856	55.3
缅甸	进出口	5471	5246	5418	7569	10766	20381	15368	23486	23.1
	出口	3835	4164	3690	5757	5465	4077	4833	6535	7.9
	进口	1636	1082	1728	1812	5301	16304	10535	16951	39.7
越南	进出口	4111	3887	3868	3765	6355	7543	10791	16113	21.5
	出口	3809	3241	2859	2955	4728	5191	8556	13658	20.0
	进口	302	646	1009	810	1627	2352	2235	2455	34.8
泰国	进出口	1030	2335	1673	2806	5041	7642	11260	19397	52.1
	出口	509	348	758	1411	2985	6899	10572	18593	67.6
	进口	521	1987	915	1395	2056	743	688	804	6.3
老挝	进出口	379	276	298	624	821	1417	2740	3689	38.4
	出口	36	48	117	87	63	55	397	1145	63.9
	进口	343	228	181	537	758	1362	2343	2544	33.1

资料来源:云南省商务厅。

1. 云南与东盟的农产品贸易快速增长

云南与东盟的贸易总额由2003年的10.1亿美元发展到2010年的45.7亿美元,年均增长24%。云南农产品贸易总额由2003年的4.07亿

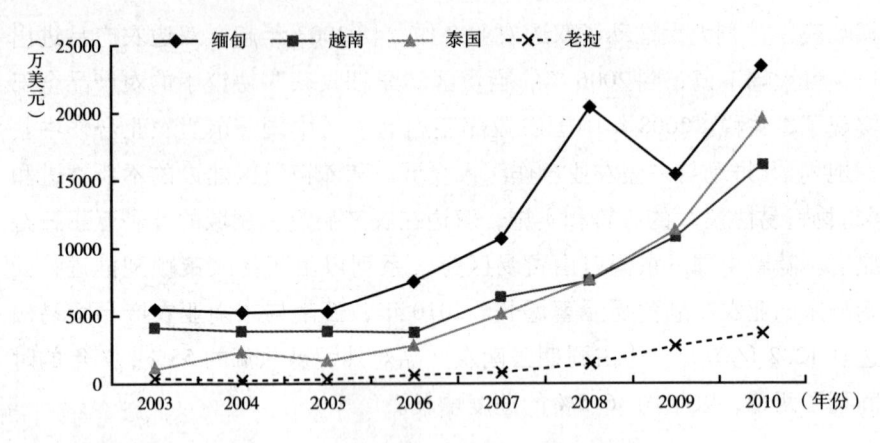

图 3-5 云南与周边国家农产品贸易增长

美元发展到 2010 年的 22.22 亿美元，年均增长 27.7%。云南与东盟的农产品贸易由 2003 年的 1.39 亿美元发展到 2010 年的 12.2 亿美元，年均增长 36.5%，云南与东盟的农产品贸易增长速度快于云南与东盟的贸易增长速度 12.5 个百分点，快于云南农产品贸易增长速度 8.8 个百分点。云南主要向东南亚出口蔬菜、烟草、温带水果、粮食制品、花卉、马铃薯、香料油等类农产品，进口油料、热带水果、海产品、蔗糖等类农产品，其中云南蔬菜、温带水果、鲜切花、香料油出口均有大幅增长，油料、蔗糖、热带水果的进口也明显增长。

2. 逐步实现了农产品贸易平衡

云南与东盟国家在农产品结构方面有很强的互补性，长期以来，缅甸、越南、泰国等周边邻国一直是云南的传统农产品贸易国家，东盟市场成为云南出口农产品的第一大市场，同时也是云南农产品最大的进口市场。在 2005 年以前，虽然云南对东盟国家在农产品进出口上有所增长，但农产品贸易一直保持大量的顺差，进出口比例一般都是 1∶3 或 1∶4，大量的顺差制约着贸易的进一步做大。从实施"早期收获"计划以后，云南与东盟的农产品贸易结构逐步改变，2003~2010 年，云南对东盟的农产品出口是以年均 27.4% 的速度增长，而进口是以年均 55.3% 的速度增长。顺差不断减少，到 2010 年，已基本实现了农产品进出口平衡，并开始出现少量的逆差。

3. 周边国家是云南农产品贸易最大伙伴

2010年，云南与周边四国的农产品贸易总额达6.32亿美元，占云南与东盟农产品贸易总额的51.3%。缅甸是云南最大的贸易伙伴，也是云南最大的农产品贸易伙伴，随着中缅合作的深入，特别是种植替代的实施，农产品贸易不断扩大，贸易结构也发生了变化，进出口结构由2004年的1∶3发展到2010年的3∶1。云南与泰国的农产品贸易是增速最快的，2003~2010年，云南与泰国的农产品贸易以年均52.1的速度增长，其中，农产品出口以年均67.6%速度增长，超过越南，成为云南农产品贸易的第二大伙伴。由于昆曼公路的建成，为云南与泰国的贸易创造了良好的条件，云南实施了"蔬菜换石油""温带水果换热带水果"的计划，大量的云南农产品进入泰国市场，2010年滇泰农产品贸易占整个滇泰贸易的41.8%。云南与越南、老挝的农产品贸易也分别以21.5%、38.4%年均速度增长。

4. 特色优势作物发展呈强劲势头

多年来，云南农民收入呈现持续低迷的状态，其重要原因就是农业结构调整难度大和农产品市场出现了饱和状态。加强云南与东盟国家的农产品贸易，促使云南在更大范围内进行云南省内农业经济结构的战略性调整，获得更广泛的农产品销售市场，通过边际产业的梯度转移，一方面可腾出省内的土地用于发展优势农产品；另一方面又可将云南的粮食种植等传统产业转移到周边邻国，充分发挥双方的比较优势，达到加快农业发展和农民增收的目的。云南省一批具有地方特色优势农产品市场竞争力不断增强，出口创汇能力大幅提高。逐步形成了在全国都有一定影响和竞争力的蔗糖业、茶叶和橡胶加工业、天然药物、花卉、生态蔬菜、热带果品、咖啡、香料及林产品加工等新兴生物产业，成为云南新的支柱产业和出口创汇基地，云南特色品种优势愈加彰显，创汇增收效益突出，多个品种出口呈现"量增价扬"的景象，特色优势、市场竞争力凸显。

第五节 不断拓展的服务贸易合作

服务贸易具有明显的优势——无污染、低能耗，能充分发挥劳动力优势。与货物贸易不同，服务贸易领域内的倾销、反倾销等贸易摩擦很小，大力发展服务贸易对于云南转变经济发展方式、优化贸易结构、提高贸易质量具有重要意义。云南在发展服务贸易方面具备独特的优势，毗邻缅甸、老挝、越南，是中国连接东南亚、南亚的国际大通道，交通条件优越。随着昆曼公路和腾密公路的开工及国内外航空网络不断完善，云南发展以跨境运输为重点的物流服务贸易将大有可为。同时，地理位置的优越也有利于云南发展同东盟国家在教育、卫生等领域的国际合作；云南旅游资源丰富、旅游贸易服务优势突出；人力资源比较丰富，在发展对外承包、劳务合作和设计咨询方面条件较好；云南推动民族文化大省建设力度大，文化竞争力不断增强，文化出口市场前景光明。[①]

一　摸索前进的国际旅游业

旅游是国际区域合作发展的"先导"领域，任何一个国家、任何一个地区，在它交流活跃、繁荣昌盛之前，在它物流、资金抵达之前，都必须要有足够的人流做保障。旅游业合作能带动经济技术的全面合作，旅游带动人流，人流带动资金流、商品流、信息流，旅游观光常常是与商业考察、投资考察、市场考察联系在一起的，它增进了相互之间的了解和感情。同时，旅游的合作必然带来相关产业的合作，如交通运输业、金融保险业、邮电通信业、餐饮娱乐业、酒店宾馆业、旅游商品业的全面合作。旅游业是一个跨地域的综合性产业，涉及多个部门和地区。大湄公河次区域已经逐步成为世界著名的旅游目的地，许多国家都把旅游业作为支柱产业加以培植，都具备了相当规模的旅游基础设施条件。

1. 旅游业在沿边开放中发挥先导性作用

（1）旅游产业成为云南战略性支柱产业。云南已有 15 个州市明确将旅游产业列为支柱产业和先导产业或第三产业的龙头产业来培育，旅游支柱产业的地位更加牢固。2009 年，云南接待入境旅游人数居全国第九位、西部第一位，旅游外汇收入居全国第十位、西部第一位。旅游经济持续快速增长，从 2006 年到 2010 年，全省接待海外旅游者从 181 万人次

---

① 李嵘：《云南服务贸易发展良好将成为经济发展新的增长点》，新华社 2008 年 6 月 5 日。

增加到329万人次，旅游外汇收入从6.58亿美元增加到13.24亿美元，年均分别增长12.7%和15%；接待国内游客从7721万人次增加到13837万人次，国内旅游收入从447.1亿元增加到916.82亿元，年均分别增长12.38%和15.45%；旅游总收入从499.78亿元增加到1006.8亿元，年均增长15.04%。"十一五"期间，云南累计接待海外旅游者1266.8万人次，比"十五"期间增长109.8%；旅游外汇收入达50.2亿美元，比"十五"期间增长141.8%；接待国内旅游者5.3亿人次，比"十五"期间增长90%；国内旅游收入达3184.1亿元，比"十五"期间增长115.2%；旅游总收入达3539.8亿元，比"十五"期间增长141.1%。

（2）旅游产业的规模不大扩大。经过"十一五"期间的快速发展，旅游产业体系更加完善，产业转型升级加快推进，区域结构和市场结构更趋合理，竞争力和吸引力不断增强，产出效益明显提升。云南旅游产业拥有固定资产和总资产规模超过600亿元，共有2万余户旅游基本单位，形成了包括食、住、行、游、购、娱在内的比较完整的旅游产业体系。以抓好八大旅游产品和"五个一批"项目建设为重点，着力推进休闲度假旅游产品开发，积极发展观光农业、工业旅游、红色旅游、特种旅游等新业态，旅游产品升级换代和旅游产业结构优化调整有了明显进展。在游客接待规模和旅游经济总量上，滇中、滇西北、滇西三个传统旅游区占全省总量的比重从2005年的71.1%、75.2%分别下降到2010的70.7%和73.7%；滇东南、滇东北、滇西南三个新兴旅游区，占比从2005年的28.9%、24.8%上升到2010的29.3%和26.3%，全省六大旅游片区均衡化发展趋势更加明显。

（3）旅游的产业链不断延伸。旅游产业在拉动就业增长、增加城乡居民收入、促进城乡统筹发展、加强生态建设和环境保护、推动民族文化保护与传承、扩大对外开放等方面发挥了积极而重要的作用。2010年，全省实现旅游业总收入1006.8亿元，增加值450亿元，旅游业拉动全社会总收入916.9亿元，其中旅游消费对餐饮、交通、娱乐、旅游购物的拉动分别是131.4亿元、248.1亿元、43.7亿元和241.5亿元；三次产业结构从2006年的18.2%、42.8%、39.1%调整为2010年的15.3%、44.7%、40%。旅游业在带动相关产业发展、促进产业结构调整上的作用日益明显，带动开发了大理古城、丽江古城、和顺侨乡等一批民族民俗文化村镇；推出了《云南映象》《勐巴拉娜西》《印象丽江》《丽水金沙》等一批精品舞台剧作；打造了傣族"泼水节"、彝族"火把节"、景颇族"目脑纵歌"等一批具有国际影响力的文化旅游节庆活动；发掘了新华村银器、建水紫陶、大理扎染、纳西披肩等一批具有一定知名度的民族旅游工艺品。通过普达措国家公园和思小旅游景观公路的建设，探索出了一条旅游开发与生态环境保护的良性互动和统筹发展模式。

2. 云南与东盟的旅游合作进一步深入

大湄公河次区域旅游合作是1992年建立起来的合作机制。1994年，GMS旅游合作拉开了序幕。GMS旅游合作的地域范围包括中国的云南、广西和越南、老挝、缅甸、泰国、柬埔寨等国家。2005年，GMS六国旅游管理部门共同研究制定了《GMS旅游发展战略》，其总体目标是：为了发展和促销大湄公河这一单一旅游目的地品牌，应提供多种多样优质高产的GMS产品，从而更加广泛地分配旅游业带来的利益；每个国家都应当大力发展旅游业；旅游业的收益主要用来减缓贫困、争取两性平等、保障妇女权利和维护可持续发展，同时最大限度地减少负面影响。

（1）往来渠道方便畅通。在东盟各国的共同努力下，各国都在创造出入境便利条件，国家间游客进入的门槛已经越来越低，各国间的旅游航线也不断增多。云南省会昆明已有开通至曼谷、万象、河内、仰光、曼德勒、暹粒的旅游航线，西双版纳傣族自治州首府也开通直达泰国曼谷等航线。万象、金边、暹粒（柬）等地的国际机场实行了落地签证；柬、老、泰、越四国开放了更多的边境检查站。越南岘港国际机场、老挝朗勃拉邦国际机场、缅甸曼德勒国际机场于2000年投入使用，越南河内、柬埔寨金边的国际机场得到改造；国际航班转接、互联网链接也大为改善。素有"东方多瑙河"之称的大湄公河，对国际旅游者有着巨大的吸引力。2006年，云南省开通景洪港—泰国清盛港的客运定期班船。云南省已开通了至东盟5国的出入境旅游线路和数条边境旅游线路。云南与越南、老挝和缅甸在边境地已开展了中越、中老、中缅边境游。云南与老挝、缅甸、越南在边境旅游方面实行了便捷的出入境管理办法，第三国的旅游者持有效证件，可经瑞丽、河口、畹町、磨憨、景洪等中国边境口岸出入境。

（2）产品开发重点突出。云南在参与 GMS 旅游合作中，与周边的越、老、泰等国建立了双边合作关系，尤其是在旅游线路推广、互为旅游目的地营销、互送游客、游客流动便利化以及人力资源培训合作等方面开展了广泛的合作。随着合作进程的不断深入，旅游通达条件的改善，云南省连接周边国家主要旅游目的地的旅游线路日趋成熟，形成了"湄公河水路黄金旅游线"、昆明至河内、昆明至河江、昆明至曼谷、昆明至清迈、昆明至金边、昆明至暹粒（吴哥）、昆明至万象、昆明至琅勃拉邦、昆明至仰光、昆明至曼德勒、昆明至密支那等多条航空及陆路旅游线路，促进了边境旅游和跨国旅游的发展。云南确定了与周边国家开展旅游合作的重点领域，由云南牵头实施的"金四角旅游区"和"香格里拉—腾冲—密支那旅游区"进行统一规划研究，并通过多种渠道对这些区域的资源和线路产品进行广泛宣传，支持和引导国内外企业到项目区域进行考察、投资。同时，还将昆明、石林、丽江、大理、西双版纳等列入"湄公河明珠"景点，不断扩大与次区域的旅游合作。云南现已逐步成为我国与东盟国家之间最便捷的旅游通道和重要的旅游目的地之一。

（3）入境游客不断攀升。截至 2009 年 6 月底，云南省旅游局分别与越南、老挝等周边国家签订旅游合作协议或备忘录 14 份，合作的基础更加坚实，前景更加广阔。10 多年来，GMS 五国和云南的旅游合作与交流有了长足的发展。据 GMS 旅游协调办公室和亚太旅游协会的统计数据显示：整个 GMS 地区接待入境游客从 1995 年的 960 万人次，增加到 2007 年的 2644 万人次，年平均增长率为 8.81%，成为全球旅游人数增长最快的地区之一。云南接待海外游客人数从 1995 年的 59.7 万人次增加到 2010 年的 329.2 万人次，年平均增长率基本保持在 15% 左右。2010 年，云南海外旅游客源市场中亚洲客源 155.97 万人次，占云南海外旅游客源市场的 67.5%；其中来自周边国家的游客和经过 GMS 国家进入云南旅游的第三国游客占全省海外游客接待量的一半左右，部分年份甚至占到 60% 左右。

二　异军突起的国际金融业

云南是我国最早开展边境贸易人民币结算的省份之一，边境贸易中以人民币结算的比例长期在90%以上，与周边国家服务贸易中以人民币为支付结算货币的比例、人民币跨境投资等也呈现出快速增长势头，人民币在周边国家已形成较大流通规模，为云南开展国际金融合作和人民币跨境结算奠定了坚实基础。

1. 人民币周边化的演进历程

自1993年开始，云南跨境贸易人民币结算就起步了。在全国率先批准境外银行使用人民币结算头寸购汇和境外银行人民币透支业务，主要是逐步推动商业银行与毗邻国家建立人民币边贸结算关系，启动边境贸易人民币结算。中国农业银行云南河口县支行与越南农业银行老街省分行签订了互开账户协议书，通过对开人民币、越南盾资金往来账户，开始办理边贸结算业务，形成了中越边贸银行结算的最初模式。2003～2005年间，中国农业银行河口县、麻栗坡县支行陆续开办了中越两国银行间人民币现钞出入境调运业务和兑换业务。

2004年，自国家批准在云南省试行与缅甸、老挝和越南的边境小额贸易以人民币结算予以办理出口退税政策以来，云南边贸人民币结算逐步增加。2004～2007年在国家边贸出口人民币退税政策的推动下，边境贸易人民币结算得到长足发展。边贸人民币结算比例从30%左右上升至90%，结算量从7.39亿元增长至38.69亿元，年均增长106%。[①] 到2008年年底，累计办理人民币出口结算退免税金额达到12亿元，促进了边境贸易的不断扩大。同时也为国家扩大试点范围、推进人民币区域化和国际化进程积累了宝贵经验。在总结经验的基础上，近两年云南积极向国家有关部门呼吁，申请将云南人民币结算的试点范围扩大到大湄公河次区域国家或其他东盟国家。2008年，国家确定对广东和长江三角洲地区与港澳地区、广西和云南与东盟的货物贸易进行人民币结算试点，对促进云南外贸发展、加强国际金融合作和提升全省对外开放水平都将产生重要影响。

2010年6月，国家批准云南为跨境贸易人民币结算试点省以后，充分利用云南的地缘优势、人文优势、着力打造"1个中心"、建立"3个

[①] 《合力推动人民币跨境结算迈上新台阶》，《云南日报》2009年12月15日。

机制"、实现"4个结合"区域金融体系。云南以人民币跨境贸易结算试点为契机,大力支持把昆明建设成面向东南亚、南亚的区域性金融中心;建立完善重点支持桥头堡建设的信贷投放引导机制,建立融资方式多样、提供收汇风险保障的投融资推进机制,以及人民币跨境结算的工作协调机制;实现国家金融与地方金融、城市金融与农村金融、政策金融与商业金融、国内金融与国外金融的有机结合。种种迹象表明,人民币向中南半岛推进,是加快人民币国际化进程的最佳选择,因为云南正以其边贸人民币结算的巨大成效,推动着人民币在周边国家国际化的进程。

目前,云南边境贸易绝大多数以人民币结算和支付。对缅边贸主要通过我边境中资商业银行结算,对越边贸主要是通过双方农行的人民币账户,采用银行汇票、专用凭证等方式结算。云南对越贸易额的90%以上使用人民币结算,在越南河内及胡志明市的商业银行里每天都有人民币与越盾的兑换牌价。越南规定越方企业对中国的出口货物、中方支付人民币后允许越方企业办理出口退税,鼓励使用人民币。在老挝东北部地区,人民币甚至替代本币流通,最远深入到老挝首都万象一带。人民币在云南边境地区使用广泛,尤其在越、老、缅三国信誉好、地位高。在这些国家的北部地区已成为与该国货币同等地位的主要流通货币。

2. 近水楼台先得月,人民币跨境结算云南位居全国前列

云南是我国最早开展边境贸易人民币结算的省份之一,并形成了云南特有的结算模式,能够为国内的跨境贸易人民币结算提供参照。在与中国边境贸易的缅甸、老挝、越南等东南亚国家,人民币几近"畅行无阻"。自正式启动跨境贸易人民币结算试点以来,结算范围从周边国家迅速扩大到10多个国家和地区,基本覆盖了云南对外贸易主要伙伴。2010年,中国人民币跨境贸易结算总量为1447亿元,云南跨境贸易人民币结算量超过180亿元,位居全国前列。[①] 人民币跨境贸易结算试点将放宽,面上看就是一个结算,实际上是贸易便利化的重大契机,促进云南对外

---

① 《桥头堡建设让人民币向"南"飞》,http://www.yunnan.cn 2011年12月12日。

贸易的发展、壮大，渐进地促进了云南现代物流市场的扩大。云南边境贸易总量中，人民币结算占比高达95%，人民币在缅甸、越南、老挝的存留量已将近300亿元。人民币显然已成为广受周边国家居民欢迎的"民间储备货币"，这一优势其他省份不可比拟。2011年，云南的人民币边境贸易结算量已占全国的1/3，突破280亿元，位居全国第一。

3. 人民币结算渠道不断拓宽，人民币对外币的交易启动

2010年，云南省建行、中行、农行、工行、交行、富滇银行、恒生银行等商业银行与缅甸、老挝、越南、泰国、新加坡等境外9家银行签署了代理清算协议，搭建了与上述国家和地区的清算渠道，通汇范围由边境商业银行向内陆银行扩展，开设往来账户15个，其他商业银行也正在与境外银行沟通，准备与境外银行建立代理行关系。结算方式由过去的现金为主向转账、现金并举的方向转变，奠定了云南推动跨境贸易人民币结算的基础。继富滇银行与老挝外贸银行开展合作，在全国首次实现人民币对老挝基普的区域性挂牌后，中国人民银行已批准云南人民币对泰铢挂牌实施方案。2011年，人民币对泰铢银行间市场区域交易在云南启动，至此，中国银行间市场人民币可交易的外币已升至10种。今后凡属云南区域内的商业银行均可获得参与行或报价行资格，进入银行间外汇市场进行人民币对泰铢的即期交易。目前，人民币对泰铢的可报价行包括工行省分行、农行省分行、中行省分行、建行省分行、交行省分行、富滇银行，以及泰国盘谷银行（中国）有限公司。凡需要将人民币与泰铢进行互换、需要通过泰铢办理结算业务的企业或个人，均可到以上具有资质的银行办理。

4. 实行人民币结算使外贸总成本减少2亿元

多年来，云南进出口企业用美元结算，货物出口后因汇率变化（人民币升值）造成的损失有3%~4%左右，此外，在汇款时每笔还有1000元的手续费。在国际市场急剧动荡、汇率频繁波动的情况下，进出口企业面临更大的风险，汇率损失最高可达4%~5%。实行人民币结算以来，人民币已经成为云南周边国家乃至在大湄公河次区域广受欢迎的硬通货。据有关资料统计，对出口企业来说，用人民币结算大致可以节约3%~5%左右的成本。东盟是人民币结算占比相对较高的区域。据推算，云南

一年的外贸总成本将减少 2 亿元。①

一是规避汇率变动的风险。采用外币结算时,由于贸易周期较长、汇率变动经常使成本不可控。同时,由于美元、欧元汇率波动十分剧烈,往往给进出口企业带来较大的损失。实行人民币结算后,企业在进出口环节不必再通过美元、欧元等国际通行货币结算,大家只需盯住两种货币的汇率即可降低企业汇率风险,防止外币贬值带来的损失。

二是减少了结算的环节,加快结算速度,节约了时间成本。一次汇兑本身就减少了资金流动的相关环节,缩短结算过程,减少外贸企业进出口环节的换汇成本,节约汇兑费用,减少换汇损失,节省往来环节和财务成本。相比于可兑换货币结算,人民币结算不需要核销,简化了企业的操作手续,精简流程环节、降低交易成本、提高效率;有利于提高资金的结算效率,加快资金周转。

三是可锁定财务成本,估算企业预期收益,提高企业抗风险能力和盈利能力。人民币结算还将减少汇率变化带来的定价成本,企业的贸易用资金和生产用资金币种一致,可以在贸易谈判中一次性锁定价格。企业使用人民币结算更为简单便利,没有新增成本,能够帮助企业更有效地进行现金管理,提高资金使用效率。企业可以减少相应的人力资源投入和相关资金投入,有利于企业加快运转速度。

四是降低了交易成本,降低汇兑成本。当企业在贸易中以非本币进行结算时,从中资商业银行远期结售汇的收费标准来看,买入三个月的美元按交易金额的 2.5‰收取费用,卖出三个月的美元按交易金额的 5‰收取费用。而外资银行这项交易的收费标准则普遍高于中资银行,委托银行进行衍生产品交易约占企业营业收入的 2% ~3%。用人民币结算节省了企业进行外币交易的有关费用。

五是维护区域金融安全,提升我国国际地位。特别是在金融危机破坏力继续加深的背景下,有利于维持协议两国双边汇率,稳定人民币的货币功能延伸到境外,人民币结算给投资和贸易带来了便捷,企业风险

---

① 《云南边贸 97% 在用人民币 滇或成货币国际化主战场》,《昆明日报》2010 年 6 月 24 日。

降低，利润增加，有利于吸引省外企业到云南注册登记，壮大云南对外投资队伍，使云南与周边国家投资和贸易全面提速。

5. 跨境人民币结算从贸易领域进入投资领域

试点初，贸易结算为银行跨境人民币结算的主要领域。2010年以来，为扩大跨境人民币结算业务范围，中国人民银行先后出台了《境外直接投资人民币结算试点管理办法》等办法措施，不仅鼓励境内投资者境外直接投资人民币结算，也允许境外投资者境内投资人民币结算，放宽和规范了银行对境外项目贷款的业务，进一步扩大了人民币跨境使用范围。增加了人民币跨境信贷融资业务，包括贸易融资、项目融资和跨境信贷等业务，业务范围进一步拓展。贸易与投资推动的人民币跨境流动规模与范围不断扩大。2011年，资本项下人民币结算实现零突破，1~9月结算金额达39.59亿元。这有利于资金的双向流动以及由此产生的人民币境外获得、使用、回流等，标志着跨境人民币结算从贸易领域进入投资领域。金融开放的核心环节就是资本市场的开放，保险、证券市场的开放，银行还将为企业提供各类人民币贸易融资以及出口买方信贷产品。

6. 跨境人民币结算面临的问题和困难

一是部分地区的政府、企业和银行对推进跨境贸易人民币结算的重大意义认识不到位，对业务的市场拓展有畏难情绪，一定程度上影响了工作的开展。同时，对人民币结算有利于防范和规避汇率风险，减少交易成本等优势认识不到位，致使国家的优惠政策尚未充分利用。二是云南跨境贸易人民币结算发展不平衡，从开展范围来看，业务量大多集中在边境8个州市和昆明，其他州市业务量较少，部分州市尚未开展业务。三是市场对资本项下的人民币结算的接受程度有限，很大程度上影响了资本项下人民币结算的推进。四是周边国家对人民币的接受和认同度不一，影响了人民币向周边国家和地区推进的深度和广度。五是现有的结算渠道单一，仅限于边境地区点对点的代理清算模式，清算覆盖面不广，没有形成纵向、横向的清算体系，还不能完全满足进出口企业实际结算的需要。六是人民币现金回流机制的建立有待突破。

三　快速发展的国际教育业

云南省十分重视与次区域国家的人力资源开发合作，把它作为我国与包括次区域国家在内的东盟的一个合作重点。在开展经济合作的同时，积极开展人力资源开发的合作，已与东南亚国家在教育领域开展了合作办学、互派留学生、教师培训、科研立项等多种形式的合作。启动教育国际化建设工程，逐步把云南建成面向东南亚的人才培养基地及周边国家学生留学中国的重要目的地，增加政府奖学金数量，重点资助东南亚来滇留学生；加强普通中小学、职业学校、高等院校的国际合作与交流，鼓励有条件的普通中小学、职业学校招收周边国家学生，扩大高校招收来滇留学生规模，特别是学历教育留学生规模，新建扩建20所国际学校和国际部。建立以昆明为中心的人力资源开发培训基地，建立面向次区域的远程教育网络，开展职业教育和技术培训，为次区域国家政府和企业举办管理和应用技术培训班。至2010年，在云南省的GMS国家留学生已达8000人左右。[①]

1. 云南与周边国家教育的合作成效显著

一是整合资源、真抓实干。按照中央"睦邻友好，稳定周边"的战略和云南作为建设中国—东盟自由贸易区先行先试区的决策，加强与周边国家的友好和合作关系，为中国—东盟自由贸易区人才培养服务。云南多所高校建立了专门为东南亚、南亚国家留学生服务的机构，云南财经大学2004年成立东盟学院，专门为东盟国家培养财会、工商管理、区域经济合作等方面的专业人才。大理学院则建立了南亚学院，至今共招收留学生1327名。昆明理工大学设立东南亚与南亚人才培训中心，已成为越南煤炭与矿产国家工业集团技术骨干培训基地。东盟学生选择到成本更低的云南留学成为一种趋势。云南省政府于2004年特设立云南省政府奖学金，奖学金暂定每年180万元，招生60人，首先面向越、泰、老、缅、柬，每生每年经费平均为3万元（含学费、住宿费、生活补助、活动费和保险费等）。到2010年资助留学生名额已扩大到160名，让更多的

---

① 《中国参与大湄公河次区域经济合作国家报告》，新华网北京2011年12月16日。

东盟留学生受益,为异国学子创造良好的环境。

二是立足前沿、拓展市场。地理位置的优越也有利于云南发展同东盟国家在文化教育领域的国际合作。云南充分发挥教育和科技优势,面向次区域国家开展了多种形式的人力资源开发合作。云南高校抢抓机遇,主动出击,为吸引周边国家留学生来滇学习,先后赴泰国、老挝、柬埔寨、越南等国家组织云南教育宣传展,积极对外宣传云南教育。全省高校已经与50多个国家的200多所高校建立了交流合作关系,全省几乎所有高校都面向东南亚开展了程度、范围不同的国际交流与合作。从2000年开始,到云南大专院校就读的东盟留学生,每年以超过20%的速度递增。到2010年,云南已与85个国家、地区和国际组织建立了教育合作关系,外国留学生人数从2800多人增加到1.5万人,其中70%的留学生来自于东南亚国家。[①]

2. 云南教育"走出去"进程加快

作为国家面向东南亚开放的前沿阵地,国家多年前就把云南列为汉语国际推广的重要省份之一。部分高校也因此成为中国较早设立的支持周边国家汉语教学、东南亚国家培训汉语师资的基地。云南大学与泰国宋卡王子大学合作成立了中国语言文化中心,与孟加拉国南北大学合作建设孔子学院;云南财经大学发挥自身特色,与仰光经济学院合办商务汉语中心;云南民族大学在老挝琅勃拉邦苏发努冯大学建立汉语培训中心,云南已有7所高校在泰国、越南、老挝、柬埔寨及马来西亚建立起13个汉语文化培训中心。继2005年云南师大申报中国政府奖学金招生院校获成功后,云南又相继争取到云大、昆工和云南财大三所高校跻身"国家队",成为全国138所享有中国政府奖学金招生资格的团队成员。2008年,国家学位办首次评选"汉语国际教育硕士学位点",云南师大以长期在东南亚国家开展汉语国际推广的优势特色,成为全国入选的24所高校之一。此外,云南大学附中等8所中学成为全国首批汉语国际推广基地,全省高校建立11个国际人才培养基地,开始教育国际化的全程探索。云南每年派出300余名师生到周边国家交流学习。云南民族大学每年

---

① 《云南教育对外交流合作不断深化》,《中国日报》2011年10月3日。

派出泰、越、缅、老语专业的师生 150 人到对方合作学校学习一年。

3. 云南与周边国家开展边境中、小学教育的合作独具优势

一是云南省启动了边境县国门学校建设工程。云南把教育出口上升到实施对外开放的战略高度上来认识，把面向周边国家开展教育交流合作作为"自觉的行为"，既重视高等教育合作，更重视中、小学教育的合作。2008 年，云南省利用中央财政安排的 2 亿元专项资金启动边境县国门学校建设工程，计划在 25 个边境县建设 28 所国门学校，现已有 14 所国门学校建成并投入使用，经过多年努力，边境县的基础教育设施有了很大改善。一座座漂亮的国门学校，成为边境线上一道动人的风景。

二是国门学校为周边国家的孩子创造了良好的学习环境。学校贯彻国家的义务教育制度，执行"两免""两补""两保障"的政策，对于周边国家来的学生也免费，只需交书本费。例如，沧源佤族自治县勐董镇上永和环保希望小学每年都接收周边国家的孩子就学，按有关政策收取义务教育管理费时，还对大多数家庭较为贫困的学生给予减免费用，对寄宿制学生一视同仁给予关照。沧源启动实施营养早餐计划之初，将所有跨国就读的缅甸籍学生纳入营养早餐全覆盖范围，所有缅甸籍中小学和学前班学生都同等享受到每天补助 1.1 元钱免费提供的鸡蛋和馒头。[①]沧源县还在县民族中学设立华文教育选修点，并为就读高中的缅甸籍学生免去学费、书费和校服费。两年后，这些学生将到昆明的华文学校就读高三。对跨国小"留学生"的这些待遇，让山水相连的胞波情同手足。据不完全统计，周边国家每年在云南边境各县就读中、小学的孩子达 3 万名之多。

三是周边国家的学生掀起了学习中文热。随着中国经济的崛起，许多东南亚华侨愿意将子女送到中国读书，地理相近、条件优越的云南国门学校成为首选。许多东南亚华侨认为让孩子到中国读书，多接触中国文化，学好中文，对孩子的未来发展极为重要。例如，中缅边境的陇川县章凤镇的拉影国门小学，距学校大约 1 公里就是国家二类口岸章凤口岸，口岸对面是缅甸雷基市。该校从 2010 年建成以来，不仅为辖区 16

[①]《云南国门学校的小"留学生"与国内学生同待遇》，《云南日报》2011 年 12 月 2 日。

个村民小组居民子女就学提供了方便，更解决了逾百户缅甸边民子女就学问题。目前361名在校生中，缅籍学生就有108人，他们每天从缅甸走过口岸到中国上学，为方便他们出入境，学校专门为缅籍学生办理了就读证。[①] 同时，云南每年还向周边国家提供中、小学教师的支援和输出。

4. 云南还需在与东盟的教育合作中提升整体实力

云南与东盟的教育合作虽然具有得天独厚的区位和地域亲缘优势，但也面临着拓展国外教育市场空间有限、层次不高、无序竞争的现状。由于起步晚，高水平教育资源不足，加之起步初期，全省缺乏统筹规划，鼓励和指导还比较抽象，没有实质性的支持政策。由于纯市场化的办学格局，管理方式还相对滞后等原因，使云南高校在拓展周边国家教育市场中，或多或少带有一定的盲目性。而且，很多高校的合作领域主要集中在语言类、旅游类等不多的专业和学科。一定程度上导致云南高校无法在合作国家全面推开合作层次，区分合作类别，不同类型的高校学科优势得不到发挥，培养质量和水平难以体现。

一是教育市场有待进一步拓展。泰国政府自从在北京签订中泰教育合作谅解备忘录至今，已有30家泰国高校与中国高校签订了合作协议，2008年，有3000~4000名云南学生到泰国上大学。越南目前在中国的留学生有近1万人，其中有1700多人在云南，这些来自不同国度的数据，向云南高校透出了两个信息，一是周边国家的教育国际化步伐正在加快，二是云南高校在对外办学中获得的市场份额还很有限。不可忽视的是，国内外其他高校对东南亚教育市场的竞争也在加剧，其中，广西的多所高校就以显著的区位优势开拓出越南的教育市场。广西的高校中仅越南留学生就有上千人，而且越南的每所大学几乎都有广西生源。此外，广东、四川、北京的高校也都瞄准了东南亚教育市场。

二是合作办学层次有待提高。尽管云南高校已同多个国家建立起教育合作与交流的关系和联系，但其中大多属一般性院校，国际知名的大学不多。其中，在泰国的上百所大学中，与云南高校合作的高层次院校

---

① 《东南亚"小留学生"热衷来滇就读国门学校》，中国新闻网2011年8月1日。

就为数不多。作为国家支持开展对外汉语教学的阵地，全国已在国外建立了238个孔子学院，仅泰国就有12所，而云南正式挂牌的仅有3所。接受专业学历教育的学生数量，是衡量对外办学效益以及留学目标国高等教育办学实力的重要参数，2008年，云南各高校已招收长短期留学生近6000人，这一数据已居全国各省（区、市）前10名。然而，其中就读专业学历的留学生1691人，占全省留学生平均总数的30.3%。这一比例明显低于全国平均数据。[①] 大多数留学生选择的是短期来滇学习语言，尽管云南对外招生的专业已全部覆盖了各高校的专业，然而，扩大学历生比例，提高办学效益，仍然是对外教育中的"短板"。

第六节 全面发展的社会、生态合作

云南与周边国家有较为相似的文化背景、教育体系和发展阶段，国家之间的贫富差距较小。云南省有15个少数民族与周边国家跨境而居，与周边国家关系和睦，多民族和谐共处，与GMS各国经贸往来、文化交流密切。在社会、生态等领域的合作，具有其他省份所不具备的优势。云南秉持与周边国家共同繁荣富裕的理念，从群众普遍关注的事情做起，努力实现好、维护好、发展好广大人民的根本利益。以项目建设为载体，加大投资力度，加快社会事业基础设施建设；创新投入机制，与GMS国家在环保、卫生、人力资源开发等领域的开展合作。

一 积极建设GMS重要的生态屏障

云南是东南亚国家和我国南方大部分省区的"水塔""碳库"和"生态屏障"，也是我国乃至世界生物多样性聚集区和物种遗传基因库，生态区位重要，生态功能突出。作为一道重要的生态屏障，云南在全国乃至亚洲的生态地位十分重要。云南边境线长4061公里，是我国毗邻周边国家最多、边境线最长的省份之一。云南既是长江、澜沧江、怒江和珠江等国内重要江河的上游，也处于东南亚几条重要河流的上游。特殊

---

① 《云南高校在"走出去"中需要看重自己主动出击》，《云南日报》2008年6月24日。

的地理条件，使云南肩负着生态建设和环境保护这一光荣而重大的历史责任。加快云南的生态文明建设，不仅仅关乎云南自身的可持续发展，对东南亚国家也将产生直接的影响。

1. 加强生态环境建设

良好的生态环境，已成为云南最突出的特点和优势、最重要的资源和资本、最珍贵的品牌和形象。云南高度重视气候变化给次区域合作带来的影响，加强各国适应气候变化的能力建设。云南地处澜沧江—湄公河上游，环境状况受到下游国家的极大关注，环境保护和生态建设合作是澜沧江—大湄公河次区域合作的一大领域。中国积极参加了亚洲开发银行"大湄公河次区域（GMS）环境工作组"的活动和项目的组织。在湄公河流域上游，搞好天然林保护，使水土流失得到基本控制。云南省加快推进天然林保护、退耕还林、退牧还草工程，近年来完成营造林28万公顷。高度重视云南省九大高原湖泊和四大出境水系的保护工作。治理水土流失面积2400平方公里，生态修复面积5000平方公里。开展了城市环境基础设施建设和饮用水源地的保护工作。

为配合大湄公河次区域多样性环境保护走廊建设，云南省积极推进位于澜沧江上游的生态旅游项目普达措国家公园建设，加强云南省矿山整治和资源整合，规范矿业开发秩序，提高了资源利用效率。经过全省上下的不懈努力，云南生态环境总体状况不断改善，生态环境质量不断提高。目前，全省已建成各种类型的自然保护区152个，保护区面积占全省面积的7%以上；森林覆盖率提高到50%以上，森林面积占全国1/10；全省正常年水资源总量逐年提高，并居全国第三位；水质好于Ⅲ类的湖泊、水库比例接近70%。①

2. 执行好"生物多样性保护走廊"项目

云南高度重视同GMS国家开展环境合作与交流。积极参与推动第一期核心环境项目——生物多样性走廊计划（CEP-BCI）。该项目主要是通过选定试点区域建立生物多样性保护走廊，恢复和维持现有国家公园和野生生物保护区之间的联系。中国积极推动该项目与合作机制化建设，

---

① 秦光荣：《将在城镇推广低碳生活方式》，《中国日报》2010年3月11日。

并将云南省西双版纳和香格里拉德钦地区列为项目执行的重点区域。为大湄公河次区域生物多样性保护走廊战略框架与行动计划的实施履行责任和义务。2010年，中国环境保护部在北京举办了大湄公河流域国家高级官员环境管理（生态保护管理）研修班，来自大湄公河次区域的柬埔寨、缅甸、老挝和越南4个国家的21名高级环境官员参加了研修培训活动。研修活动采用授课与实地考察结合的形式，除了解中国环境保护领域政策和管理经验外，各国学员还相互交流环保和生态管理方面的经验

澜沧江流域森林植被类型较为丰富，从2006年起，云南省启动实施了"七彩云南保护行动"。其核心内容是用15~20年的艰苦努力把云南省建成生态省，加强澜沧江水质监测和水资源保护，积极推行清洁的生产和消费方式。云南有7个地州森林覆盖率平均为52.3%。动植物物种丰富，是世界著名的生物多样性富集区，保护植物总种数达107种，保护动物131种，分别占全省保护植物、动物总种数的68%和79.9%。现有自然保护区33个，保护区面积731300公顷，占全省保护区面积的37.46%，目前澜沧江水系水质良好。

3. 深化次区域环境合作

加强大湄公河次区域水力资源开发和管理合作，在大湄公河次区域开发合作的主要机制中，"亚行"和"湄委会"都把环境保护列为主要合作领域。亚行的环境保护合作，至今有5个项目在实施和准备。第一个项目是亚行和UNEP联合支持的"次区域环境监测和信息系统"项目，该项目已基本完成。第二个项目是"次区域环境培训和机构加强"项目，由亚行执行，流域6国参加。第三个项目是"次区域边远地区扶贫与环境管理"。旨在评价大湄公河次区域6国边远地区与贫困和环境退化有关的流域自然资源管理的政策、法规、战略和管理经验。第四个项目是"次区域国家环境战略框架"。该项目的目的是对次区域交通、能源、旅游、农业、自然资源等开发活动对环境的影响进行宏观评估。

云南在湄公河流域上游，搞好天然林保护，使水土流失得到基本控制。加强澜沧江水质监测和水资源保护，积极推行清洁的生产和消费方式，严格控制流域上游各城市排污入河量。澜沧江（湄公河中国段）出境水量只占湄公河流域总水量的13%左右。在中国境内的澜沧江上修建

水力发电设施不会减少入海口的总流量,不但不会对下游国家带来不良影响,相反,还会通过蓄水调节,减少汛期洪水流量和增加枯水期的流量,提高下游地区的防洪、灌溉和航运能力,减少湄公河三角洲地区的海水倒灌。同时,由于在水库水量调节的过程中蓄水拦沙,还可减少下游河道淤积。

4. 合作开展自然灾害防治、治理与农村新能源建设的合作

一是云南积极参与次区域自然灾害防治的国际合作。加强地震、滑坡、泥石流等自然灾害的预报与防治;与次区域有关国家联合建立人机联合预测预报系统,加强灾害管理及信息的交流。继续开展中缅地震监测合作,中方可对缅北地震高发区提供技术与设备支持,以提高监控能力。继续开展中缅红河断裂带地质构造基础研究与地质灾害监测防治合作,提高防灾减灾能力。云南积极参与湄公河水文信息方面的国际合作,及时向下游国家通报汛情。云南加强水文网站建设,不断提高为下游提供水文报汛资料的能力。加强国家级自然保护区生态保护与建设工程,保护好湄公河发源地,并更多照顾下游国家的利益与关切。

二是云南积极参与次区域农村新能源建设的合作。东盟各国在太阳能、风电以及生物燃料等领域拥有丰富的资源,在新能源与可再生能源应用领域有着巨大的发展空间,云南在新能源与可再生能源领域已积累了丰富的经验,中国和东盟各国之间可以优势互补、加强合作,推动新能源产业的快速发展。中国和东盟的许多发展中国家都属于农业大国,农村人口众多,双方今后可以在农村环境保护的基础设施建设、农业面源污染控制、畜禽污染防治等方面加强合作,不仅能够促进农村环境质量的改善,也将探索出一条农村的绿色产业发展之路。温家宝在大湄公河次区域经济合作第三次领导人会议上的讲话中承诺,加快推广以沼气为主的生物质能源开发利用,改善农村生态环境,中方愿为次区域国家建设1500户农村户用沼气。周边国家一些农户家里用上了沼气,生活非常舒适。妥善处理经济效益与保护环境的关系,合理开发利用资源,重视生态保护和节能减排,实现次区域合作的可持续发展。

二 科技合作成效显著

20世纪90年代以来，云南和部分东盟国家开展了卓有成效的科技合作，涉及农业科技、毒品"替代种植"、自然灾害防治和生态环境保护、医疗卫生、矿产资源开发、人力资源开发等领域。从合作形式看，早期以政府合作项目、人员培训、短期互访和考察为主，后期是企业、高校和科研院所自主的科技合作增多。现已呈现出政府、企业、高校、科研机构多方参与，政府支持的科技合作、企业为主体的合作、区域性国际科技合作等多种形式并存，技术援助、技术贸易、对外投资、商品贸易合作研发、人员培训与交流、技术考察和访问共同推进的合作格局。如云南向缅甸、老挝、越南等国推广水稻、甘蔗及其他经济作物高产栽培技术，帮助培训农业管理、技术人员等，效果明显。

1. 搭建科技合作平台树立大国形象

云南搭建起"中国—东盟科技论坛"这一重要合作新平台，并在此框架下成功举办了以新能源与可再生能源开发利用、太阳能与建筑一体化技术推广运用、种业技术和贸易等为主题，旨在推动云南省先进适用技术和产品向东盟各国转移和输出的10余届国际科技会议、论坛和培训班。仅2010年，云南就先后组织并成功举办了亚太太阳能建筑系统技术研究应用研讨会、中国—东盟太阳能开发利用国际科技合作论坛、2010年度"沼气技术国际培训班"、2010年发展中国家远程医疗构建、发展与应用技术培训班、中国—东盟农业新品种与种业国际科技合作论坛等一系列国际科技论坛及研讨会，为云南加快与东南亚地区科技合作提供了必要的信息支撑。[1] 云南还与泰国、尼泊尔、菲律宾、印度、蒙古、缅甸、越南共同提出建立"亚太可再生能源促进组织"的构想，这一拟建立的国际组织将通过建立各国间信息网络，应对气候变化，围绕可再生能源技术与产品信息和需求，推动相关技术转移工作。

云南依托云南科技创新园、高新区、经开区、工业园区、农业示范园区等创新载体，积极开展科技创新合作与技术转移，提高产业的自主

---

[1] 《建立面向东南亚南亚科技合作示范平台》，《云南日报》2011年3月16日。

创新能力与核心竞争力；充分利用好国内外两种资源两个市场，围绕实施连接东南亚、南亚大通道建设，建立面向东南亚、南亚的国际科技合作及技术转移示范平台（基地），进一步拓宽云南国际科技合作与交流领域；通过制度创新和环境营造，吸引国内外知名研发机构以多种方式，与云南科研机构共建平台、共享资源，从单一的项目合作上升到平台合作，使云南成为面向西南开放的科技合作、技术交流、成果展示交易、人才集聚的桥头堡、创新高地和辐射源。

2. 科技"走出去"形成互利共赢的合作新局面

云南与东盟国家在科技资源和技术上具有较强的互补性，云南在农业生产技术，特别是在稻谷优良品种的研发和农田水利建设方面有着较高水平。在滇老、滇泰、滇越合作机制和"大湄公河次区域农业科技交流合作组"机制下，启动实施了《大湄公河次区域跨境农业科技合作》《东南亚种子技术市场体系建设（启动阶段Ⅰ）》《中老虫胶产业国际科技合作》《云南两系杂交稻、麦新品种及技术在东南亚及南亚国家的推广应用》等一批国家和省农林科技合作项目。为配合科技"走出去"，云南成功举办了面向发展中国家在沼气技术和设施利用、远程医疗诊治、杂交玉米良种选育和栽培领域的技术培训班7期，培训了来自东南亚等发展中国家的学员140余名。

云南与周边东盟国家积极开展发展特色产业，把资源优势变为经济优势科技合作。由于地形地貌复杂、气候多样，大湄公河次区域生物资源特别丰富，因此在农作物品种的选育、遗传育种、高产栽培、野生资源的种质保存、生物物种的基础性研究及生物多样性保护等方面有着较大的优势，重点以农、林、畜、果的良种和种植，病虫害的防治技术为主要内容，逐步在东盟国家推广。云南还与周边国家联合进行澜沧江流域及红河流域防护林体系建设，防治水土流失；加大对大湄公河流域地震、滑坡、泥石流等自然灾害的防治、预测预报和有关技术的研究；联合建立澜沧江—湄公河环境监测系统和信息系统，制定整个地区水质、水量标准，并建立相应的网络，及时交换信息等。通过帮助周边国家建设高新区、国家实验室、完善科研体系，以及举办援外培训班、开展联合研发项目、设立合作示范区等多种形式，促进了先进适用技术的国际转移与推广应用，满足了周边国家提高科技自生能力的迫切需求，增进了云南与周边国家的互信和友谊。

3. 科技示范合作成效显著

一是高度重视 GMS 框架下的科技交流与合作。多年来，在与 GMS 各成员国双边和多边科技合作协定和谅解备忘录框架下，根据各成员国的需求，以共同支持开展科技交流合作项目、由科技部提供的"发展中国家技术援助"项目资助，由中国科学院昆明分院云南生态研究所、云南农业大学、云南省地震局、云南警官学院等单位先后为柬、老、缅、泰、越等国举办了多期"分子生物病害控制""发展中国家地震学与工程抗震""禁毒缉毒"等方面的培训。在农业科技合作方面，在已运行的中越两个农业科技示范园的基础上，2010 年，云南省在老挝、柬埔寨、缅甸又各建了一个农业科技示范园，推广水稻、陆稻、大豆、马铃薯等农业科技成果，取得显著增产示范效果。

二是建立重要科技合作交流基地。针对周边国家的技术需求和广阔市场，利用和提升云南现有的科技基础条件，聚集国际、国内科技资源，把云南建设成为承接我国东部地区技术转移和面向东南亚的重要科技合作交流基地。通过举办培训班、召开学术研讨会、捐赠科研设备等，进一步推动和加强与 GMS 国家的双边和多边合作。中国—东盟合作基金先后资助了人员培训和交流等 10 余个项目，积极参加了次区域湄公河学院人力资源开发国际合作项目。云南省派员参加了亚行主持的金边行动计划内涵盖的所有培训项目。并承办了亚行、联合国亚太经社会、东盟秘书处以及国家有关部委指定的贸易便利化培训班、航运人员培训班、产业链研讨班及老挝、越南政府官员、企业管理人员培训班。

三 文化卫生、禁毒事业合作全面推进

云南一直把建设和谐边疆作为沿边开放的重要任务来抓。站在政治的高度、全局和战略的高度，努力建设人民生活不断改善、经济与社会协调发展、人与自然和谐的新边疆。云南在沿边开放中始终把民族团结、边防巩固、禁毒防艾作为重点，努力构建和谐边疆，把人民群众最关心、

最直接、最现实的利益问题作为建设和谐社会的着力点，让人民群众不断得到看得见、摸得着的实际利益；积极加强与周边国家在文化、医疗卫生、禁毒和防治艾滋病的合作。

1. 文化合作获得东南亚国家的深度认可

云南电视台云数传媒公司通过与老挝国家电视台合作开办老挝无线数字电视公司，45套中国数字电视进入万象市民家庭，中国数字电视地面广播传输标准替代了老挝一直使用的欧洲广播传输标准。同时，云南卫视已进入越南河内和胡志明市有线电视网，成为国内首家在东盟国家落地的省级电视媒体。对外广播有效覆盖7个东南亚、南亚国家。以"香格里拉之声"命名的云南人民广播电台对外节目，以越语、华语两种语言对外播出。摄制大型纪录片，由中央电视台发起，并联合大湄公河次区域柬埔寨、老挝、缅甸、泰国、越南五国国家电视台合作摄制大型纪录片《同饮一江水》，合作六国的30多家电视台以中、英、柬、老、缅、泰、越7种语言播出了该片。

在出版刊物方面，缅文《吉祥》、老挝文《占芭》、泰文《湄公河》、柬埔寨文《高棉》直接进入GMS国家主流社会。英文月刊《桥时代》在印度成功发行。为充分发挥云南民族文化资源优势和与毗邻国家人缘相亲、文缘相通、地缘相近的区位优势，中国面向周边的大型多语种门户网站。面向东南亚、南亚用老挝语、缅语、泰语、越语等十种语言文字刊发国内、东南亚和南亚等国家的新闻，是目前我国运用语种版本最多的网站。用图片、视频、动画介绍云南和周边国家的文化、民俗、旅游和发展成就。

文化产业"走出去"从热点区域展开，结合当地旅游热点地区打造精品晚会。中柬两国首个文化合作项目，由云南文产投资集团投资2000多万元倾力打造，一出大型音乐舞蹈诗剧《吴哥的微笑》，气势恢宏、场面壮观，精彩还原了吴哥王朝的历史、建筑和传奇故事。在充分尊重当地文化特色的前提下，结合云南民族元素，是纯粹的柬埔寨风格，也避免了云南歌舞同质化的流弊，借助海外文化演出渠道和运营商，让文化产品真正立足。预计运营5年，借吴哥每年200万人次的游客量，每年可实现纯收入1500万元。按照中方约85%的投资比例，经济效益、社会效

第三章 云南沿边开放取得的瞩目成就

益都非常可观,使"云南文化"获得东南亚国家的深度认可。[①]

2. 医疗卫生合作重在民生

一是开展重点疾病监测、疫苗和药品等方面合作。自 2005 年开始,中缅、中老、中越边境地区艾滋病和疟疾防控合作试点项目,项目内容不断丰富,覆盖地区逐渐增加。通过建立和完善次区域疾病监测网络,提高对艾滋病、疟疾、结核病等传染性疾病暴发疫情的快速反应及处理能力。同时,中国生产的具有国际水平的新型抗疟药品和诊断试剂、乙肝疫苗等可向次区域国家提供相应的服务。2007 年,中越边境地区结核病防控合作项目成功开展。2010 年,云南开始启动中缅、中老、中越边境地区登革热防控项目。通过实施以上卫生合作项目,提高了边境地区人民对上述传染病的知晓率,建立了有关国家在传染病防控、疫情交换、人才培养方面的合作机制,加强了卫生部门之间的联系,提升了边境地区的卫生人员工作能力,减轻了传染病疫情跨境传播压力。云南为 GMS 五国举办了多期培训班,培训了一批疟疾防治、人感染高致病性禽流感和甲型 H1N1 流感监测方面的官员和专家以及跨境卫生合作项目方面的专业管理人才。

二是积极开展跨境防艾合作。云南对防治艾滋病的合作的重视,已从战略层面、政策层面,进入了实施阶段。根据联合国艾滋病规划署相关报告,缅甸艾滋病感染人数估计有 36 万例,越南艾滋病感染人数估计有 26 万例,老挝艾滋病感染人数估计有 1.2 万例。云南省是中国防治艾滋病的重点省份,累计报告 HIV 感染者已达 8.2 万人。[②] 为增强中国与周边国家的联系与合作,共同有效遏制跨边境地区艾滋病的传播与蔓延,在卫生部及国家项目办的支持下,云南省成功申请到澳发署亚洲区域的跨边境艾滋病防治项目,支持云南开展跨境防治艾滋病合作,为吸毒人群提供减轻危害综合服务,开展对跨边境暗娼干预和整治,以及加强对艾滋病新发感染的合作研究等。

3. 禁毒合作成效显著

一是联合开展扫毒行动。由于与云南毗邻的"金三角"是毒源地,

---

① 《云南文化产品成功走出国门的"奥秘"》,新华网 2011 年 3 月 12 日。
② 《云南与越南、老挝、缅甸携手探讨跨境防艾》,《春城晚报》2011 年 3 月 1 日。

是世界毒品种植、加工的主要地区，与缅甸、老挝、越南三国接壤地区，是境外毒品流入中国的重要通道和毒品重灾区，对云南的危害日益加大。中国分别与缅甸、泰国、老挝、越南等周边重点国家签署禁毒合作谅解备忘录，云南与缅甸、老挝、越南、泰国等国家和地区已展开一系列富有成效的禁毒合作，双方开展禁毒严打战役，以"打团伙、摧网络、破大案、抓毒枭、缴毒资"为目标，开展了打击跨境跨区域贩毒、打击制贩新型毒品、禁毒、反洗钱等一系列专项行动，有效遏制了毒品犯罪分子的嚣张气焰。开展堵源截流工作，有针对性地调整工作布局，增设查缉站点，充实查缉力量，严密查缉网络，切实加大了堵源截流工作力度。进一步规范和加强了对易制毒化学品和麻醉药品、精神药品生产、经销、运输、使用行为的管理，加大了对走私易制毒化学品和麻醉药品、精神药品犯罪活动的打击力度，破获了一批跨国跨境贩毒案件，摧毁了一批境外毒品加工厂。

二是大力开展"境外除源"战略，通过替代农产品返销进口和专项资金支持等方式，鼓励和支持国内企业到缅甸和老挝开展罂粟"替代种植"，发展替代产业。截至2010年，云南共有180多家企业在缅甸和老挝开展罂粟"替代种植"，累计种植面积21万公顷（缅甸12万公顷、老挝9万公顷），共涉及橡胶、甘蔗、水稻、玉米、水果等47个品种。[①]"替代种植"项目为当地民众提供了就业岗位，带动大批烟农弃种罂粟，有效提高了当地人民的生活水平，"替代种植"企业还在缅、老北部修路架桥、开通水渠，帮助改善了当地的基础设施建设。世界著名毒源地"金三角"的罂粟种植面积已从顶峰时期的16万公顷下降到目前的4万公顷。

三是广泛开展禁毒宣传教育，围绕"参与禁毒斗争，构建和谐社会"的主题，组织开展了一系列内容丰富、形式多样的禁毒宣传教育活动，举报毒品违法犯罪线索明显增多。在"大湄公河次区域禁毒合作机制"（MOU）及双边禁毒谅解备忘录和协议框架下，中国与GMS国家开展双边及多边禁毒合作，通过人员互访、年度禁毒合作双边会议、联合执法

---

① 《中国参与大湄公河次区域经济合作国家报告》，新华网北京2011年12月16日。

行动、提供禁毒人员培训（累计为越南、老挝、缅甸、柬埔寨提供24期740人的培训）和物资援助等多种形式，进一步密切了和GMS国家的禁毒合作关系，为改善GMS毒情、维护社会稳定、改善人民生活做出了贡献。合作开展禁吸戒毒工作，组织开展了对吸毒人员的大普查、大收戒、大帮教活动，积极推进戒毒康复农场建设和美沙酮维持治疗试点，认真落实帮教措施，提高了海洛因成瘾者的戒断巩固率，进一步萎缩了毒品消费市场。

第四章
云南沿边开放产生的深刻影响

沿边开放以来，云南根据自身独特的地域特点，突出重点，注重实效，统筹兼顾，协调推进，更深更广地融入区域合作中并取得了丰硕成果，有力地推动了全省经济社会发展。同时，云南还在大湄公河次区域经济合作中体现了灵活务实的合作特色，通过体制创新，在与各成员国加强合作中取得一系列成功的做法和经验。对于地处西南边疆的云南来说，沿边开放全面深化、经济社会跨越发展。云南突出地缘优势和资源特色，以大开放意识推进大创新、以大创新促进大发展，对外开放步入量增质升的高速发展时期，实现了沿海开放末端向新时期沿边开放前沿的转变。

第一节 沿边开放对云南产生的影响

沿边开放为云南经济发展创造良好的条件，使云南的经济发展能尽快地融入世界经济增长的进程，使云南能够分享到国际分工带来的好处。促进云南融入经济全球化进程，在一定程度上能改变云南在中国经济发展过程中的边远、闭塞状态，增加进入国际市场的机会和选择。利用云南省的地缘优势，开拓国际市场，沟通国内外市场的经济往来，使之成为中国向西开放的先导地区，云南经济发展形成一种崭新的格局，成为中国对外开放和发展各种经济联系的活跃地带，并对中国对外开放态势和经济发展产生新的效应。云南沿边开放必然使经济发展立足走向国际市场，能够较快地摆脱"市场约束型"的困扰，带动云南产业结构的调整,提高劳动生产率和经济运行的效率,使云南省产业的组合和发展、生产力的布局与调整尽快地纳入国际市场运行的轨道,大大缓解了有效需求不足对经济发展的压力。

一 实现从封闭半封闭到全方位开放的转变

云南省深居亚洲内陆,远离出海口岸,与国家的经济、文化中心的空间距离较远。因此,长期以来一直作为一个封闭性极强的地域单元而存在,多年来一直是经济发展的死角。生产以传统农业为主,有的地方还存在着原始农业,市场经济意识淡薄,经济始终在一个功能较低的封闭系统中运行。云南省大部分地区处于高原和山区,天然的多山地形使修筑公路和铁路的费用非常昂贵,由于交通闭塞,商旅不便,导致这一地区流通不畅、信息不灵、视野不广、观念落后,优势资源得不到很好的开发和利用。交通不便使云南省的生产不得不"以运定产",经济发展的势头受到遏制,经济运行形成相对封闭,缺少对外联系,自我循环的格局。在这样一个封闭系统中,经济社会的发展必然是营养不良,机能不全,缺少活力。

1. 云南由过去对外开放的末端变成前沿

把云南的区位条件放在不同的空间参照系数中进行比较,其视角、方法和价值取向不同,对云南的区位环境的判断也就不同。云南对中国来说是边远地区,但它处于中国与东南亚、南亚三大区域的中间地带,是三大区域的接合点。沿边开放打破了区域间、国家间、民族间的相互封闭状态,推动相互间的市场进入;必然带来贸易和投资的发展,人际交往的加深;国家间贸易往来和交流加深,又会增大投资的发展和区域合作的加快。经济全球化发展突破了国界的限制,已成为不可逆转的历史潮流,为云南对外开放提供了极为有利的条件。对外开放与发展市场经济,在一定意义上是同义语,它们共同构成加速瓦解云南省封闭的经济及其社会基础的重炮,是发展社会生产力的必由之路。云南因加强国际区域合作而沟通中国与东南亚、南亚国家的经济联系,成为这三大区域经济往来和经济合作的交会点,这在一定程度上改变了云南在世界经济发展中的边缘、闭塞状况,彻底扭转云南经济发展的"沉寂"状态,成为中国与东南亚国家发展各种经济技术合作的活跃地带。战略地位的凸显使云南的地理区位条件也出现根本性的变化,由过去的边缘地带变为前沿地带,云南经济发展形成了一种崭新的格局,对今后发展态势产生新的影响。

2. 云南由过去的"死角"变成枢纽

云南省在历史上就已经与缅甸、印度等国形成了各种通道,加之自然地域、经济内在联系、商品流向和民族文化传统等特点,形成了割不断的联系网络。沿边开放打破了云南经济社会发展封闭系统,使云南省的商品流向、经济功能发生了变化。由于地理位置相邻近,使投资和贸易活动中的运输、通信等费用降低,从而大大节约交易成本,可以在一定程度上减轻交通运输对该地区的经济发展和商品流通的压力。这不仅符合运距最短的生产力配置原则,也是提高国家宏观经济效益的重要途径。目前世界经济发展中出现的区域经济一体化趋势也表明,今后的自由贸易区的形成与发展也将是以板块的形式出现,在这样的格局中,地缘优势将显示出特有的魅力。国际大通道的建设,从狭义上讲,是连接云南与周边国家的基础设施;而从广义上讲,则是交通与经济紧密的互动关系,是经济交往的纽带。构建起中国与东南亚、南亚国家的经济纽带,云南省成为沟通三大市场的枢纽。迅速打破区域间、国家间、民族间的相互封闭状态,推动国家间贸易往来和交流加深。增大相互投资和区域经济技术合作的力度,为云南经济发展注入新的活力。

3. 省际合作不断扩大和加强

省际合作与交流是云南对国内开放的重要内容和主要形式。云南遵循优势互补、互惠互利、共同繁荣的指导方针,以西南六省区市七方区域合作为基础,以东西部合作为重点,以企业为主体,大力推进跨地区、跨行业的经济、科技、教育、文化、卫生、人才等方面的联合协作,形成全方位、多层次的对内开放格局。积极发展西南六省区市七方的区域经济合作,加速西南经济区一体化的进程,共同走向东南亚。在泛珠三角区域合作机制的推动下,"9+2"区域合作进一步推进,区域内各省区遵循"整合资源、优势互补、互利双赢、协调发展"的原则,采取多形

第四章 云南沿边开放产生的深刻影响

式稳步推进区域内双边与多边的合作和交流。滇浙合作，两省在组织、人事、科技、旅游等部门确立了对口合作工作机制，通过互访考察和项目对接洽谈，进一步推动两省在能源开发、机械制造、生物制药、商贸物流等领域的合作。滇港合作，充分利用香港国际金融中心、贸易中心、信息中心、航运中心和海外华侨、华人把香港作为对国内投资"桥头堡"的作用，大力加强两地金融、技术、贸易、旅游、信息等方面的合作，广泛吸纳海外资本；通过不同层次的交往，深入做好香港大财团、大企业家、社团领袖、知名人士的工作，促成他们与云南开展更多的合作，并利用他们的实力和影响，带动更多的海外投资者与云南开展多领域的合作。

二 为云南经济发展注入新的活力

沿边开放在云南经济社会变革中所起的作用不仅是提供了一个外在的环境条件，它同时构成经济社会变化和发展不可或缺的动力资源。对于一个长久处于隔绝状态的社会来说，如果没有外在要素的介入，它还会照旧存在下去。一旦外来因素突破封闭的外壳，渗入到社会的机体之中，它就会转化为一种新的内生要素，使旧的社会有机体发生根本的改变。在这里，与封闭相对立的开放成为消解封闭的一种先在的必要条件，这种条件在与封闭体发生碰撞之后，又转化为促使封闭解体的内生机制。这是封闭系统转化为开放系统的一般规律。[①] 早在100多年前，马克思、恩格斯在《共产党宣言》中就指出："由于资产阶级的发展，开拓了世界市场，过去那种地方和民族的自给自足的关闭自守状态已经被各民族的各方面的互相往来所代替，一切国家的生产和消费已成为世界性的了。"这一论断提示了社会化大生产条件下的国际经济技术关系发展的一般规律。即生产力和市场经济的巨大发展使任何一个国家或地区都不可能置身于世界经济的联系之外，都受到国际经济关系的制约和影响。

---

① 肖仲华：《我国30年对外开放的成果及其前瞻》，《光明日报》2008年12月9日。

1. 云南省产业结构得到调整优化

云南省由于地理条件复杂、交通不便又与世隔绝。在落后的生产方式中，资源开发利用程度极低，致使经济长期落后。长期以来，云南省走的基本上是一条以自然资源开发为主的路子，只是为其他地区的发展提供廉价的资源和初级产品，是一种典型的资源消耗型经济。一方面产业结构单一且产品结构不合理制约着经济的发展，制约着产业结构向高级化演进；另一方面，长期的资源消耗也难以支撑经济的可持续发展。沿边开放为云南省新一轮的产业结构调整提供了机遇。云南要摆脱其贫困落后的面貌，加快其经济发展，必须突破原有的经济运行框架，把当地经济的发展融入世界经济运行的轨道。改造传统产业，发展新兴产业，培育主导产业，促进产业、产品结构优化升级，形成技术水平高、产品竞争能力强、市场覆盖面广、创汇能力大的现代化产业群体，云南省的产业结构向高级化迈进了一大步。

改革开放 30 多年来，云南经济发展突破自身地域的框架，依托国内、国外市场，全省生产总值增长近 14 倍，财政总收入增长 90 多倍。产业结构调整取得突破性进展，培育了在全国有重要影响的烟草、旅游、电力、矿产、生物五大支柱产业，第一产业在经济中的比重下降 25 个百分点，实现了由农业主导型发展向工业主导型发展的历史性转变。新农村建设扎实推进，特色优势产业规模化水平不断提高，烤烟、橡胶、核桃、花卉产量居全国第一位，茶叶、甘蔗产量居全国第二位，粮食生产连年增产，肉类从主要依靠省外调入转为向省外调出。新型工业化进程快速推进，工业经济质量和效益大幅提高，对国民经济发展的支撑作用日益凸显。城镇化步伐不断加快，城市面貌日新月异，功能日趋完善。非公有制经济从无到有，在全省经济中的比重提高到 37%，对全省经济增长的贡献率为 44%，逐步形成了以公有制为主体、多种所有制经济共同发展的新格局。

2. 云南的生产力的重新布局

在沿边开放中，努力把云南打造成我国连接东南亚和南亚国家的陆路交通枢纽、对外开放的重要门户、西南地区的重要经济增长极。云南已形成以滇中城市经济圈为核心，以经济走廊为构架，以沿边开放经济

第四章 云南沿边开放产生的深刻影响

带为前沿,以跨境经济合作区和边境经济合作区为支点的生产力布局。它体现了互利共赢,互促互动的基本原则,有利于我国向西南开放,扩大我国的发展空间,改善我国的对外关系;它突出了内外联动,服务全国、发展云南的核心内容,有利于对内开放和对外开放相互促进,"引进来"与"走出去"相互推动;它统筹了内地与边疆民族地区,中心城市与经济腹地和沿边地区,有利于加快边疆民族地区发展,有利于缩小城乡差距,促进区域协调,有利于把云南从发展的末端变为开放的前沿。

区域经济走廊的强化,有可能形成一个大的国际经济走廊。沿边开放对区域经济要素具有巨大的聚扩、转换功能,使各种生产要素之间不断碰撞、结合、分解、重组、流动,对经济要素的输入和输出,流向和流量具有较强的调节作用。随着经济走廊建设的发展,沿线地区之间通过大通道进行的往来交流将日益增多,通道的辐射作用将逐渐增大,从而促进沿线地区的经济发展和市场繁荣,使交通优势变成流通优势。在一些交通线的重要交会处,往往成为物资的集散地和物资交流场所。随着商品流通规模的不断扩大,逐渐形成多个区域市场,这必将有力地推动沿线地带物流、人流、资金流、技术流、信息流的广泛交换,形成以通道运输体系为基础的产业链,促进沿线城市经济和区域经济的加速发展。交通是城市内外交往的重要基础设施,交通优势将成为城市化的基本动因,大通道的建成,有力推动大通道沿线城市的崛起。最终形成以经济走廊为主轴,以沿线大、中城市为支撑点,以众多小城镇为网结,多国结合、多向开放、互相促进、共同发展,具有强大内聚力和辐射力的经济走廊,进而成为东亚、东南亚、南亚地区经济文化交流融合的巨大经济带。

3. 云南的可持续发展能力显著增强

过去,由于资金短缺和技术落后,绝大部分的资源都还处于未开发的状态,工农业发展缓慢。沿边开放使资源在以市场为基础条件下得到优化配置,才可以使一系列潜在优势转化为现实优势,迅速提高生产力。沿边开放充分挖掘并发挥云南的资源优势,使其沉睡多年的优势资源发挥效益,培育起自身具有比较优势的产品,进一步优化和提升云南的产业结构，增强造血功能，使资源优势向经济优势转换，形成出口生产能力，推动该地区经济的发展。同时也为云南与周边国家的相互贸易奠定了稳定的基础。更重要的是沿边开放带动沿边地区经济发展，开发带动贸易，小开发带动小贸易，大开发带动大贸易，GMS 偌大的区域和众多的国家以及诸多的国家的相互差异，能创造一种很强的互补性，促进相互之间贸易量的迅速扩大。云南举全省之力完成了一大批重大基础设施和生态建设项目，大大增强了发展后劲。农业生产条件逐步改善，综合生产能力显著增强。漫湾、鲁布革、大朝山、景洪等大型水电站相继投产，一批大中型电站建设进展顺利，逐步成为"西电东送""云电外送"的重要电源基地。到 2015 年，云南电力总装机将达到 9146 万千瓦，云南向广东、广西送电规模总计将达到 2150 万千瓦，云南电网将成为南方电网西电东送的主力。① 交通运输建设取得历史性成就，形成了公路"三纵三横、九大通道"，铁路"一出境、五出省"，航空以昆明为中心、覆盖省内、辐射国内主要城市，面向东亚、东南亚和南亚的综合交通运输体系。

三 加快云南省对外开放的进程

在世界上，没有哪一个固定在自然经济状态的民族，能够在现代社会里保持活力、生机和繁荣，而所有发达国家，都毫无例外地是以开放作为其发展基础的。云南省的自然经济占有较大的比重，其生产力水平比较低下，生活方式、生产方式简单落后，有的甚至还处于刀耕火种阶段，生产手段落后，生产规模狭小，依赖局部的自然环境、各生产单元互不往来，排斥分工、交换和先进生产手段的运用。沿边开放带来市场经济的传播，而市场经济则是直接以交换为目的，通过交换来推动经济增长的经济形式。市场经济不承认任何民族区域的界限，其本质是开放；它只承认竞争，在竞争机制作用下，不断促进分工和交换，不断促进新技术的采用和管理方式的更新；它不断打破旧框框，从而大大改变民族性格和整个民族的文化形态。

---

① 廖泽龙：《云南成南方电网西电东送主力》，《人民日报》2012 年 3 月 6 日。

第四章
云南沿边开放产生的深刻影响

1. 拓宽了云南经济发展的市场空间

沿边开放使云南的地缘、亲缘关系的优势得以充分发挥，其活动所涉及的范围就更加扩大。云南与周边国家社会生产力发展水平、国民收入、人民生活水平、消费结构和消费方式比较类似，再加上共同的少数民族有着共同的风俗习惯、宗教信仰和交流言语，无论是产业的互补性、产品的互补性、还是资源的互补性都很强。云南少数民族走出国门、走向世界，通过人流、物流带动当地的信息流、资金流，将为云南的开发带来巨大的推动力。并且，由此将引发人们的市场经济观念意识强化，推动云南省从功能极低的自然经济的恶性循环状态中摆脱出来。沿边开放构成数个充满活力和生机的区域市场，这就为云南省经济发展提供了广阔的市场空间，为其对外贸易发展实现灵活应变的市场多元化战略提供了极大的便利。这样，云南省的经济就能形成两个运行循环，即向东与中国中部、东部地区的经济循环和向西与东南亚、南亚国家的经济循环。利用其沟通三大市场的区位优势，上承国际化、下接本土化，其战略地位和作用明显提高，其对外引进资金的吸引力得到增强。两大经济循环相互依存、相互促进、相得益彰和相互补充，必将使云南省的自然资源和劳动力丰富的有利条件与外部其他生产要素相结合，使资源的开发和产业的组合纳入国际市场运行的轨道，使资源开发利用程度低和经济落后贫穷的状况得到迅速改变，云南省经济发展就能步入良性循环的轨道。

2. 实现了更大范围内的资源优化配置

沿边开放促进云南省与外地、外国的经济、文化、科技和人才的大量往来，扩大信息来源，增强对外地和世界市场的了解。这既是商品的物流和价值流，是技术流、人才流的双向运动进程，也是资源流、文化流、信息流的双向运动进程。只有扩大开放、建设通道，云南省经济发展才能打破静止状态，更新思维方式，转变观念，更好地投身于现代人类文明的海洋中，云南省的区位优势才能得以显示出来，其战略地位和作用才能明显提高，其对外引进资金的吸引力才能得到增强，资源开发利用程度低的状况才能迅速改变，云南省的经济才能步入良性循环的轨道。云南与周边国家有着较强的经济互补性和广泛的共同利益，在经济全球化的大背景下，加强经济技术合作和市场的融合与发展，做到优势互补、各展其长，就能创造出更多的商机。投资和贸易的便利化，人际交往的加深，能加快经济技术合作的步伐。云南实施"引进来"和"走出去"战略，利用其沟通南北、承东启西的区位优势，在更广阔的范围内实现资源的优化配置，使其资源禀赋的比较优势在更大更广的领域发挥作用，同时也使其资源禀赋的比较劣势通过对外经济技术合作而逐渐得到克服，就能不断提高各自产业竞争力和本地区在全球化中的综合竞争能力，而实现经济的繁荣。

3. 不断扩大云南省的对外交往

沿边开放以来，云南在积极推动越南、老挝、缅甸三个邻国友好关系发展的同时，加强与东南亚其他国家以及南亚国家的友好往来，大力拓展与美、欧、日、韩等国家的交流与合作，促进了云南对外交往的不断扩大。云南走进了世界各国和人民的视野，拓展了对外交往与合作的空间。友好城市数量从无到有，排名由开放初期全国后列攀升到第17位，全省友好城市达33对，友好山峰1对，形成了"东西连成片，五洲都有点"全球友好性网络。云南在对外开放中始终坚持和突出互利共赢的思想，立足于服务国家的整体外交战略、服务于中国—东盟自由贸易区建设、服务于云南经济社会发展的指导思想，全面推进与东南亚、南亚国家的合作与交流，积极参与和推动区域经济合作，进一步完善和利用好已建立的各种合作机制，不断提高合作层次和水平。在中国—东盟自由贸易区建设和大湄公河次区域合作框架下，云南先后与周边国家合作构建了云南—老北、云南—泰北合作工作组和中国云南—越南北部五省市经济协商会议等合作机制，积极倡议并致力推进孟中印缅地区经济合作，初步形成了以周边为基础、大湄公河次区域为核心、涵盖东盟和南亚，多层次、宽领域的区域性国际合作新格局。高层领导人的频繁往来，泰、缅、老、越、马、柬等国在昆明设立了总领事馆，外国驻昆领事馆6个，居全国第三位。云南还与越、老、缅、泰、柬、马、印尼、新等国的一些中央部门和地方政府建立了固定的联系或磋商机制。

第二节 对外开放对云南边疆民族地区的影响

云南是一个多民族的边疆省，有着 4060 公里的国境线，约占我国陆地边界的 1/7。云南有 8 个州市、25 个边境县（市）分别同缅甸、老挝、越南接壤，改革开放前处于封闭落后状态。沿边开放后，云南省边疆民族地区抓住机遇，向邻国打开了大门，致力于改革开放和发展经济，坚持以边境贸易为先导，以工业为依托，以农业为基础的发展边疆经济的发展道路，使云南边疆民族地区的稳定和繁荣超过了历史上任何时期。边境贸易首先成为云南与邻国边境地区经济联系的桥梁，使邻国边境地区有了新的市场。邻国边境地区的一些丰富资源通过边境贸易进入中国市场，中国的工业品及日用品通过边境贸易进入邻国，满足了邻国生产、生活的需要。同时，邻国为了适应边境贸易的发展，也采取了一些措施，例如，建立了与云南相对应的口岸及机构；进一步开发资源，扩大对中国的出口；修建通往云南口岸的道路，以方便运输；加紧边境地区的建设和开发；加强同云南边境地区工商企业的经济联系，等等，邻国边境地区的经济也开始出现新的发展。

一 对外开放的末端变为对外开放的前沿

沿边开放打开了国门，一方面向境外开了一个窗口，比较全面地展示边疆民族地区的面貌，促进国外对边疆民族地区的了解；另一方面又能使更多的边疆民族地区人走出国门，了解对方，扩大共识、增强信任。旅游在引来人流的同时，还会引来资金流、技术流、信息流。这有利于加深云南边疆民族地区与各国的相互了解，增进友谊，为云南与东南亚国家的全面合作奠定基础。沿边开放涉及多个部门和地区，必然带来相关产业的合作，如跨境旅游、交通运输业、金融保险业、邮电通信业、餐饮娱乐业、酒店宾馆业、旅游商品业的全面合作，进一步推动贸易、投资的合作。云南边疆民族地区加快了对外开放的进程，改变了过去单一边境贸易的模式，实施"三外并举"战略，把利用外资、境外经济技术合作和对外贸易紧密结合起来，使对外开放迈上了一个新的台阶。

— 183 —

1. 边境贸易、服务贸易较快发展

边境贸易占云南对外贸易的比重虽然不大，但在边疆少数民族地区经济发展中发挥着"利国、富民、睦邻、安邦"的重要作用。多年实践证明，国家制定的扶持边境经济贸易发展政策不只是贸易政策，同时是民族政策、扶贫政策、兴边政策和外交政策的重要组成部分，从根本上增强了边疆少数民族地区的"造血功能"，促进了边疆少数民族地区的经济发展和社会进步，巩固了与毗邻国家的睦邻友好关系，不断地推进了沿边开放战略。[①] 国家落实边贸出口人民币结算办理退税试点工作；适当放宽进出口方面的限制，进一步支持边境地区发展加工业，支持边境地区利用周边国家资源发展加工贸易；研究扩大边民互市免税商品范围，推动边境地区边民互市进口免税额度从每人每天3000元提高到8000元。边境地区的服务贸易也得到较快发展。云南边疆民族地区充分发挥当地比较优势，做大做强旅游服务、运输服务等传统服务行业，逐步扩大医药等新型服务行业出口，提升劳务输出的规模和档次。尽管在金融危机

表4-1 21世纪前10年云南边境贸易的发展及地位

单位：万美元，%

年份	云南的贸易总额	云南与周边三国贸易总额	云南的边境贸易额	边贸占云南贸易的比重	边贸占周边三国贸易的比重
2000	181283	48250	35628	19.6	73.8
2001	198906	52805	28761	14.4	54.4
2002	222635	58599	37143	16.6	63.3
2003	266767	73543	41927	15.7	57.0
2004	374777	92366	52407	13.9	56.7
2005	473822	99595	65459	13.8	65.7
2006	623174	126885	77649	12.4	61.1
2007	877975	192864	101101	11.5	52.4
2008	959936	194817	120110	12.5	61.6
2009	801912	217240	126134	15.7	58.0
2010	1336795	291284	173558	12.9	59.5

资料来源：《云南商务发展报告》2004~2010年各年。

---

① 王建伟：《边贸是云南对外开放的特色之一》，云南省商务厅网站2009年7月16日。

的背景下，云南边境贸易仍然持续发展。21世纪，边贸一直占云南省贸易总额的11%～19%，占云南与周边三国贸易的50%～70%。2010年，云南省对东盟出口贸易中，边境小额贸易累计进出口总额17.36亿美元，占云南省对东盟进出口总额比重38%。边境小额贸易出口9.88亿美元，占云南省对东盟出口贸易比重34%；边境贸易进口完成7.47亿美元，占云南省从东盟进口的45%。

2. 合作领域拓宽，合作渠道增多

云南边疆民族地区从单一的边境贸易发展为边境贸易、一般贸易、对外经济技术合作、利用外资一体多元的发展新格局。国家积极支持边境地区与周边国家的经贸合作，支持以边境经济合作区为载体，对边境地区企业申请对外劳务合作经营资格给予支持，扩大和提升沿边开放。随着沿边开放而来的是新的信息、观念和文化，在碰撞、交流与融合中，人们的视野会更加开阔，思想会更加解放，也会因此走向更加文明。边贸企业正成为利用新技术、开发新产品、建设新设施、传递新信息的主力军。贸易额由小到大，境外工程承包、境外农业合作、境外投资、境外加工等项业务已成为经贸合作的重要组成部分。对当地社会经济发展的带动由税费贡献为主转变为税费贡献、就业拉动、开拓国际市场、引进资金技术等综合效应。在边疆民族地区经济发展中发挥着"利国、富民、睦邻、安邦"的重要作用，整个社会都发生了深刻的变化。

3. 利用两种资源，开拓两个市场

边疆民族地区利用云南对境外的技术梯度，引进原材料，加工出口或内销，各地均发展了一些加工企业，其中以德宏、红河比较显著。德宏州近年来通过境外"替代种植"，获得了更多的农产品加工原料，口岸地的加工业有了较大发展，如应用境外种植的甘蔗，加大糖厂的生产规模，应用境外的木材、宝石培植了林产品加工、珠宝业等新产业。红河州的老工业区也在"走出去"战略中，通过在境外开发矿产，找到了新的资源和新的市场，重焕生机。国家支持边境地区企业参与资源领域的开发合作，支持和推动包括边境地区企业在内的国内企业开发和利用国外矿业、农业、林业和渔业资源。对符合条件的项目，按照对外经济合作专项资金管理办法和有关规定，给予贷款贴息支持、前期费用和产品回运费用资助。鼓励外经贸企业想方设法扩大经营，降低成本，优化和调整出口商品结构，通过改组改制，淘汰一批素质差的企业，培养一批有国际竞争力的骨干企业，以新的机制直接参与国际竞争。引导和鼓励企业走向邻国开展境外投资、工程承包、境外加工贸易，资源开发、"替代种植"等业务。

二 产业结构不断优化，支柱产业逐步形成

云南边疆民族地区工业基础薄弱，产业结构以农业为主，无论是人口结构、劳动力结构、还是产业结构、消费结构，农民、农业、农村都占有很大的比重。农业不仅是基础产业，而且是重点产业。沿边开放后，边疆民族地区加快了农村产业结构的调整，走出了一条以农业为基础，发展农业促轻工，依靠轻工积累资金，集中财力保重点的发展路子。特别是云南边疆县域大多处于热区，气候湿润，日照时间长，热量充足、雨量充沛，适应发展热区经济作物，是我国一块不可多得的"宝地"。

1. 特色产业快速发展，支柱产业逐步形成

云南边疆民族地区充分发挥其资源禀赋的比较优势，按照比较利益原则确立自己的区域分工，发展有别于其他地区的特色经济，形成各具特点的产业门类，加快了经济发展。不仅基本上解决了吃饭问题，而且还培育出糖、茶、胶等优势产业，有的地区经济作物种植面积的比重已占耕种面积的50%以上。把生物资源开发与发展县域经济、山区经济和扶贫开发结合起来，形成不同规模和层次的，各具特色的生物资源开发格局，带动广大农民脱贫致富。德宏州的蔗糖成为全州最大的支柱产业，西双版纳州的橡胶种植达到国际先进水平，牛洛河的茶叶香飘四海。还有作为"八角之乡"的富宁、"草果之乡"的金平、"菠萝王国"的河口、"砂仁王国"的景洪，都走出了"人无我有、人有我优"的发展路子。也正是由于边疆县的巨大贡献，使云南的食糖产量跃居全国第二位。橡胶产量居全国第二位。

2. 产业结构不断优化，扩大了就业门路

云南边疆民族地区大都把旅游业作为支柱产业来培育，改善旅游基础设施，开辟新的旅游线路和旅游景点，加强旅游市场的管理，并进一

步开拓了邻国旅游市场,把本地旅游市场与邻国旅游市场融合在一起,开辟了澜沧江—湄公河跨国旅游、河口—河内、瑞丽—南坎等跨境旅游路线。出现了空前规模的巨大人流从边疆县进出,西双版纳州每年接待国内外游客300多万人次。人流必然会带来物流、资金流、交通流和信息流,这都正在深刻地改变着边疆民族地区封闭落后的格局,加强边疆民族地区对外经济联系,广聚各方财源,发展横向经济联合,开辟各种经营门路,带动着县域经济增长。随着对外开放的进一步扩大,建立在浓厚文化底蕴基础上的旅游业,也将因其资源的不可替代性形成特色,成为边疆县域经济发展新的增长点。

表4-2 云南边疆口岸入境一日游状况

年份	游客 (万人次)	增长 (%)	外汇收入 (亿美元)	增长 (%)
2006	213.44	8.17	0.98	19.27
2007	236.46	10.78	1.09	11.22
2008	260.48	10.16	1.43	31.19
2009	293.36	12.62	1.72	20.27
2010	333.66	13.73	1.82	5.81

资料来源:云南省旅游局网站。

3. 产业结构由第二产业为主向第三产业为主转变

云南沿边开放带动了云南产业结构的调整。通过口岸进口的资源性产品,云南省在沿边口岸带建立了木材加工、冶炼、食品加工等工业企业,一定程度上带动了沿边地区工业发展,以出口为导向的工业企业也得到了一定程度的发展。边境贸易在自身发展的同时,成为推动服务业发展的重要力量,必将提高服务业在经济发展中的比重。边境贸易作为生产性服务业,成为第三产业的重要支柱。不仅可以提高第三产业在国民经济中的比重及地位,而且可以带动相关的批发零售业、餐饮业、房地产业、信息业的发展。这样既增加了第三产业的绝对数量,还提高了第三产业中高附加值行业的比重,从而优化区域产业结构,繁荣区域经济。例如,沿边开放以来,瑞丽的产业结构已发生了较大的变化。2006

年全市完成生产总值 15 亿元，其中：第一产业完成 3.5 亿元，第二产业完成 2.8 亿元，第三产业完成 8.7 亿元。三次产业总值的比重为 23.3：18.6：58.1。第三产业迅速发展成为瑞丽市的支柱产业，占了瑞丽市地区生产总值的近 60%。

三 带动了边疆民族地区的经济社会发展

沿边开放必然带来人员的交往，人流必然会带来物流、资金流、交通流和信息流，这都正在深刻地改变着边疆民族地区封闭落后的格局，加强边疆民族地区对外经济联系，广聚各方财源，发展横向经济联合，开辟各种经营门路。这不仅有效地解决了当地民众的基本生活问题，促进了双边经济的发展，为繁荣边疆注入了新的内容，而且还丰富了沿边开放的内涵，增强了沿边地区的开放意识、商品意识和市场意识，带动着边疆民族地区经济增长。

1. 城乡居民生活水平稳步提高

云南边疆民族地区把兴边富民行动与扩大开放结合起来，以开放促开发。努力发挥边境地区的区位优势，利用与周边国家经济的互补性，大力发展边境贸易，积极开展经济技术交流与合作。坚持科学发展，构建和谐社会，更加关注民生、改善民生。沿边开放既是发展的问题，又是事关民生的问题，对于促进农业发展、农民增收、扩大农村消费、改善农村消费环境将发挥积极作用，是统筹城乡协调发展的客观要求，是解决"三农"问题、缩小城乡差别的重要突破口，具有重大战略意义和社会经济效益。到 2009 年，云南边境 25 个县（市）地区生产总值 572.04 亿元，是 2000 年的 3.4 倍；地方财政一般预算收入 36.25 亿元，是 2000 年的 3.7 倍；财政一般预算支出 198.3 亿元，是 2000 年的 6.7 倍。边境 25 个县（市）农民人均纯收入 2715 元，是 2000 年的 2.4 倍。11.5 万户长期居住在茅草房、杈杈房里的农民群众住上了砖瓦房。①

---

① 《兴边富民行动 10 年 边境 25 个县市发展步伐加快》，《云南日报》2010 年 11 月 19 日。

2. 财政收入增加，促进了各项社会事业的发展

边境贸易是云南边疆民族地区主要财政来源，贸易量越大，提供的税收来源就越多。2004年，边贸税收占瑞丽财政收入的80%，占红河财政收入的14%，边贸税收在文山、思茅、保山、怒江各州市财政收入中也占有一定比重，边境贸易在边境地区经济发展中发挥了"利国、富民、睦邻、安邦"的重要作用。21世纪以来，沿边开放对当地社会经济发展的带动由税费贡献为主转变为税费贡献、就业拉动、开拓国际市场、引进资金技术等综合效应。财政收入的增加为各项社会事业的发展创造了良好的条件。2009年25个边境县等级以上公路为1.8万公里，是2000年的2.2倍，乡村公路通达率达到89.8%。新建校舍200万平方米，中小学生享受到"两免一补"政策，教育工作全面推进，教育质量不断提高。医疗卫生事业有新的发展，新建或扩建29所县级医院、18所县妇幼保健院、49所乡镇中心卫生院、1446所村卫生室。各县建立了新型农村合作医疗制度和农村低保制度，公共卫生体系疾病预防控制体系得到加强完善，参加合作医疗农民增多，农村居民看病难、看病贵的问题逐步得到缓解。

3. 市场繁荣，非公经济较快发展

沿边开放加快了城市化进程，带来了市场的繁荣，促进了工业、商业、旅游、交通运输、邮电通信、金融保险等行业的发展；扩大了就业，非公经济得到了迅猛发展。瑞丽市2006年共有个体工商户、私营企业9283户，从业人员17798人，注册资金11.22亿元。非公经济实现增加值6.7亿元，占全市生产总值的44.7%。2005年，非公经济上缴税金7498万元，占地方财政收入的72.8%。在瑞丽市经济结构中已形成了"三分天下有其二"的格局。到2007年，磨憨口岸企业投资100万元以上的有68户，其中，在1000万元以上仅12户，大都是来自外地，资金实力雄厚，主要从事贸易、仓储、物流、运输、房地产和境外经济合作。出口加工业、境外旅游业、境外替代发展等促进了沿边就业岗位的增加，对外投资也带动了边疆民族地区国际劳务输出。

4. 边民积极投身沿边开放并在沿边开放中受益

过去，当地农民就只会种地养猪，缺少其他方面的技能，从事边境

贸易没有资本，没有文化，并且不了解市场，不懂得做生意，承受不了市场风险；到境外打工语言不通，外面的情况也不了解。沿边开放对活跃口岸经济、保持边境安宁、加快边民脱贫致富和增进睦邻友好关系发挥了重要的作用。其相关行业能够吸纳大量的劳动力，为边疆民族地区劳动力提供就业空间，尤其是从第一产业转移出来的劳动力。边境贸易发展，也推动了部分农村剩余劳动力的转移，农民在小仓储、倒短、搬运等方面，获得了比种田更高的收入，成为农民增收致富的另一渠道。随着基础设施的改善，经济交往的频繁和经济合作的增多，也日益活跃，许多边民利用国家提供的优惠政策，开始从事边民互市活动，并在边民互市活动中受益。2006 年，瑞丽的边民互市进出口总额接近 1 亿美元，在瑞丽市约 10 万农村居民中，有 3 万多人参与了边民互市，几乎覆盖了全市 50% 的家庭，其中有 3000 人是常年性、专业性从事边民互市的。

四　培育新的经济增长极，继续领跑边疆民族地区经济

区域经济是按照自然地域、经济的内在联系、商品流向、民族文化传统以及经济社会发展需要而形成的经济联合体。长期以来，云南边疆民族地区经济缺少中心城市，整个区域如同一盘散沙，没有核心、没有骨架、没有关联、更没有带动。国内和国际的经验表明，充分发挥中心城市的作用是推动区域开发的关键环节。城市是区域经济的发展极，是区域生产要素和商品的聚散中心，技术和体制创新的中心，交通和信息的枢纽。市场机制、国家政策主要是通过中心城市这个载体来体现的。云南省在沿边一线形成的景洪、瑞丽、河口三个区域中心城市，一方面带动云南边疆民族地区经济高速增长，形成吸纳机制和辐射机制，使云南边疆地区内长期被封闭和沉淀的生产要素流动起来，流向发展条件较好、回报率较高的中心城市，使生产要素在流动中生财，使中心城市积累和聚集起足以增强综合实力的财富。另一方面，又形成一种示范机制，激励机制和传导机制，通过资金、技术、产业和贸易的双向流动，推动整个云南边疆经济的发展，从而实现良好的区域内循环。

1. 口岸城市是社会经济发展的引擎

在发展地缘经济的条件下，口岸城市对经济技术合作起着重要的作

第四章 云南沿边开放产生的深刻影响

用。可以说，在大湄公河次区域合作中，谁在区域内争取主动，率先启动、培育经济增长极，形成区域中心城市，谁就能抢占制高点，谁就能占据多国接合部的区域物流中心枢纽的位置，就能获得最有利的经济发展条件，就能在次区域合作中首先受益。2010 年，云南中缅、中越和中老边境口岸各项指标整体保持良好的增长态势，特别是进出口额、进出口货运量和出入境交通工具 3 项指标同比增长均在 20% 以上。2010 年，全省口岸进出口额首次突破 50 亿美元，达到 53.3 亿美元，占全省进出口额的 39%；进出口货运量突破 900 万吨，达 900.7 万吨；出入境人员突破 1900 万人次，达 1926.8 万人次；出入境交通工具突破 300 万辆（艘、架、列）次，达 323 万。[①]

（1）带动了边疆民族地区的交通建设。口岸是国际大通道与边境线的交会点，因而国际大通道建设将口岸作为交通节点、贸易窗口、出入境门户，作为道路的起始点，加大了内陆通往边境的交通建设。云南建设连接东南亚国家的主要通道：昆明—河口—河内、昆明—磨憨—曼谷、昆明—瑞丽—仰光、昆明—腾冲—密支那等在境内基本已经实现公路高等级化；通往越南的泛亚铁路东线和通往缅甸的泛亚铁路西线已经在建设中；澜沧江—湄公河国际航道整治后，通行能力大大提高，红河航运、中缅陆水联运已经具备开通条件；在边境地区已经有西双版纳、芒市等机场。

（2）推动了边疆民族地区的城市化进程。随着口岸经济的发展，大量货物、人员、车辆在口岸地出入带动了当地第三产业发展，对物流、商用和民用房地产、餐饮酒店等产业有较大的拉动能力，推进了口岸地的城市化进程。瑞丽市十年来城市化进程与口岸经济发展息息相关，目前，城市化率达 41.3%。红河州抓住"两廊一圈"建设机遇，在口岸地建立农产品交易市场、批发市场等，提升了河口城市化层次。口岸城市的区位优势与中心城市的资金、技术、人才一旦紧密结合，各扬其长，各补其短，既可带动沿边几个县的经济建设，又可促进经济腹地的发展，形成双向辐射、双向带动的态势。

---

① 《云南口岸：合力构建大通关》，《云南日报》2011 年 7 月 6 日。

(3) 加强了边疆民族地区的产业发展实力。口岸的交通、贸易、旅游、餐饮酒店的行业普遍发达，通过口岸贸易，实现了对加工经济的带动，还带动第三产业大发展。以旅游业为例，瑞丽、景洪、河口、打洛等地的旅游业均受口岸经济影响，大力发展边境跨境旅游，促进了与其他旅游资源的联动发展。口岸的开放与发展，有力地推动了边境沿线地区的社会经济发展，大大加快了这些地区的脱贫致富，改善和提高了人民生活水平。

2. 口岸城市成为新的经济增长极

经过多年的发展，云南省在参与大湄公河次区域"国际旅游圈"和"边境贸易圈"等合作中，都进入了口岸开放的体系，在强化口岸国际交流的基础上，实现了优势互补。云南省已经培育出景洪、瑞丽、河口这三个区位优势明显、经济技术基础较好的口岸城市，构筑起区域合作的战略支点，形成区域性的经济枢纽，肩负起组织、发展经济的核心作用。可以预期，按照市场经济规律参与次区域合作，景洪、瑞丽、河口一定能成为我国沿边开放更具特色、更富活力的口岸城市。

表4-3 云南口岸进出口增长

年份	进出口额(亿美元)			进出口货物(万吨)			进出境人员(万人次)		
	进出口	出口	进口	进出口	出口	进口	出入境	出境	入境
2004	15.48	10.49	4.54	405.7	187.0	218.6	1399	710	689
2005	20.98	12.36	8.61	431.4	180.2	251.1	1451	729	721
2006	26.89	19.18	7.70	459.9	210.3	249.5	1467	739	728
2007	32.71	24.51	8.20	651.0	294.2	356.7	1540	778	762
2008	31.12	22.11	9.01	465.2	197.4	267.8	1618	815	803
2009	40.62	24.87	15.75	633.9	223.0	410.9	1782	886	895
2010	53.32	35.90	17.41	900.6	251.8	648.8	1925	959	965

资料来源：《云南商务发展报告》2004~2010年各年。

(1) 瑞丽：中国边境陆路的明星口岸。经过多年的打造，瑞丽取得了显著的经济效益和社会效益。贸易形式从过去单一的边境贸易、边民互市扩大到一般贸易、过境贸易、转口贸易等多种贸易形式；经贸合作领域从过去单一的进出口贸易，扩展到双向投资和服务贸易。经贸合作

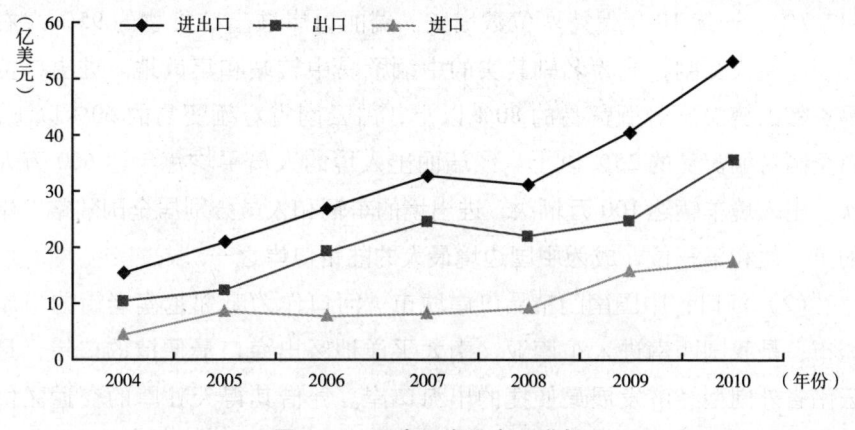

图 4-1　云南口岸进出口增长

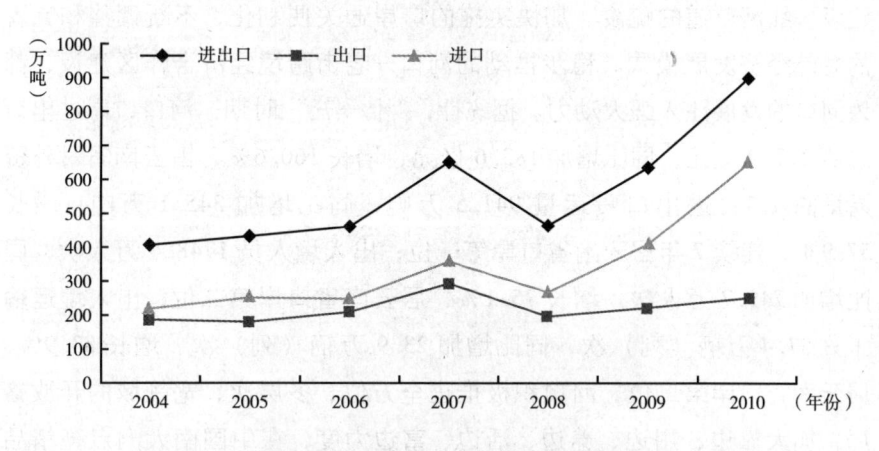

图 4-2　云南口岸货物进出口增长

领域的扩大、贸易形式的创新，极大地促进了中缅贸易额的增长。瑞丽已成为我国西部开发吸引投资的新亮点，到 2010 年成功引进开发建设项目 153 个，引进国内资金 25 亿元，利用外资 500 万美元。区内各种所有制实体从 2000 年的 508 户，发展至 2010 年的 2304 户；税收由 2000 年的 160 万元增至 2010 年的 4166.5 万元。10 年间，瑞丽已发展成为云南省软硬环境优、对缅贸易额高、货物吞吐量大、出入境人员多的一个重要边境口岸，大量的人流、物流、资金流、信息流集聚瑞丽，瑞丽已发展成为集贸易、旅游观光、购物等为一体的旅游胜地。经瑞丽口岸的进出口贸易总额从 2000 年的 15.2 亿元增加到 2010 年的 83.25 亿元，增长

547.7%，连续10年保持两位数增长。瑞丽口岸进出口货物的95%左右在瑞丽完成交割，成为名副其实的中缅贸易中转站和集散地。进出口贸易总额占德宏州对缅贸易的80%以上，占云南省对缅贸易的60%以上，占全国对缅贸易的25%以上。经瑞丽出入境的人员平均每年达600万人次，出入境车辆达100万辆次，进出境的车辆和人员分别居全国陆路口岸的第一位和第三位，成为中国边境最大的陆路口岸之一。

（2）河口：中国南门精品口岸城市。河口作为毗邻越南老街的口岸城市，是我国西南进入东南亚、南太平洋地区出海口最便捷的口岸，是云南省外向型经济发展最便捷的出海口岸。凭借其得天独厚的交通区位优势，近年来愈发成为中国企业拓展东南亚市场的"前沿"。泛亚铁路的建设、红河航道的疏浚、加快实施的口岸通关便利化、不断调整和完善的对外经济发展模式、稳步推动的河口—老街跨境经济合作区建设，都为河口的发展注入强大动力。据统计，"十一五"时期，河口口岸进出口总值297.9亿元，同比增加183.6亿元，增长160.6%，占云南省对外贸易量的1/7；进出口货运量941.5万吨，同比增加345.1万吨，增长57.9%，连续7年居云南省口岸第一位；出入境人员1748.4万人次，同比增加749.7万人次，增长75.1%，居云南省口岸第二位；出入境运输工具57.4万辆（列）次，同比增加23.9万辆（列）次，增长83.9%，居云南省口岸第二位。河口积极推进全方位、多层次、宽领域的开放格局，加大靠边、用边、养边、活边、富边力度，在中国南大门点亮精品之城。河口外（边）贸企业累计对越投资已突破1亿美元，投资领域主要有水泥厂、矿产开发、黄磷厂、空调组装、水电站项目等。其中，河口昆钢矿业公司在越南投资的贵沙铁矿开采项目已取得了良好效益，每年向国内输送铁矿60万吨以上；云南电力集团有限公司与越南第一电力集团公司合作，通过河口110千伏、220千伏两条变电线路向越南输送电力，开创了中国向国外大规模输送等级电的历史。2004年9月至2010年12月，经河口口岸输往越南的电力累计达97.8亿千瓦时、价值35.2亿元。[①]

[①] 《河口：精品口岸城市中国南门绽放》，《云南日报》2011年3月23日。

第四章 云南沿边开放产生的深刻影响

（3）景洪：大湄公河次区域的枢纽城市。景洪是西双版纳州的政治、经济、文化中心。目前在西双版纳州已形成以景洪为中心的口岸群，景洪市内有景洪港和西双版纳机场两个国家级口岸，东面有通往老挝、泰国的磨憨陆路口岸，西面有通往缅甸的打洛陆路口岸。是云南省对外开放、走向东南亚的一座重要的枢纽城市。景洪有60余条边境通道，其中9条公路直通老挝、缅甸，通过水路、陆路、空中均可直达泰国，在大湄公河次区域合作中发挥不可替代的特殊作用。景洪在中国云南—老北、泰北合作机制的框架下，推动建立"中老泰边境地区六方合作会议制度和联络制度"，把"六方合作会议"建成六方友好往来、交流磋商、深化合作、共同发展的平台，把中老泰边境地区打造成"边境贸易圈"和"国际旅游圈"；"景洪边交会"已成为次区域合作中较有影响力的国际品牌。"四个基地"（即物流基地、商贸基地、加工基地和现代服务基地）建设加快，建立了服务网络体系和物流集散服务体系；中国磨憨—老挝磨丁跨境经济合作区促进进口增长，磨憨进出口贸易加工园区、景洪工业园区和勐海工业园区发展来料加工贸易，形成外向型加工经济优势，促进人、物、资本、技术、信息的双向流动等。滇泰合作建设景洪工业园区，云南将提供更优惠的条件，为泰国企业创造良好的环境，重点发展以高新技术及生物技术产业、制药业、橡胶深加工、精细化工、轻纺工业、绿色食品及茶叶加工、包装和彩印业、旅游新产品、进出口新产品加工业和现代物流配送中心十大产业为主导的新兴产业，景洪工业园区成为有东盟和澜沧江—湄公河文化背景的，具有国际化、现代化、生态化特色的新型工业园区。

第三节 沿边开放对中国的影响

在我国2万多公里的边境线上，云南具有不可替代的战略性地位，是多重机遇的交织点，沿边开放带有"破局性"和"全国性"的特征，具有"牵一发而动全身"的作用。进入21世纪后，我国对外的内外部环境都发生了重大变化。一方面"冷战"结束以后，地缘经济在国际关系中发挥着越来越重要的作用，经济利益的日益融合使国家间的相互依存越来越深，相互依存使国家间的经济合作成为可能。另一方面中国已经开始从单纯的"扩大对外开放"转向"建设开放型经济"。中国参与国际分工的方式、层次和特点也将随之进行调整、拓展和提升。中国先后提出了"周边是首要""安邻、富邻、睦邻"，并制定了"以邻为伴、与邻为善"政策，充分体现出中国对外开放的新特点、新趋势。通过长期的区域经济合作，在云南已初步形成了以周边为基础、大湄公河次区域为核心、涵盖东盟多层次的区域性国际合作框架。

一 沿边开放进一步改善了中国的周边环境

中国与周边国家复杂的社会结构和传统的观念决定了双方的现代化将是一个异常艰巨复杂的过程。为了最大可能地把精力和资源致力于本国的经济和社会发展，中国与周边国家不仅需要保持国内社会、政治的和谐与稳定，而且需要营造一个良好的国际和周边安全环境。历史表明，地理接近的国家，如果相互合作，使它们获得的利益更大，如果彼此对抗，则带来的灾难更大。在今后相当长的时期之内，无论是中国还是周边国家，具有压倒性的战略需求是本国社会、经济的发展和安全、稳定的国际环境，这是双方最根本、最重大的国家利益所在。这种具有压倒性的战略需求将在很大程度上抑制着双方局部利益和短期利益上的冲突。

1. 改善我国的周边安全环境，构建在和谐周边

从地缘政治看，周边国家是我国安全的屏障，从地缘经济看，周边国家是我国的主要合作伙伴，从自然环境看，中国与周边国家同处一个生态循环系统。次区域合作是按照地缘的经济联系、商品的流向、区域特点、国际分工，来寻求跨境民族共同利益和提升开放型经济互动规律。云南与周边国家一起努力，建立良好的周边环境，营造出大小国家和平共处的地区政治环境，普遍繁荣的地区发展环境，持久稳定的地区安全环境和更加多姿多彩的人文环境，为确保实现国家长期战略目标营造良好的地缘政治环境。

云南充分发挥比较优势，加快建设与东南亚之间的物流、人流和信息流大通道，积极把国内省内商品推出国门。通过对外贸易、对外投资、合作开发等方式，扩大省内和国内短缺资源性产品的进口，营造稳定的

第四章 云南沿边开放产生的深刻影响

周边资源供应渠道；加快外经融资担保机制建设，切实帮助企业解决好贷款、融资困难问题；深化企业改革，整合优势资源，切实增强企业承揽国际工程项目的能力，云南外经企业承接了周边国家很多公路、桥梁、电站、工业及民用建筑工程的建设；进一步完善政策，鼓励和支持企业到海外进行投资，促进企业在更大范围内进行专业化、集约化和规模化的跨国经营；以"替代种植"为基础的周边农业合作成为云南省企业"走出去"的新亮点。这一合作项目带动了当地经济社会的发展，促进了当地老百姓弃种罂粟，拓宽了我国农业发展的空间，与周边国家实现了互利共赢，为贯彻我国富邻、安邻、睦邻的外交政策做出了积极的贡献；不断加强高层互访，拓展对外交流渠道，推动建立更多的友好城市关系，促进民间文化交流与合作，切实为国家总体外交服务。

2. 改善我国的对外关系，维护我国能源安全和经济安全

云南的沿边开放只有从国家战略的层面，从经济、政治、外交、军事等方面综合来看，才能全面深刻地把握其重要意义。周边国家是我国进入印度洋地区的跳板，是我国面向东南亚、南亚大市场的支点，是我国面向重要资源和能源的重要依托。它对中国实施面向大市场、面向大周边、面向重要资源和能源的互利共赢战略有其深远的意义。打通印度洋通道，优化我国对外贸易通道，可以改变中国与印度洋相近却不相连的现实。目前，我国进出口货物总运量的 50% 需绕道马六甲海峡进入印度洋，开辟通过云南经缅甸到印度洋的陆上通道，比经海路绕道马六甲海峡缩短运距约 3000~5000 公里。同时，推进与缅甸、孟加拉国、印度的深度合作，将从面向太平洋开放拓展到面向印度洋开放，构建更加平衡的开放体系，从而在太平洋与印度洋之间形成一个新兴的经济增长带，降低过度依赖东向太平洋地区开放的经济风险，优化我国的对外开放格局，为我国进一步拓展国际市场创造有利条件。

确保能源安全是国家安全战略的核心考量，当今世界，石油、天然气和水资源等成为激起诸多国际国内矛盾的重要因素。由于国内能源供给不足，我国能源对外依赖程度提高，石油的对外依存度逐年加大，每年需进口石油 1.5 亿~2 亿吨，且进口渠道单一，运输主要依靠外轮，能源安全问题已经成为经济发展中必须面对、无法回避的问题。中缅管道无疑为我国能源安全开辟了一条新路，可改变我国传统的能源运输方式，降低我国能源进口的集中度。可大力开展便捷、高效、可靠的陆上运输，以缩短运距、减少运费、加速货物运转，降低物流成本。

二 沿边开放加快了中国全方位开放的进程

西部的问题关系到整个国家的发展大局。按照经济学木桶理论，木桶盛水量的多少并不取决于桶壁上最长的那块木板，而恰恰取决于最短的那块木板，短板往往决定着整个组织的水平。尽管西部地区近年来得到了长足发展，但从全国看仍是短板。2009年西部人均GDP、城镇居民可支配收入、农村居民纯收入分别只有东部地区的45%、68%、53%，属我国较落后的地区，区域发展不平衡、不协调的问题十分突出，是全面建设小康社会的难点和重点。因此，缩小西部与东部发达地区的差距，促进区域协调发展，实现共同富裕，不仅是紧迫的经济问题，还是重大的政治问题，事关整个国家全面、协调、可持续发展大局。

1. 沿边开放构建了和谐、稳定的边疆

当代中国的发展与开放分不开，没有开放就没有西部进一步的开发，以大开放带动大开发，是深入推进西部大开发的必然选择。从中国—东盟自由贸易区实施的情况来看，市场开放、资源配置有向产业集中、偏斜的倾向。产业合作要大于地缘合作，自由贸易区对产业带的效应比边境地区更大。云南边境地区经济发展很快，但以出口加工区或"区港联动"等为依托的中国东部沿海产业带发展更快，2010年中国与东盟贸易额2927亿美元，云南省与东盟贸易额仅有45亿美元，占中国与东盟贸易额的1.53%，沿海地区的产业带仍是自由贸易区的直接受益者。沿边开放使云南由对外开放的"末端"变为"前沿"，将推动西南地区更好地利用两个市场、两种资源，形成以开放促改革促发展的新动力，为西部大开发提供了强大的产业支撑，增强发展动力，为我国下一轮经济高速发展培育新的增长点。

沿边开放促进边疆民族地区的社会稳定。西部是国家的战略要地，是经济腹地，也是国家长治久安的关键的地域所在。没有西部的和谐就没有全国的和谐，没有西部的稳定就没有全国的稳定。西部地区是国家

第四章 云南沿边开放产生的深刻影响

安全的重要方面，直接影响着国家安全和发展战略纵深挺进。深入实施西部大开发战略，推进少数民族地区跨越式发展，巩固和发展平等团结互助和谐的社会主义民族关系，不仅有利于巩固民族团结、边疆安全的好局面，还有利于维护国家主权、安全、发展利益，维护祖国统一、边疆稳定和国家长治久安。西部是少数民族聚居区、边疆地区和相当部分的贫困地区，民族文化多元交汇，宗教问题比较复杂，稳边任务相当繁重。沿边开放充分利用区域优势，扩大了与东南亚的经贸合作，可改善民生，提高各族人民生活水平，共享发展改革成果，对促进民族团结、社会和谐与维护边疆稳定具有重要的战略意义和现实意义。

2. 沿边开放改变了中国单一的沿海开放战略

21世纪以来，中国紧紧抓住全球化带来的机遇，促进中国实现了快速经济增长。但全球化的机遇对中国的各个地区是不均等的，全球化的挑战对各个地区也是不相同的。发展水平、区位条件不同的各个地区如何应对全球化的机遇和挑战，还是一个没有解决好的新课题。从目前的情况看，可以说东部沿海地区已经找到了这样的一条道路，那就是加大开放、引进外资，通过加工贸易融入全球生产体系，成为全球价值链中的一个环节。通过价值链的不断提升，提高工业化水平，增强财富的积累能力。但是，这条道路有许多限制条件，比如必须具备优越的区位条件和投资环境，这是西部地区所欠缺的。所以，即使东、西部地区都享受相似的政策，付出相应的努力，但结果会大相径庭，沿海珠三角、长三角、环渤海湾三大经济区域，吸引了全国外资的近80%。一直以来，我国外贸出口均以欧美日市场为主攻方向，但是随着金融危机的不断深化，欧美日市场严重萎缩，中国亟须开拓新兴市场。东南亚、南亚有很大拓展空间，有的经济刚刚起步，有的市场比较单一，正需要有对路的商品去填补市场空白。沿边开放的实施有利于落实"以邻为伴、与邻为善"的外交方针，增进我国与周边国家的相互信任和长期友好，确保实现我国的长期战略目标。这在一定程度上可以弥补欧、美、日经济不景气带来的外贸缺口。

长期以来，中国一直实施着单一的沿海开放战略，尽管取得了很大的成效，但中部和西部的对外开放进程缓慢，东、西部的差距越来越大，

— 199 —

要逐步缩小地区差距、需要实施全方位开放。同时，单一的沿海开放战略已经不能满足整个国家经济社会发展的需要了，1997年的亚洲金融风暴、2008年的世界金融危机使我国的对外贸易受到很大影响。还需另辟蹊径、加快西部地区向西开放的进程，拓宽合作领域，寻找新的贸易伙伴，实施多元化的对外开放战略。例如，云南省加快了与东南亚的经贸合作，2001年，云南省与东盟的贸易额为7.08亿美元，2011年达到59.5亿美元，仅10年的时间就翻了三番多；年均增长23.7%。沿边开放虽然仅是中国向西开放的一条途径，但它的意义远不是一条简单的途径。它由单一的东部沿海地区开放向沿海、内陆、边疆共同的全方位开放转变，由过去的向东太平洋地区扩展到向西的印度洋地区，加强与东南亚、南亚乃至整个印度洋地区国家的经贸合作，将为中国在其开放过程中实现灵活应变的战略提供极大的便利，同时，它将进一步增强我国的战略地位。

3. 沿边开放为中国实施"走出去"战略拓宽了空间

进入21世纪后，我国人均GDP达到了1000美元，到2010年达到了4000美元，标志着经济进入一个高速增长期，但同时也预示着我国经济发展将面临严重的资源短缺约束。我国钢铁产量的50%、铜产量的60%、铝产量的48%、铅产量的30%、锌产量的20%是进口原材料生产的。过度依赖国外资源将使中国经济面临更大的不确定性或风险。资源禀赋决定了我国必须扩大利用海外资源的规模，但在获取海外资源供给方面，我国面临两个问题：首先是自然资源丰富的发展中国家多半资本短缺，经济发展滞后，无力开发其丰富的资源产品并供应中国市场。其次，许多发展中国家的自然资源开发项目掌握在西方财团手中，为了最大限度地获取利润，它们向我国供应所需资源的数量、价格未必符合我国的期望，从而使我国下游产业承受不确定的风险。2003年中国的铁矿砂进口量近1.5亿吨，已经超过日本，已买进世界铁矿砂可贸量的30%，如有价格波动，将会对我国经济产生很大的影响。从战略的高度来认识对外直接投资的必要性和紧迫性，中国必须统筹国内发展与对外开放，充分利用国内国外两个市场、两种资源，拓展发展空间，积极主动地做好对外开放各项工作，增强参与国际合作和竞争的能力。因此，适应新的形势,提高对外开放的水平,中国把获取经济发展过程中所需的资源作为中国与周边国家经济合作的主要战略选择,在方式上要改变过去以贸易为主获取资源为以投资为主获取资源,通过跨国生产经营,建立起境外生产体系,形成相对稳固的原料来源。这样,一方面可以发挥我们在技术、人才等方面的优势;另一方面可以构建起自身的资源保护屏障,有了打破"瓶颈"制约,抵御国际原料市场波动的生存和竞争底线,就能"任凭风浪起、稳坐钓鱼船"。

沿边开放为中国全方位开放、全方位利用国外资源、全方位开拓国际市场创造更好条件。周边国家资源丰富,然而由于地理条件复杂,交通不便又与世隔绝,在落后的生产方式中,资源开发利用程度极低,致使经济发展长期停滞不前。云南在历史上就已形成与周边国家的经济往来,许多少数民族跨境而居、姻缘相通、语言相同、宗教信仰一样、风俗习惯相似,形成隔不断的地缘、亲缘关系。由于地理位置邻近,加大对这一地区的开发,在一定程度上可减轻交通运输对经济增长和商品贸易的压力,使投资和贸易活动中的运输、通信等费用降低,从而大大节约交易成本。这不仅符合运距最短的生产力配置原则,也是提高国家宏观经济效益的重要途径。从合作的角度看,中国对外直接投资,实施境外资源开发或跨国并购,使这一地区自然资源和劳动力丰富的有利条件与外部其他生产要素相适应。为周边国家提供其缺乏的资本、技术和管理经验,促进当地熟练劳动力和管理人员的成长以及劳动力资源的开发。

三 沿边开放丰富和充实了中国与东盟合作的内涵

"冷战"结束以后,地缘经济在国际关系中发挥着越来越重要的作用,经济利益的日益融合使国家之间的相互依存越来越深,相互依存对国家之间的行为产生了一定的制约作用,从而使经济合作成为可能。要真正实现中国与东盟经济的快速发展,都离不开双方更加自由、便利和开放的贸易、投资安排。推进制度化和市场化的合作,减少和消除贸易和投资障碍,既有利于双方共同发展和优势互补,也有利于双方在国际分工中形成更合理的地区产业体系,促进经济结构调整和技术进步。只要双方都抱有加强合作的真诚愿望，就没有解决不了的问题。沿边开放不仅丰富和充实了中国—东盟合作的内容，拓展了中国—东盟自由贸易区的合作空间，深化和充实了中国—东盟战略伙伴关系，最为重要的是充分把握了中国—东盟自由贸易区的发展趋势，顺应了中国—东盟自由贸易区深入推进的内在客观要求。它不仅有利于推进中国与东盟更紧密的合作，为双方的经济发展创造互惠双赢的局面，而且对于促进彼此之间的繁荣与发展，维护该地区的安全与稳定，提高亚洲国家在国际上的政治地位也具有积极的作用。

1. 构建起中国与东盟合作的桥梁

综观改革开放以来云南对外开放战略思路，在不同阶段，战略重点各有侧重，但以周边国家为重点的基本思路贯穿了云南对外开放的各个阶段，全省自从20世纪90年代初以来，就在持续不断地推动着面向东南亚的国际次区域合作，使云南成为中国连接东南亚的国际大通道，成为中国与东南亚开展经贸合作的前沿地带。云南与GMS其他成员国一起，进一步消除GMS贸易投资障碍，营造便利快捷的环境。在亚洲开发银行及其他国际金融机构的支持与协调下，重点开展海关、检验检疫、贸易物流、商务人员流动和信息平台建设5个GMS贸易便利化优先项目；继续加强各国间的政策协调，切实实施《贸易投资便利化战略行动框架》和《便运协定》。

（1）云南成为连接中国—东盟两大市场的交通枢纽。云南出巨资打通了与外界的联系，公路、铁路、航空、水运等不断取得新进展，基础设施改善明显。云南省已全面建成从昆明直达缅甸、老挝、泰国和越南的干道公路，昆曼国际大通道的全线贯通，为实现中老缅泰四国货物转口运输便利化打下了坚实的基础。昆明已开辟了与本区域各国重要城市间的定期航班，初步成为中国与本区域各国之间的航空集散中心。云南省配合中国电信进行了昆明至邻国大容量光缆及传输通道的建设，昆明区域国际出口局已建成并投入使用，昆明成为本区域信息高速公路交换中心。

（2）云南成为连接中国—东盟两大市场的合作平台。云南是中国与东盟交往中两个扇面的接合点，一个是东盟的扇面，一个是国内大陆的扇面。"中国昆明出口商品交易会""中国国际旅游交易会""中国昆明国际旅游节"使云南成为中国与东盟合作的平台。云南全面汇集我国和东盟各国的经济发展信息、产业信息、产品信息、投资信息及合作信息等,为扩大和深化双方的了解、交流与合作提供优质的服务。云南加快现代物流业发展,已成为集运输、仓储、装卸搬运、配送、加工、包装、信息服务等功能齐全的现代化国际物流中心。

2. 转变了中国与东盟合作的方式

中国与东盟的国家合作应当是全方位、多内容、深层次、紧密性的国际经济合作,沿边开放重点是在更大范围内整合资源,实现产业和贸易的合理分工,目标是充分发挥相对优势,构建次区域合作新格局,在互利共赢的基础上实现共同发展。这有利于区域内资源共享,促进产业转移与合理分工;有利于扩大区域市场和经济发展的空间,创造新的、更多的经济增长点;有利于区域内各国充分发挥比较优势,互补互利,合力提升本地区的整体竞争力;有利于共同吸纳与更合理地运用国际资本和外部资源,促进在更高水平、更深层次上的国际经贸合作。进一步丰富和充实中国与东盟合作内容,促进中国与东盟整体合作的深入发展。

中国与东盟国家的经贸关系主要是靠贸易来维系的,今后,利用传统的贸易政策与措施来刺激经济合作的余地会相对狭小。云南沿边开放是以加快区域经济一体化为目标,使中国与东盟的合作由单纯的扩大贸易向区域经济一体化转变。一体化是区域经济联合与协作模式的高级阶段,也实现区域合作的必由之路。只有加快区域经济一体化进程,才能消除阻碍货物与服务的自由贸易及生产要素自由流动的一切障碍,消除成员国间一切以国籍为依据的歧视政策和措施,从而保证生产要素的自由流动与优化组合以及货物与服务贸易的自由进行。沿边开放要求各方在经济政策上实现一定程度的统一,消除贸易投资壁垒,消除商品、要素、金融等市场的人为分割和限制,把各方的经济融合起来形成一个区域性经济联合体;按区域经济原则,统一开发区域资源,统一分工协作关系,建立统一的大市场,统一对外开放政策,联合开发和占领市场,提高竞争力,形成一个利益命运共同体,实现共同的发展目标。

3. 提升了中国与东盟合作的层次。

沿边开放以来,云南省始终按照发挥沿边优势、突出两亚(东南亚、南亚)重点、活跃对外交往、实现共同双赢的基本思路,坚持把扩大对外开放作为带动全省发展的大战略来抓,深入实施"引进来"与"走出去"相结合的对外开放战略,经过不断的探索实践,逐步形成了"三为主"和"三转变"的基本特点。"三为主"即"走出去"的国家以东盟10国为主,东盟10国中以次区域5国为主,次区域5国又以接壤的缅甸、老挝、越南3国为主。"三转变"即从单一的国有企业向多元化经济主体转变,从贸易企业为主向生产企业为主转变,从单纯的引进外资为主向对外承包工程、劳务合作、设计咨询等多种形式转变。加快建设沿线经济走廊,打通联结中国与中南半岛的陆路主通道,为中南半岛国家与中国开展合作架起了新的桥梁,使中国与东盟之间的经济合作更加紧密和广泛。有利于进一步拓宽中国与东盟国家经贸合作的渠道、加强这个地区经济的交流与合作,提高相关各国的经济活力和效益。通过经济的联结,扩大中国更多省份同该地区更多国家的联系与合作,特别是中国东部发达地区的企业进入这一区域开展对外投资、产业合作、农业开发、工程承包等,为合作注入新的活力。以沿线重点城市和跨境合作为依托,吸引产业、物流、专业市场的集聚,以点带面,逐步形成贯通中国与东盟的新兴经济增长带。

大湄公河次区域合作在初期的核心任务是减贫,随着合作的深入,其合作的任务也在不断扩展到资源的开发、市场的融合、经济共同体的建设。在减贫的过程中需要富裕地区和相对贫困地区形成互动,以产生更多投资和开发机会。沿边开放把 GMS 合作性质从"南南合作"(相对落后地区之间的合作)提升为"南北合作"(相对发达地区与相对落后地区之间的合作)。随着昆明—曼谷—新加坡经济走廊的建设,构筑了一条中国发达地区(珠三角)和东盟发达国家(新加坡)与东盟相对落后的中南半岛陆上东盟国家之间的经济合作大动脉、陆上合作的经济走廊。将有力地促进发达地区与相对落后地区的互动、交流与融合,促进中国发达地区通过云南更快更方便地进入中南半岛开展对外投资、产业合作,使中国与东盟的全面合作关系在实施的层次上大大推进了一步。

第四节 沿边开放对周边国家的影响

云南贸易伙伴由开放初期的 10 多个国家和地区发展到现在,已经有 130 多个国家和地区,但首要的地区始终在沿边和近邻国家。东南亚国家与云南毗邻或接近,经济互补性较强,发展面向周边国家的经济合作,既是进出口市场多样化的客观要求,也是扩大对外开放的现实需要。沿边开放具有的"地缘"特点,地缘经济已成为世界经济一体化和区域集团化在地域表现上的一种特殊形式,优先选择与我国政治关系好、经济合作意愿强、地缘关系紧、与我国有较强经济互补性的周边国家和地区开展全方位合作是云南的优势。世界金融危机使中国与周边国家的经济联系日益紧密,经济利益的日益融合,使国家之间的相互依存越来越深,使国家之间的经济合作日益紧迫。凭借地缘的优势,提升地缘政治、地缘经济、地缘生态、地缘交通、地缘文化、地缘血亲,拓宽合作领域,促进邻国之间互补性要素流动与重组增值,有效地推动相关国家的开放和开发,带动整个地区的经济与社会发展。

一 云南在 GMS 的区位优势日益凸显

大湄公河次区域各国开展的全方位经济合作中,在基础设施建设、贸易投资自由化、人力资源开发和环境保护等领域开展了 100 多个合作项目,对次区域各国的经济社会发展发挥了重要的推动作用。GMS 在交通、能源、通信、金融、农业、旅游、贸易、投资、环保、人力资源、禁毒和"替代种植"等多个领域的合作已经取得较大突破与进展。各国根据自身独特的地域特点,突出重点、注重实效、统筹兼顾、协调推进,更深更广地融入区域合作中并取得了丰硕成果。GMS 已经成为中国与东盟国家合作中进出最为方便快捷、开展重大合作项目最多、成果最为显著、最具吸引力的地区。

1. GMS 合作的主轴线已初步形成

昆曼经济走廊是泛亚铁路的中线,也是中国—东盟自由贸易区的陆上主要经济走廊。一轴连五国的泛亚铁路中线纵贯云南到中南半岛,是中国—东盟合作的脊梁,贯连国家多,辐射范围广,并可辐射至走廊没有经过的缅甸、柬埔寨、越南以及印尼等东盟海岛国家。随着中国与东盟的合作不断深入,昆曼经济走廊作为中国与东南亚陆上联结的纽带,以其独特的地理位置、丰富的自然资源、良好的合作基础和广泛的发展前景,日益受到各方的关注,在共赢发展的基础上,推动该区域合作与开发的要求也日益迫切。这条南北经济走廊可使中国与东盟之间的联系更为紧密。它可以将中南半岛目前发展不平衡,而显得有点支离破碎的大陆串成一体,并极大地推动中南半岛的经济、文化发展,必将重塑中国—东盟经济地理。

(1) 凭借昆曼经济走廊拉近了GMS经济距离。大大提高了中国和GMS的经济往来。经济走廊把中国与GMS从经济层面上更加紧密地连为一体,距离一下子就缩短了,有利于生产要素更好地流通,降低物流成本、加快人员流动,使信息和经贸交流更加密切;中国与东盟之间的经济联系更加紧密。云南与泰国的贸易从2001年的0.43亿美元,发展到2011年的7.2亿美元,10年的时间增长了15倍,年均增长32.5%。经济走廊促进区域经济协同发展一体化,对GMS市场整体化和贸易一体化起到质的推动作用,促进区域发展的转型,各国不仅是相互竞争,而是形成优势互补、合理分工、相互合作的格局,极大提升GMS的凝聚力、向心力、经济实力以及区域竞争力。

(2) 凭借昆曼经济走廊促动GMS聚合效应。昆曼经济走廊具有巨大运输能力,成为本地区经济发展的重要转折点和推动本地区各国之间经济贸易高速发展的重要因素,催生一批新的产业。一是由于走廊为沿线提供了良好的基础设施,将带动沿线的资源开发,特别是云南、老挝丰富的农林资源、矿藏资源、水能资源和旅游资源的开发。二是由于走廊使GMS的物流运转大大加速,必将带来国际贸易、国际物流、国际旅游、国际金融等产业的快速发展,可以在中南半岛形成一个日趋繁荣的、辐射力强的经济走廊。特别是对以农业经济为主的老挝而言,经济走廊带来的社会效益已远远超过通道本身运营所带来的收益。

2. 中国通往印度洋的陆路通道初见端倪

从云南经缅甸进入印度洋的经济走廊,是泛亚铁路的西线,是中国进入印度洋最便捷的通道，也是中国连接南亚、东非等印度洋沿岸国家的陆上桥梁。云南地处印度洋孟加拉湾和太平洋北部湾两端之间，可以起到一条"桥梁"连通印度洋北部湾和太平洋孟加拉湾两个海湾的作用，具备大陆桥运输的功能。通过桥梁作用，使孟加拉湾周边国家和北部湾周边地区形成紧密的经贸合作关系，促进相互间的经济社会快速发展，可以极大地促进世界贸易发展，进而形成地跨两湾，辐射印度洋和太平洋周边地区的区域经济合作态势。加快云南与缅甸的铁路、公路、水路建设，尽快形成综合的交通运输体系。构成云南连接缅甸，通往印度洋，连接南亚地区和印度洋沿岸各国的经济主轴线，打造出中国新的西向贸易通道，将大大拓宽周边国家经济的发展空间和改善对外关系。

（1）印度洋通道为印度洋地区的经济发展创造了良好的环境。多年来，我国的对外贸易严重依赖欧、美、日市场，随着我国贸易的扩大，贸易摩擦不断增多。印度洋地区的非洲、西亚、南亚是世界上发展中国家最集中的地区，是一个约有20亿人口的大市场，与我国在资源结构、产业结构、市场结构等方面存在着较大的差异性，以更便捷的通道沟通印度洋地区，能创造一种很强的互补性，从而构成数个充满活力和生机的区域市场，这就为印度洋地区的经济发展提供了广阔的市场空间，有利于增加我国与印度洋地区贸易额，实现进出口市场多元化，而且在一定程度上有利于形成统一的区域性市场，规避外部风险。

（2）印度洋通道重构中国—印度洋经济地理。中国西南地区与印度洋地区距离较近，但一直没有进入印度洋的陆上通道。当今，世界贸易中心正从大西洋移往太平洋，今后，还将向印度洋推移。随着印度洋地区经济的迅速增长，越来越需要开拓亚太市场，需要到亚太地区寻求贸易伙伴、选择投资对象。太平洋地区与印度洋地区的相互依存、相互合作、相互促进越来越明显。如果说印度洋地区是一个装满宝石的匣子，那么，开辟通往印度洋的出海通道就是开启这个匣子的钥匙。中国加强与印度洋地区的合作，各展所长、优势互补，必将带动中国与印度洋地区经济合作的全面展开，使更多的发展中国家参与国际分工并分享国际分工带来的利益，促进广大发展中国家的共同发展。

3. 中国西南最便捷的出海通道即将形成

中越两国达成共识，将联手打造"昆明—河内—海防国际经济走廊"。这是中国打通东南亚经济通道的重要步骤，按照双方讨论的合作框架，滇越经济走廊建设的第一步是建立中越之间相应的交通网络，带动相关省份的经济发展；第二步是建立中国与整个东盟的大交通网络，推进各项目深入合作。这一筹划中的交通网正把云南与越南联系在一起，而未来一条更大的交通网将会把中国同东南亚联系到一起。

（1）滇越经济走廊将成为沟通中国西南与东南亚的桥梁。云南是连接越南和中国西南地区的桥梁，越南也是连接包括云南在内的中国西南地区和东南亚地区的桥梁。[1]泛亚铁路东线把沿线的经济资源整合起来，构成西太平洋沿岸的快速增长带，不仅亚太地区的大量资本会流入该地区，还有很多适用的中国技术和设备也会进入该地区。一些重要的城市如昆明、河内等是走廊上的增长极，会带动沿线河口、蒙自、开远、石屏、建水、个旧、宜良、弥勒、通海、石林等一批城镇的发展，加快城镇化进程，加速沿线地区与国际社会的接轨。随着"两廊一圈"区域合作，云南在中国的对外开放格局中特别是在与东盟的合作中更显得举足轻重，云南将成为中国与东南亚之间的交通枢纽；成为中国与东盟交流合作不可替代的平台。

（2）滇越经济走廊拓宽合作领域。云南与越南在自然资源、资金、技术、劳动力及管理水平等方面具有很强的互补性。滇越经济走廊将突破"贸易主导"或单一的"通道经济"成分，合作开发沿线资源，可在更广阔的范围内实现资源的优化配置。例如，在金属冶炼方面，越南西北部有许多矿藏资源尚待开发，如铁矿、铜矿、铅锌矿、锑矿等；而云南省已形成了集勘探、采矿、选矿、冶炼、加工、设备制造综合配套的产业体系。又如，越南经济发展已受到电力供应不足的严重制约，而云南可以做到长期、持续、稳定地向越南输电。在这些方面，滇越经济走廊有更大优势，加强合作开放的力度，实现双赢，打造产业集群，实现

---

[1] 越南驻昆明总领事阮洪海：《云南与越南：共谋两廊一圈将经济合作推向深入》，新华网2008年1月13日。

产业对接。双方不停留在对当地资源的一般开发上，从强化地缘经济的生产性功能入手，培育橡胶、蔗糖、茶叶、钢铁、有色金属、磷化工等主导产业，形成跨国产业带，促进产业结构、产品结构、技术结构的优化升级。

4. 澜沧江—湄公河的利益纽带

湄公河发源于中国，天然的流域经济把中国与东盟各国利益紧紧联系在一起。湄公河流域是一个整体，是一个完整的系统，虽然湄公河流经不同的国家，但以流域作为经济活动空间，已形成了割不断的联系网络，配置社会经济资源的流域经济不仅是客观存在的，同时也具有重要的现实意义。湄公河流域具有空间上的整体性、文化上的同源性、资源上的互补性，以及明显的区位优势，为经济合作打造了"天时、地利、人和"的条件。

（1）凭借同一水脉的天然联系，打造出 GMS 的经济纽带。流域经济在区域经济中占有主导地位，流域是以集水区域划分的一种地域，河流是流域的主轴，水是流域的核心。无论是发达国家，还是欠发达国家或地区，河流都是流域经济的纽带，主要的产业都集中在流域区，流域内的经济交往也大多是靠河流来实现的。河流是中国连接湄公河流域国家的天然纽带，它们将成为带动流域经济发展的大动脉。在湄公河沿岸，分布着景洪、万象、金边、胡志明市等大大小小的城市，它们就像一颗颗散落在流域中的珍珠，澜沧江—湄公河"黄金水道"像一条纽带把它们串联起来，让它们发出应有的光芒，为沿岸国家和民众带来了丰厚的经济效益。随着通航条件和航运条件的不断改善，航运线路还要进一步向下游延伸，使这条黄金水道发挥出更重要的作用。

（2）凭借同一河流的生态联系，构建起 GMS 的生态屏障。流域是一个整体，是一个完整的系统，不但在天然河系而且在生物区系上有密切的联系，不仅是一个经济循环系统，而且还是一个生态循环系统。各国是否建立起了互利共赢的合作关系，这涉及资源开发、流域治理、生态保护、基础设施建设和整合经济资源等方面。上游生态保护和污染治理的好坏不仅直接关系到湄公河流域国家人民生命财产的安全和生活的质量，而且还决定着今后湄公河流域国家长期可持续发展。云南对河流的保护治理，培育和恢复森林植被，保持水土、涵养水源形成生态环保屏障，不仅使上游生态环境不断优化，而且合理开发与可持续性利用水资源，维系自然资源系统平衡，实现湄公河流域国家的经济和社会平衡发展，形成强大的区域经济合作的凝聚力。

（3）凭借同一流域的产业联系，建立起 GMS 的流域经济。实际上，流域经济综合效益，是现代经济的任何一个部门或行业所不能比的。水形成的水体是水生生物生存的土壤，水位落差产生的水能是人类开发的重要能源之一，水体浮力产生的水运是人类重要的运输方式之一，水作为自然环境的基本要素所形成的水利环境是生态环境的重要内容之一。任何行业都不能像开发河流那样，一业生百业，一利生百利，有巨大的经济推动效应，产生经济增长点，创造就业岗位，其生态效应更是其他行业所不能比的。建造和开发流域经济，可以改善生态环境，诞生新的城镇，协调第一、第二、第三产业，从而全面推动社会和经济的可持续发展。在新的形势下，进一步加强流域合作，整合流域优势，形成分工合理、优势互补和协同发展的局面，将成为中国与东盟合作的重要内容。

二 云南与周边国家的合作日益紧密

世界金融危机使中国与东盟的经济合作日益紧密，政治、安全，尤其是经济合作不断深化，睦邻互信伙伴关系日益牢固。中国—东盟自由贸易区全面启动后，双方的经济合作正快速向宽领域、纵深化发展，双方互为重要贸易和投资伙伴。2010 年，中国与东盟双方贸易额达 2927.8 亿美元，创历史新高。中国首次成为东盟第一大贸易伙伴，东盟成为中国第四大贸易伙伴。双方在基础设施建设、农业、教育等领域实施了一系列务实的合作项目。在日益密切和不断深化的经济联系下，东盟对我国的向心力日益增强，对我国进行互利双赢的沿边开放也积极响应。

1. 云南与周边国家的各种合作机制不断出新

（1）新的合作机制不断推出。21 世纪以来，在大湄公河次区域内双边层面的合作机制不断增加。如中国与越南间的"两廊一圈"经济合作机制、云南—越南五省市经济社会合作机制、云南与老挝北部九省的合作机制、云南—泰北的合作机制等。这种由毗邻的国家以经济开发为目标的小区域双边、多边合作机制，依靠合作各方的资源互补，以开发为增长发动机，吸收国际资本、技术或取得国际经济机构的援助，以此获得快速发展。这种合作形式是在小区域内寻求紧密的经济合作点和利益结合点，参加各方保持政策上的协调一致，使其政策影响只局限在一定区域内，经济风险也较小，在经济发展水平有一定差别的邻近国家或地区之间比较容易取得成功。

（2）各种跨境经济合作区不断涌现。大湄公河次区域合作已经开始从"边缘切入"，如云南和正在与周边国家加快推进中越河口—老街、中老磨憨—磨丁和中缅瑞丽—木姐三个跨境经济合作区的建设，还有泰国与老挝的木达函—沙湾拿吉跨境经济合作区等，力争跨境经济合作区指定地域内实行贸易和投资的自由开放政策。在口岸接壤地区划出一定的区域共同组建跨境经济合作区，实施海关二线监管，实行一次规划、分期推进、全封闭、区内功能分工、明确界限、卡口分流的封关运作监管模式。把口岸的自我管理模式转变为共同管理模式，形成"两（多）国一区、分别管理、统筹协调、境内关外、一区多园、封闭运行、政策优惠"的跨境经济合作模式。充分利用跨境经济合作区经济运行的外向性、跨国性、联动性、协同性等特点，成为大湄公河次区域合作新的经济增长点。

2. 云南与周边国家的产业结构得到优化

在各国（地区）接触地带形成发展起来的地缘经济，不仅为参与国或地区开拓经济发展的外部空间，提供更多参加国际经济合作的机会，也为相关国家或地区多种互补性资源或要素提供优化组合的场所与机制。其对外引进资金的吸引力得到增强，必将使次区域的自然资源和劳动力丰富的有利条件与外部其他生产要素相结合，使资源的开发和产业的组合纳入国际市场运行的轨道，使资源开发利用程度低和经济落后贫穷的状况得到迅速改变。

（1）沿边开放必然带来产业结构的重组。区域合作实际上是通过专业分工即行业化与交通的便利性，有效地结合起来，从而形成一种高效的生产组织方式，使区域内的各经济主体实现利益的共赢。大湄公河次区域合作采取"边缘切入"、层次推进战略，使周边国家的各种资源或生产要素通过地缘经济的运作机制和渠道，增加流动的弹性和优化组合的机制，并通过物质流、资金流、劳力流、技术流和信息流等的互补性流动，推动区域各生产要素之间不断结合、分解、流动、重组，加快诸多经济要素的输入与输出。使各种资源或生产要素在国际乃至世界范围内进行优化组合，推动经济的发展。

（2）形成各成员国各自的优势产业体系。大湄公河次区域合作可利用其沟通南北，承东启西的区位优势，在更广阔的范围内实现资源的优化配置，使其资源禀赋的比较优势在更广的领域发挥作用，同时也使其资源禀赋的比较劣势通过其对外经济技术合作而逐渐得到克服，就能不断提高各自产业竞争力和本地区在全球化中的综合竞争能力。有利于各国在国际分工中形成更合理的地区产业体系，促进经济结构调整和技术进步，改造传统产业，培育主导产业，促进产业结构、技术结构的优化升级。

（3）加快产业结构向国际化迈进。地缘经济的形成意味着地区内部竞争的激化，在激烈竞争的压力下，各国企业将会加强经营管理，利用新的手段和科技成果，提高生产率，降低生产成本；各国可利用自己的比较优势与外部的生产要素相结合，引进外部的资金、技术、人才、设备和管理经验，加强国际竞争力；依靠技术创新和科技进步，加快高新技术产业和金融、保险、信息、咨询等现代服务业发展，形成技术水平高、产品竞争能力强、市场覆盖面广、创汇能力大的现代化产业群体，扩大出口，提高产品市场占有率。

三 云南沿边开放推进区域性国际合作深入

2010年中国—东盟自贸区正式启动，中国与东盟各国政治互信加强，贸易增长加快，经济融合加深，企业受益，实现了互利共赢、共同发展的目标。虽然中国—东盟自贸区开局良好，但是今后能否顺利实现这一目标，达到预期目的，在经济上仍然存在不少障碍，正确认识和处理这些障碍，直接关系到建立中国—东盟自由贸易区工作的顺利进行。自贸区的初步成效还有待各方的务实推进，云南沿边开放在很大的程度上缓

第四章 云南沿边开放产生的深刻影响

解了中国—东盟自由贸易区贸易不平衡、区域发展不平衡、产业不对接、物流不畅通、区域内合作机制不健全等问题。

1. 解决自由贸易区内的区域发展不平衡问题

中国—东盟自由贸易区内由于各种因素的制约，各国与各地区的发展必然存在着显著的差异性。在自贸区内，有经济发达程度十分高的新加坡，也存在着经济欠发达的缅甸，老挝；在中国，各地的经济发展程度也很不平均，例如，广州、上海是世界上的制造、金融、物流和商贸中心之一，而广大的西部地区发展仍然很落后。经济发展水平高的国家如果促使自由贸易区的步伐跑得太快，其他经济比较落后的成员国就跟不上，自由贸易区合作将难以深入开展。[①] 这样的局面势必造成自由贸易区的发展不平衡，发达成员有可能利用区域经济合作的便利优势和自身的经济实力，进一步扩大自己的优势地位；而欠发达成员的经济利益有可能会受到进一步的损害。

云南的沿边开放能有效解决区域解决发展不平衡问题。大湄公河次区域合作是多国合作的优势和多种政策优惠叠加的地区，就是要帮助区内最不发达国家的发展，来减弱经济全球化对最不发达国家的不利影响。在大湄公河次区域内有着多种合作机制，是多国合作的集聚区，也是多种政策优惠叠加的地区。既有中国—东盟自由贸易区、GMS 合作等国际区域合作等多边合作，也有两廊一圈、云南与老北、云南与泰北等双边合作。无论是多边和双边合作，都涉及在不同层次和范围上开放市场、整合要素资源，形成互为补充、共谋发展的组合力量。在 GMS 内利用多边或双边的各种国际开放、开发和合作的政策优势和便利条件，多区域合作呈现国内与国际、多边与双边相互交织的态势，形成国际、国内两个市场、两种资源的汇聚，孕育社会经济跨越式发展的强大的市场需求拉力和要素集聚推力，实现各方的联动开放、互动发展。

2. 解决中国与东盟产品结构趋同的矛盾

东南亚国家视中国为增长快车、又视其为重大挑战；东盟国家普遍

[①] 唐朱昌、龚斌恩：《浅析中国—东盟自由贸易区的前景和挑战》，《当代财经》2003 年第 8 期。

担心被高速发展的中国吞噬，担心中国产品出口到东南亚将冲击其国内市场。① GMS各国经济发展程度低，是相对比较小的经济体，市场规模和容量很小，经不起外部经济冲击。印尼政府采取对中国产品实施"印尼国家标准"等六方面措施，以保护印尼国内经济，反映出东南亚国家普遍存在对中国的担忧。东盟国家既认识到自身发展越来越离不开中国的发展，希望从中国得到更大实利，却又担忧无法与中国经济竞争，将会越来越依附中国，希望通过自身一体化并扩大与其他大国的经济合作极力避免"依附于中国"。

中国与东盟之间尚未建立一种密切的产业分工，目前双边贸易的基础还是一般性的资源互补，它仍将是今后中国与东盟发展贸易关系的基本因素，在一定程度上制约中国—东盟自由贸易区的发展。云南的沿边开放可有效地进行资源的整合，解决产品结构趋同的矛盾。地缘经济是一体化的合作，就周边国家来说，联合起来的市场将允许利用市场规模扩大带来的规模经济，因为它们为一个更大的大规模市场而生产，增加地区内的贸易，提高竞争力和规模效益。将能够从较低的单位成本中获得效益，周边国家和云南会形成相互更加紧密的对外竞争，而且还可能诱使它们更加具有竞争性和创新性。同时，东南亚地区产业链整合潜力较大，相比之下市场整合还刚起步，而崛起的中国的巨大市场为此提供可能。周边国家既可以分享中国的市场，又可以享受中国相对完善的产业配套，"鱼和熊掌兼得"。

3. 解决中国与东盟市场结构趋同的矛盾

中国的出口与东盟的出口从总体上看几乎是一种面对面的直接竞争。在产品结构和产业结构上，中国与东盟大多数国家的出口产品和产业是劳动密集型产品，技术完全成熟和生产已经标准化的产品，在国际分工上处于同一水准，出口地区几乎主要都集中在欧盟、美国和日本，竞争会趋于激烈。从双方之间的经济竞争性与互补性来看，中国经济和贸易的快速发展，使东盟担心失去自身在劳动密集型产品领域的国际市场份额。② 如

---

① 翟崑等：《中国在东南亚的国家形象：走向成熟的战略伙伴》，《世界知识》2010年10月。
② 张汉林：《中国—东盟自由贸易区的发展与挑战》，《中国周刊》2010年2月4日。

果大部分产品都实行零关税，印尼和菲律宾的纺织与电子等高税率产品将遭受来势汹汹的中国廉价产品的沉重打击。

新兴经济体的发展为中国与东盟创造新的贸易市场。1997年东南亚遭受危机冲击时，美国等西方国家并未及时出手相救，在危机深化时，又通过国际货币基金组织提出条件苛刻的援助计划。中国在自身受到冲击、实力有限的情况下，及时出手帮助东盟，承诺人民币不贬值，助其稳定汇率，并向泰国、印尼等国提供数十亿美元的金融和物资援助，中国帮助东南亚度过的金融危机。后危机时代，由美国主导的经济全球化被大大削弱，将被发达经济体与新兴经济体所共同主导的经济全球化所取代，形成多元化主导的趋势。在空间布局上，国际市场布局从集中向多元转变。尽管国际市场萎缩，但中国在东南亚的贸易份额有进一步上升的空间和实力。大湄公河次区域3亿多人口的潜在市场，贸易发展较快，保持目前增长速度，对外贸结构调整有较大的潜力。GMS合作为推动多双边及区域经济合作，形成涵盖多个国家和地区、多种合作层次的新格局，随着中国与新东盟四国零关税的实施，随着GMS合作的深入，随着印度洋通道的开辟，对中国做强一般贸易、提升加工贸易、发展边境贸易、易货贸易、转口贸易、租赁贸易、国际期货交易等其他贸易方式提供了新的市场空间。

4. 克服中国—东盟自由贸易区合作机制不健全的矛盾

虽然中国与东盟国家已签订了《货物贸易协议》《服务贸易协议》和《投资协议》。但这些协议落实的实际效果还有待时间的检验，有了平台之后，并不一定就会有实质的效益。例如，自贸区内物流发展层次不一、通而不畅的物流体系成为自贸区经贸发展的掣肘。区域内物流基础设施建设落后，物流观念差异较大，物流标准不统一等因素，导致物流成本居高不下，已经成为中国—东盟经贸进一步发展的障碍。因此，能否发挥自由贸易区的作用，还需要区域内产业、企业层面的竞争与合作。这对于密切GMS国家的联系，减少矛盾和冲突，增进区内的和平稳定和整体经济的发展有着至关重要的关系。一个双赢的制度性安排，在充分考虑协议各方经济发展水平和市场承受能力的基础上，通过扩大市场准入，消除贸易和投资壁垒，将进一步释放自贸区的巨大发展潜力。

云南的沿边开放成为中国—东盟合作机制的先行先试区。GMS 的目的是促进成员间的生产要素的流动和优化组成,从而形成区域性的统一市场。GMS 合作已经历了 20 年的开发,贸易壁垒将大幅度消减,区域内贸易、投资便利化程度加深,现在已日益成熟。云南成为中国企业"走出去"的先行区,许多国家都寄希望于中国的投资并给予特殊的优惠,例如,老挝就提出了以资源换资金的构想。中国企业投资东盟可享受当地国的国民待遇,由于地缘的优势,可大大节约投资费用,降低投资成本。云南成为人民币周边化的先行区,人民币国际化的路线是周边化、区域化、国际化,云南省早在 20 世纪 90 年代就开始了边境贸易的人民币结算,可说是人民币跨境贸易结算的雏形。云南是人民币周边化的首选之地,凭借其地理优势和边贸基础,铺建与东盟国家间的人民币资金结算"高速公路"。云南成为中国—东盟《服务贸易协议》先行先试区,率先构建中国—东盟无障碍旅游圈,希望形成一个"免签"区域,培育共同的旅游市场,进行旅游目的地的联合促销、旅游资源和线路整合开发、旅游产品升级换代等。率先推进《大湄公河次区域便利货物及人员跨境运输协定》,实现交通运输的便利化,国际物流的便利化。

第五章
云南沿边开放的宝贵经验

经过沿边开放既轰轰烈烈又扎扎实实的30年艰难拼搏,云南这块土地发生了翻天覆地的巨大变化,但对于理性的领导者和专家来说,不仅要看到过去之辉煌,更应当关注今日之问题和未来之挑战,对沿边开放30年要多一些理性思考。世界上没有任何一种模式只有成功没有失败,没有任何一种模式能够永远有效。任何一种模式运行一段时间后,原来的好处就会越来越少,坏处越来越突出,如果能很快得到调整,那么问题解决得就快。判断沿边开放得失成败的标准,主要看是否有利于发展社会主义的生产力,是否有利于增强社会主义国家的综合国力,是否有利于提高人民的生活水平。30年来,云南沿边开放走过了不平凡的历程,取得了举世瞩目的伟大成就,积淀的发展经验值得总结。系统回顾、总结和研究,既全方位展示沿边开放的伟大成就,又深入分析各个方面存在的问题、产生的原因和努力奋斗的方向,可以给我们以启迪,为进一步深化沿边开放提供经验和思路。

第一节 统筹好沿边开放与国际大通道的关系

到2010年,云南建设中国连接东南亚、南亚大通道初具雏形。全省综合交通运输网络总量初具规模,运输能力显著增强,"出省出境"骨架综合交通网初步形成,铁路运营里程达2504公里,电气化率达55.3%;全省机场总数达12个,位列全国第二;"七出省四出境"公路通道基本实现高等级化,公路通车里程20.9万公里,其中高速公路2630公里,居西部前列；通往越南、老挝、缅甸和经老挝到泰国的高等级公路已建成，通往边境地区的陆上通道也已基本形成。澜沧江—湄公河跨国航运已全面建成澜沧江五级航道体系，通航时间由过去的半年提升到基本可实现全年通航。

一 大通道"诱发论"有失偏颇

云南在沿边开放中具有一定的比较优势，多年的沿边开放也是在比较优势上做文章，力图使自己的比较优势得到充分发挥，使自己的比较劣势得到克服。在改革开放初期，比较优势原理可以成为云南面对周边国家做出选择的一个基本原则，而随着形势的发展，比较优势和比较劣势是会发生变化的，甚至会相互转化的，但云南的沿边开放思路一直陷入或者陶醉于自己区位和既有能力的比较优势而不能自拔。结果是比较优势不断消失，比较劣势日益突出，其竞争优势也日渐削弱，陷入了"比较优势陷阱"。

1. 大通道带动当地的经济发展是有条件的

沿边开放以来，云南一直把国际大通道作为建设的目标，过分夸大了交通设施项目对区域经济发展的牵动作用。认为公路一旦修通，就会形成"经济带"，建成多少个"工业园区"，"几点一线"的布局就自然形成了，财源随之滚滚而来。只有在闭塞的交通成为经济发展的主要"瓶颈"时，在资源配置上采取优先修路策略才是正确的。这是由交通运输自身发展规律、经济社会发展要求、资源环境等外部约束所决定的。"大通道，大开放"并不是"放之四海而皆准"的真理，其适应性是有条件的。并非任何交通设施建设都可有效推动区域经济发展，必备的交通设施只是推动区域经济发展的必要条件，而不是充分条件。

交通设施建起来之后，能不能有效带动物流，起码要受到以下三个条件的制约。一是资源潜能怎么样。路修好了，能不能生产出有竞争力的产品，还要看资源状况。如果资源匮乏，没有开采和利用价值，难以找到依赖资源优势的开发项目，还是形不成有效产出。二是市场前景怎么样。在市场经济条件下，生产出来的东西只有卖掉才有效益。虽然凭借已有的交通设施和当地资源能够生产出一些产品，但这些产品技术性能和成本控制是否处于先进地位,是否能够占有市场份额。三是人文环境怎么样。经济发展离不开交通设施这样的硬件建设,同时也离不开人文环境这样的软件建设。如果有了硬件而无软件,比如文化落后,劳动力素质低下,管理和技术人才缺乏,办事效率低,社会风气不正,即使有了顺畅的交通条件,也不会引来"凤凰"。① 从古今中外的历史看,没有任何一个国家或地区是靠"大通道"把经济带动起来的,巴拿马运河沟通了太平洋和大西洋,尽管巴拿马可以通过运河获得经济收益,但并没有带动当地经济的发展;苏伊士运河沟通了地中海与红海,缩短距离上万公里,但埃及自身的经济并没有因运河的繁荣而发展起来;还有从中国经俄罗斯到欧洲的第一欧亚大陆桥,运行了100多年,也并没有带动沿线经济的开发。

2. 大通道建设不能见物不见人

国际大通道的发展现实,要求我们必须处理好交通运输发展与有效利用有限资源的关系。当前,云南交通运输发展全要素生产率较低,粗放型发展方式特征明显,主要依靠资金、土地等资源高投入。据测算,我国双线电气化铁路每公里占用土地约90亩,高速公路四车道每公里占地约110亩(六车道每公里占地约120亩)。如果当地对修一条高等级的公路并没有实际需求,而靠集资和硬性摊派勉强修了一条使用效率很低的公路,对当地经济发展的正面效应就会远低于负面效应。因为居民从公路上得到的收益远小于占用耕地、动迁民房、耗费资财和民力的付出,每年还要不断地支出管理费和维护费。这样的公路对于当地居民来说,不会带来致富的事实,只能给企盼已久的致富愿望增加一点心理安慰而已。如果说它有什么显著功用的话,就是满足了当地官员追求"政绩"的需要。②

大通道建设往往是见物不见人,基础设施改善了,人民的收入水平并未提高。如果一条通道没有几辆车行驶,长期处于闲置状态,是泡沫经济的表现。为鼓励交通运输发展,在土地利用上实行价格优惠

---

① 宫希魁:《"十二五""铁公基"项目应有所节制》,《学习时报》2010年9月20日。
② 张茅:《转变发展方式 推动交通先行》,《求是》2008年第2期。

政策，在一定程度上鼓励了多用土地的倾向。由于土地、资本等资源的紧缺和有限，单纯依靠资源投入的粗放型发展方式是不可持续的。由于云南始终处于"通道式经济"阶段，进出口商品以过境为主，进口的商品90%以上销往外地，出口的商品90%以上来自外地，对当地经济发展的带动十分有限并在逐步减弱。边疆民族地区的大多数地区和大多数群众（特别是占当地人口80%的农民）并没有进入对外开放的进程，也没有参与分享到大通道带来的好处。由于是以过境贸易为主，大通道并没有带动当地的经济发展，边疆民族地区的生产仍以传统农业为主，人均收入水平低，对国际贸易的产品吸纳能力很低，可供出口的商品不多。低下的收入水平和购买力反过来抑制市场发育，许多居民的温饱问题尚未解决，不可能使他们产生交换的欲望和发展上经济的要求。

3. 大通道并不一定带来发展

在发展经济学中有一种"诱发论"，认为处理基础设施部门和直接生产部门的关系，应该先发展基础设施部门，有了它，就会"诱发"直接生产部门的建立。但"诱发论"的作用也不是无限的，自古以来，云南就一直是中国通往东南亚、南亚的通道，无论是1000多年前的南方丝绸之路，100年前的滇越铁路，还是第二次世界大战中的滇缅公路、中印公路，都发挥了巨大的作用。关键的问题在于为什么这些大通道在中国的历史上能够发挥作用，而在当今就不能发挥作用。云南省数千年来就从来没有缺过通道，当今，云南已有数十条通往周边国家的铁路、公路和水路通道。单纯靠高投入的大通道结果必然是大量资金投放到基础设施部门，这就可能造成大量的闲置生产能力，直接生产部门由于相对落后而不能充分利用这些生产能力。在直接生产部门发展起来之前，这种情况至少要持续一段时间，在经济上会造成很大损失。

在运输还没有达到有必要修建一条公路之前，就把公路修好，结果很少使用，也得不到足够的维修保养。这种闲置生产能力显然是资源的浪费。如果把这些资源用于其他产业，可能发挥更大的作用。大通道的经济价值最终要体现在现实的运输量上，没有实实在在的运输量，其外部效应也无从谈起。如果基于一种超前性的考虑，在没有多少现实运输量需求的情况下，就提前修好一条公路或铁路，而且时差很长，比如说10年以上，就会造成很不经济的情况。由于运输量不足，道路虚设，势必造成资源的闲置浪费；这种长期没有相应经济回报的公路、铁路投资和养护费用，其投资效益是很低的。即使这条公路或铁路10年以后能有较高的使用效率，对前10年的损失会有所补偿，这也不能成为宁肯忍受10年损失而提前修好这条公路或铁路的充分理由。

4. 大通道并不一定能够带来大开放

目前，在云南省的4061公里边境线上，有着16个陆路边境口岸，上百条通道，既有公路、铁路，也有水路。云南是全国口岸、通道的数量最多的省份，也是全国口岸平均贸易额、货物吞吐量最低的省份。例如，经三年时间建成的云南腾冲至缅甸密支那高等级公路境外段于2007年4月正式通车。公路全长96公里，以中缅南4号界桩为起点，缅甸瓦晓为终点，总投资8亿元人民币。但在滇缅贸易迅速发展的形势下，大通道的建成并没有带来贸易的增长，反而带来贸易的下降。在腾冲—缅甸密支那高等级公路的猴桥口岸进出口额由2007年的5119万美元下降到2008年的3233万美元，降速为36.8%。进出口货物由2007年的179万吨下降到2008年的23万吨，降速为87.1%。[①]

2008年3月被联合国官员称为"亚洲公路网中最激动人心的一个路段"的昆曼公路通车。按照国际专家的预测，昆曼公路全面建成后，不仅泰国、老挝，而且马来西亚、柬埔寨与中国的贸易也会进入这条通道。每年将有总额超过4000亿美元的货物流通在这条国际大通道上。因为途经西双版纳等旅游景点，每年可吸引数百万游客，推动各国旅游业发展。但作为中国西南通向东南亚国家最便捷的通道，昆曼公路却存在"通而不畅"的问题，没能达到沿线三国政府及企业所期望的效果。一个数字就可以说明目前昆曼公路对物流的作用还微乎其微：2010年，中国与泰国的贸易额达529.5亿美元，而云南与泰国的贸易额仅为4.63亿美元，仅占中泰贸易的0.8%；2010年，中国与老挝的贸易额为10.5亿美元，云南与老挝的贸易额为2.03亿美元，占中老贸易的20%。

[①] 资料来源：云南省商务厅《云南商务发展报告》（2008年）。

二 云南国际大通道"有优无势"

云南与越、老、缅、泰具有开展国际道路运输合作的便利条件。云南与越南之间已开通了个旧至越南文盘、个旧至越南沙巴、蒙自至越南文盘、昆明至越南海防、昆明至越南莱州、昆明至越南宣光、文山至越南宣光国际道路客货运输线路。新增西双版纳傣族自治州勐腊县至老挝会晒、丰沙里、南塔、勐醒、孟赛5条国际道路客货运输线路。到2010年，云南已正式开通至老挝及越南的国际道路运输线路16条。但由于云南与相邻国家在海关制度、检验检疫要求、运输物流标准等方面差距较大，大通道的效益远未得到发挥。

1. 大通道并非带来大通关

中越两国于1994年年底签署双边汽车运输协定。受此协定和协定议定书相关条款限制，两国国际道路运输多年来局限于在口岸换装货物和在边境城镇转运旅客，运输中转环节多，效率低且成本高。2006年，中越正式开通3条国际道路客货运输线路，双方汽车可以往来于云南河口与老街口岸等边境一线装卸货。2006年，河口—老街被联合国开发署列为《GMS跨境客货贸易运输协议》的试点口岸，中越两国虽然签订国际运输协定，并加入了亚洲开发银行倡导的《大湄公河次区域便利货物及人员跨境运输协定》，但双方在双边层面缺乏应有的法律规范与制度框架，双边协定的制度缺陷影响了国际道路运输的发展空间，给国际道路运输管理带来了一定的困难，两国的国际道路运输市场尚处于比较混乱和随意的状况，物流成本并没有降下来。

（1）已开通的客货运输线没有得到有效执行。虽然2006年6月中国交通部同意开通中国红河州境内至越南老街省境内三条客货运输线路，但并没有得到执行，真正实施很困难，原因是两国交通法规不统一、交通事故、交通标示、数据交换、人和车保险问题等难以解决。此外，虽然双方搞了两次客货运开通仪式，越南的车到了中国边防二线检查站就过不去了，因此越方也限制中方车辆在老街20公里的范围内行驶，中国的车辆不能驶达老街的旅游点沙巴县。

（2）口岸联检机制尚未完善，难以满足便利通关需求。国际道路运输是一个涉及人员签证、货物及车辆海关手续和检疫手续、交通安全和运输管理等诸多方面的系统工程，涉及部门多，牵涉面广，协调难度较大。由于河口运输管理部门参与口岸管理较晚，法律依据规格较低，造成交通部门在口岸的管理地位和职权不落实，口岸国际道路运输管理机构不能参加口岸联检，难以杜绝无行车许可证的车辆进出国门现象。同时，一些相关部门出入关手续多（特别是对需要频繁往返边境的司乘人员）、费用高，车辆通关时间长，效率低，这些有形与无形障碍使越方入境汽车和旅客减少，限制了国际道路运输的发展。

（3）"一站式通关"没有落在实处。中越在海关、检疫方面的法律、法规和标准技术不一致、执法体系不一致，导致双方在"一个窗口检验"和"一站式检查"的合作上进展缓慢。海关进行一站式检查存在以下问题：一是《GMS跨境客货贸易运输协议》的规则与国内的法律、政策及规定相冲突的问题；二是缺乏精通海关业务、计算机和外语（英语和越南语）的人才；三是信息化建设滞后。两国海关还缺乏电子信息交换平台。越方的动物、植物、卫生检疫是分属不同的部门管辖，虽然越方成立了"老街口岸管理委员会"，但实际上协调能力有限，因此在一定程度上影响了联合检疫的顺利开展。

（4）人员进出境还受很多制约。"禁止异地办证"政策和"签证"政策，制约了河口拓展国内外客源旅游市场。很多省外游客慕名河口一老街精品旅游线路而来，但到河口后无法办证出游，使旅行社减少和失去了许多省外客源，严重制约河口拓展国内客源市场。到越南的第三国游客只能通过"团队"签证进入河口，"背包客"或散客则不能通过签证进入河口。"签证"政策，制约了第三国游客客源市场的拓展。

2. 大通道并非带来大物流

昆曼公路有自身的优势，但也有自身的劣势，与铁路运输、水运相比，公路物流业面临运输成本高的发展"瓶颈"。在中国的三种运输方式中，海上、铁路、公路的运输成本分别为1∶3∶9，公路运输的成本是铁路运输的3倍，是海上运输的9倍。公路运输是物流成本居高不下的重要因素，而且公路是最耗能的，从综合能耗来看，公路的单位能耗是铁路的

18倍，是水路的22倍。① 因此，无论是从降低物流成本方面，还是从节能降耗方面看，GMS南北经济走廊仅靠昆曼公路是难以承担的。

（1）货物报关费用高，口岸通关时间长。走通昆曼公路需要办理4次出入境手续，各国通关手续时间长短不一，收费标准、种类不同，过关手续比较烦琐，致使许多企业望而却步。以固定货物为例：一个标准货柜（40英尺高集装箱）在老挝、泰国三个点的报关费用就得花费950美元，一般占到物流费用的40%。而且还不能拼货，货品不同就得再加950美元，意味着报关费根本不能分摊。在口岸边检，中方花了4个小时查验货物后老方可能还要花3小时的时间查验货物。老挝开关时间短，手续繁杂，检查频繁，货车到老方口岸后还要花两个多小时办理入境手续。我国的货车到了邻国后，等上两三天是常有的事，效率自然很低。

（2）公路运输成本高。昆曼公路物流成本较高，在云南的公路运输中，仅油费、过路费就占了运输成本的60%左右，油价的不断上涨造成了物流运输成本太高而难以承受。老挝境内运输成本更高，因为老挝是我国到泰国的必经之路，但该国境内收费随意性很大，没有统一标准。老挝成品油价格高，加之还有名目繁多的收费，而且收费不规范。老挝磨丁到会晒的路段仍相当于三级公路标准，路况相对较差，弯多路险，塌方和路基塌陷路段较多，由于该路山多弯大，部分路段车速只能维持在每小时30~40公里。

（3）货物装卸成本高，货物换装耗费的时间长。由于泰国政府与中国政府层面还未达成交通运输便利化协议，中泰两国的车辆不能互通，导致车辆无法做到来去自如。由于泰国的交通运输工具不能进入中国，中国的交通运输工具不能进入泰国，都必须在老挝境内换成对方的交通运输工具，大大地增加物流时间。货物反复装卸大大提高了成本，并增大了货物的损耗，削减了公路运输点对点、高效率、少折腾的优势。理论上20个小时的路程，即使连夜兼程、通关顺利也至少需要三四天。

（4）单向物流增加运输成本。目前昆曼公路通而不畅，由于云南与

---

① 秦光荣：《将在城镇推广低碳生活方式》，《中国日报》2010年3月11日。

泰国进出口贸易不平衡，大宗进出口商品单一，受季节性影响较大，单向物流大大增加贸易交易成本。2010年云南与泰国进出口贸易额4.6亿美元，其中出口3.3亿美元，进口1.3亿美元，云南与泰国进出口比例为1∶3。滇泰双方签订《中国云南蔬菜换取泰国成品油易货贸易协议》，计划以易货贸易方式，云南向泰国出口蔬菜1000万吨，从泰国进口成品油50万吨。从贸易额看是平衡了，但从货物流量看，进出口比例为1∶20。昆曼公路单向物流必然大幅度增加运输成本。

三　国际大通道建设一定要是双向互动的

"国际大通道"不仅是云南，更是中国通往东南亚的大动脉，"大通道"能不能带来"大物流"，不仅关系云南的利益，更关系国家利益、东盟各国的共同利益。毕竟就通道说通道意义不大，必须以国际化的眼光来重新认识物流通道的战略意义。"大通道"不只是一条路，也是一条利益的纽带，还是经济发展轴线。需要从三国共同利益来考虑问题。必须上升到三国发展战略的高度来认识，超越通道的局限，并拿出标本兼治的办法来才行。

1. 云南大通道建设要立足互利共赢

"大通道"不只是一条路，更应是一条利益的纽带。泰国政府一直未与中国签订交通运输协议，还有其深层次的原因。毕竟泰国也在昆曼公路（老挝段）投资了3000万美元，还将在昆曼公路的湄公河大桥上继续投资2000万美元。在GMS东西经济走廊上，泰国政府能与老挝、越南签订交通运输便利化协议，在GMS的南北经济走廊，为什么与中国的交通运输协议迟迟签不下来，核心还是利益关系问题。云南大量的蔬菜进入泰国，已经对当地的产业带来一定的冲击，并引起当地农民的抗议。黄金通道能否发挥作用，不仅仅是便利化的问题，而是双方能否都获益，双方获益的多少是否平等。如果获益不平衡，这种合作将会很困难，纵使签订交通运输便利化协议也很难长期维持。因此，鉴于区域各国在经济、交通、能源等发展方面的利益受惠不平衡，有必要采取措施，尽快建立一个有效的利益均衡机制，以满足次区域各国间最重要和最需要优先考虑的利益，并使其他的利益损失减少到最小，将互相矛盾的利益调整到平衡状态。① 云南与泰国在沿线开展贸易投资和农林产业、矿产及新型工业、旅游、交通、服务业以及消除贫困和可持续发展等国际合作，才能实现国际合作最大化和国际争议最小化。

2. 云南大通道建设要立足当地经济的开发

"大通道"不仅仅是通道，更应是经济发展轴线。昆曼公路是以昆明、曼谷两个大城市为依托，在1800公里长的沿线地区，有50%以上的地区经济还很落后，主要集中在云南的南部和老挝境内，这些地区的广大群众并没有参与到昆曼经济走廊的建设进程中，更没有分享昆曼经济走廊发展带来的好处。昆曼公路的目的是带来两大城市的经济往来与经济联系，在中间隔着近千公里的贫困带。经济走廊是在地理上把一个国家或多个国家的一些地区连接起来的经济主轴。从狭义上讲，是连接昆明与曼谷的基础设施，是经济交往的纽带和动脉；而从广义上讲，则是交通与经济紧密的互动关系，是以交通建设为基础，农业、工业、贸易和旅游为一体的，带动沿线经济发展的轴心。边境贸易是过去边境地区经济交往的主要方式，目前和今后主要是通过共同发展创造新的增长点，发展新产业，形成新的经济增长中心，并且以核心经济区的发展来带动其他地区的发展。② 因此，大通道的出路还在于沿线经济的开发，发展关联产业，结合沿线的资源优势和经济优势，把通道经济与实体经济紧密相连，建立若干各具特色、优势互补、充满生机和活力的经济增长点。最终形成以大通道为主轴、以沿线大中城市为支撑点，以众多小城市为网络，互相促进、共同发展具有强大内聚力和辐射力的经济走廊。其核心就是以地缘的优势形成交通优势，以交通优势形成经济优势，以开放型的交通网络形成开放型的经济网络。

3. 云南大通道建设要立足"睦邻、富邻"

居于昆曼公路中间的老挝段，地处老挝的原始农耕经济带，既远离经济中心万象，又偏离旅游中心琅勃拉邦，贸易和物流均欠发达。很多

---

① 李倩：《大湄公河次区域经济走廊建设亟待建立利益均衡机制》，新华网2008年6月10日。
② 素旺纳翁：《次区域内跨境合作呈现新理念》，中新网2008年6月10日。

老挝百姓都把它视作方便外国老板赚钱,与他们没有多大关联的国际通道,认为昆曼公路留给老挝的仅仅是汽车尾气。加之公路的维修费、保养费都没有落实,这样一来通关费、过路收费自然成为老挝人最为现实的选择,造成了物流通关费用过高的现状。昆曼大通道应是"中国—老挝—泰国"的完整通道,昆曼公路在老挝段遇到的问题既是通关便利化需要解决的重点问题,但更应当考虑云南与老挝,特别是老挝北部经济深度合作。如果只是借道于老挝,没有让这个区域有信心、有希望、有机遇共同发展,很难真正为昆曼大通道提供方便。老挝的北部地区虽然贫困,但是一个资源非常丰富的区域,与云南有很多互补的地方,让这块资源富集的地区得到开发,通过带动老挝经济发展、繁荣老挝北部经济。老挝段的繁华程度决定其国际化程度,只有让昆曼公路成为一个以国际口岸联动经济的走廊,成为对资源深加工、提高附加值及当地税收的重要载体,才能实现在昆曼大通道上的三国皆赢,便利化问题才能真正解决。

4. 云南大通道建设要立足全面推进

"大通道"不仅仅是物流通道,更是一条全面合作的通道。"大通道"的建设应当是全方位、多内容、深层次、紧密性的国际经济合作。"大通道"的作用不能仅局限在贸易便利化方面,它还应在投资便利化、服务贸易便利化、旅游便利化等方面发挥作用。旅游业的障碍要小于物流业,"大通道"顺畅的突破口在"黄金旅游线",旅游是国际区域合作发展的"先导"领域,任何一个走廊、任何一个地区,在它交流活跃、繁荣昌盛之前,在它物流、资金抵达之前,都必须要有足够的人流做保障。旅游业是一个跨地域的综合性产业,涉及多个部门和地区。旅游的合作必然带来相关产业的合作,如交通运输业、金融保险业、邮电通信业、餐饮娱乐业、酒店宾馆业、旅游商品业的全面合作。在昆曼公路上,要尽快打造以各国自然风光、民族风情及历史文化为特色的无障碍跨国旅游带,三国应制定互免签证、互通车辆、自由换汇、安全警报发布、旅游信息交流等具体实施办法,必将构成一个充满活力和生机的巨大旅游市场,交通运输便利化的障碍自然就打破,最终会推进 GMS 南北经济走廊的形成。

第二节 统筹好沿边开放与风险防范的关系

进入21世纪，随着中国自身的发展以及国际和地区形势的变化，中国与周边国家互为战略依托，相互依存度空前提高，周边外交在中国外交全局中的重要性日益突出。从政治上看，周边是我国维护主权权益、发挥国际作用的首要依托。从经济上看，周边是我国对外开放，开展互利合作的重要伙伴。从安全上看，周边是我国维护社会稳定、民族和睦的直接外部屏障。因此，巩固睦邻友好，促进共同发展，一直是中国奉行的准则。云南的周边地缘环境较为复杂，第一，周边不少国家与我国交往很深，接触很广，历史上的一些恩怨现在仍有影响。第二，东南亚周边国家的多样性突出，各国社会制度不同，发展水平各异，各种文化、民族和宗教聚集在我国周围。第三，东南亚周边国家也是世界各主要大国利益交会之地，"冷战"时期曾形成不少"热点"，有些至今尚未彻底解决。在这种背景下，建立睦邻友好的周边环境对云南沿边开放影响尤其重要。

一 云南与周边国家的摩擦增多、风险增大

新中国成立后，美国等西方国家以各种手段遏制中国的发展，威胁中国的安全。20世纪90年代中期以来，面对中国经济实力的迅速增强，美国国内某些势力又大肆渲染"中国威胁论"，超前"遏制"、防范性"遏制"中国之声不绝于耳。以"遏制"为目的的"中国威胁论"一经出笼，其市场往往是中国的周边国家，尤其是东南亚国家。"冷战"结束后，西方大国不甘心其在东南亚势力的收缩，散布"中国威胁论"，以引起东南亚国家对中国的恐惧、怀疑和戒心，破坏双方关系。一方面，周边国家高度依赖中国的发展；另一方面，却对中国有很深疑虑。近年来中国企业在周边国家投资不断遭遇政治礁石，中国是国际能源的"掠食者"，中国无限制的能源资源"胃口"是国际能源价格上涨的主要原因，中国"境外寻能源无原则"等论调，在某种程度上折射出全球化时代背景下能源、资源和市场的激烈竞争，也一度为中国的境外能源投资之路蒙上阴霾。

1. 中国企业"走出去"在周边国家受挫

在全球经济竞争的局面下，资本总是流向最能赚取利润的地方。任何投资都会在确保劳动力价格的情况下，选择企业素质更高、投资环境更好、有更多优惠政策的地区。云南与缅甸、越南、老挝、泰国、柬埔寨山水相连，跨界民族众多，民族文化相近，为发展双边、多边的经济合作关系提供了得天独厚的有利条件。例如，缅甸是云南乃至中国在东盟国家投资最多的国家，截至2010年年底，中国对缅甸直接投资累计达19.5亿美元，也是云南乃至中国今后计划投资最多的国家，目前已签订的协议投资达500多亿美元。近年来，中缅摩擦增多，对云南境外投资、企业"走出去"和"替代种植"等外经贸工作造成了严重影响，损失巨大。中国最大的外经项目，由中国电力投资集团公司投资的中缅密松电站被搁置，中国大唐集团资本、中国有色矿业集团有限公司等大型投资企业每天直接损失超过数百万元，边境地区小外经企业在缅开展的承包工程项目损失也是难以估计。

（1）2010年11月缅甸政府宣布关闭勒扎央检查站，停止了勒扎央检查站人员、物资以及车辆的出入，缅甸进入中国拉咱口岸运输的路径被切断。而在缅甸境内是我国近年来开展的境外罂粟"替代种植"工作的主要地区，香蕉种植大约有20万亩左右。封关之后，它们中的大部分以腐烂的形式留在异邦的香蕉地里，数以千计的投资商也因此而倾家荡产，直接经济损失达10亿元。

（2）2011年6月缅甸政府军与克钦独立武装之间的军事冲突，战火殃及太平江水电站。于2007年正式开工的太平江水电站总装机容量24万千瓦，首台机组已经于2010年8月并网发电，2011年1月水电站全部建成投产，时任缅甸总理、现任缅甸总统吴登盛亲自出席投产仪式。截至2011年1月，太平江水电站已向云南省送电约2.5亿千瓦时，并已向缅甸八莫连续供电128天。军事冲突后，中方人员全部撤回，电站停止运行，企业遭受严重的损失。

（3）2011年9月，缅甸政府宣布搁置由中国电力投资集团与缅甸军方支持的公司合资兴建中缅密松水电站合作项目。缅甸政府以中缅密松电站项目可能会"破坏密松的自然景观，破坏当地人民的生计，破坏民间资本栽培的橡胶种植园和庄稼,气候变化造成的大坝坍塌也会损害电站附近和下游的居民的生计"为由,宣布停止电站建设。密松水电站总装机容量600万千瓦,于2009年开工建设,到2011年年底,坝区移民全部完成,项目已全面开始施工,场内道路、水厂、油库等工程已初具规模,坝下游跨江大桥正在进行施工,主体溢洪道及引水系统上部土石方开挖工程也已开始施工。密松水电站开工以来,已投入巨额资金,项目搁置,造成的损失将远不止直接投资和财务费用,还将面临有关合同方巨额的违约索赔,电源电站严重窝电,分摊到其他梯级电站的基础投入剧增等,开发完成伊江项目建设的目标也将无法按期实现,中缅双方损失都将不可估量。①

2. 对中国企业在周边国家的投资受挫的反思

中国正在成长为世界性影响力的大国,客观上对周边国家产生"辐射力"是必然的,但是,我们需要清楚地了解到这种辐射力对周边不同民族国家、不同民族文化所产生的不同影响。事实上,更多情况下,西方文化和舆论对东南亚国家的政治影响越来越大,这不仅在泰国、越南,就是在老挝、缅甸,人们也开始接受西方媒体的宣传和舆论。本质上,这是东西方两股"文明之风"在文明的"边缘地带"的"压强",当两方的经济文化影响处于守势时,"边缘地带"是自主的,当两方的政治经济文化影响力加大时,"边缘地带"是无序的。②

(1)从投资领域看,资源和能源领域的投资政治敏感度较高。从地缘政治来看,世界上自然资源最丰富区也是最不稳定和矛盾最为复杂的地区。围绕战略资源的国际争夺仍然存在。战略资源与战争、冲突之间的联系紧密,因为它是关乎国家安全的大事,占有战略资源,对一个国家生存与繁荣的意义非比寻常。作为水电建设项目,政治、社会风险的影响程度远大于其他传统建设项目,其政治敏感度恰恰是最高的。为发挥地缘、资金和技术的比较优势,缅甸克钦邦成为我国投资的热点地区,

---

① 《中电投:中缅密松电站合作项目互利双赢》,中国新闻网2011年10月3日。
② 吴楚克:《东南亚国家形势变化中国地缘安全观念面临挑战》,《中国民族报》2012年1月13日。

第五章 云南沿边开放的宝贵经验

大量的水能资源正在开发，加之矿藏资源、农业资源开发也是集中在该区域，集中度较高，不利于分散政治风险。缅甸政局持续动荡，克钦邦历来是缅甸局势较为动荡的地区，民族矛盾比较尖锐，政府军与克钦邦独立军经常发生武装冲突，严重影响缅甸的正常经济社会秩序。西方国家在世界上推行西方民主等意识形态，而不顾发展中国家最迫切的问题，但它们不愿看到中国采取更加有价值和实际意义的行动。它们试图把所有全球化负面影响的一盆脏水都泼到中国头上就是这一轮"中国威胁论"的实质。①

（2）从投资的经济收益看，有可能引起当地民众的叛逆情绪。资源、能源投资因其丰厚的利润回报以及在国民经济中的瓶颈地位已成为投资热点，特别是周边国家的资源、能源丰富，开发条件好，迁移人口少，投资成本相对较低。我国资源性公司以国有企业为主，抓住当前难得的机遇，跨越现有的条件约束，获取海外的资源，在当地政府和民众中出现一定程度上的担忧和阻挠是正常的。缅甸目前处在变化初期，民选政府以关注民意为理由，扭转以往军人政权的对内对外政策。缅甸国内某些受西方影响的舆论鼓噪前军政府为获得中国支持而使国家利益受损，这种舆论氛围在目前东南亚国家带有普遍性。这是因为这些国家的经济增长依赖于中国的贸易，但同时这些国家又对资源开发和出口到中国存有不平衡感，而这种矛盾心理与被殖民统治的历史有关。云南在周边国家的投资大多是中方独资或是以中方控股的合作方式，中方占85%的股份，采用BOT的形式，运营期长达35~40年。由于当地劳动力与中国劳动力有较大差距，工程建设尽量依靠中国的劳务输出，尽量少使用当地的劳动力；开发出的资源、发出的电90%输回中国。基于其他在缅甸的水电项目经验，剩余的电力将用于缅甸军队和军事企业，而当地居民使用不到电，也负担不起电费，很难带动当地经济发展。中国企业常常有垄断资源、掠夺资源的嫌疑，容易遭到反垄断指控和调查。尽管缅甸政府可以获得大量的税收、干股的利润，但收益都不能真正落实到当地民众的头上，大多数人不能分享由于中国投资所带来的利润。

---

① 张胜军：《新一轮"中国威胁论"的背后》，《北京日报》2007年7月9日。

（3）从投资的地区看，水能资源蕴藏丰富的地区，往往也是自然环境良好、生态功能重要、生物物种丰富和地质条件脆弱的地区。生态系统敏感度较高、稳定性相对较差。尽管密松电站建设是一个负责任的特大型能源企业，在中国境内拥有建成并运营的水电装机 1800 万千瓦，是中国一流的专家和团队，他们拥有设计世界最高混凝土面板堆石坝——水布垭电站和马来西亚巴贡电站等 200 余座电站的经验，工程方案绝对安全可靠。并经过国际知名的咨询机构和专家反复论证，都认为密松电站不存在安全性问题。[①] 但在一些我们看来不是问题的地方，往往会酿出大问题，在我们看来，与缅甸政府签订了协议的项目就会万无一失，而忽视了民间的声音。密松电站装机 600 万千瓦，152 米高的大坝，是伊洛瓦底江上游开发的第一个水电大坝，让缅甸人担心，认为大坝就是高悬在下缅甸人头上的一颗原子弹，这将对生活在下游的居民造成不可逆转的改变。电站建设淹没超过 60 个村庄，大约 1.5 万人将失去他们赖以生存的村庄和土地。水电站大坝库区内的 770 平方公里的森林将被淹没，使缅甸的森林面积锐减，还将影响整个生态。并且密松电站处于恩梅开江和迈立开江交汇处，是著名的旅游景点和重要的宗教圣地，巨大的人工湖蓄水将淹没具有重大文化遗产意义的区域。事实上，民间反对在该地建设电站的呼声一直不断，在密松电站举行开工仪式的时候，克钦邦首府密支那就发生了学生组织的民间团体在克钦邦第一高级中学、第五高级中学等地张贴数百份传单，表达反对电站建设意见的事件，后来又发生多起炸弹爆炸事件，这些一直没有引起企业的重视。

二 更加注重带动当地经济社会的发展，实现互利共赢

企业的海外形象不仅仅是盈利状况，在自己发展的同时，要带动当地的经济社会发展，促进当地的就业、技术进步、财政增收，实现利益共享。要让"走出去"开发建设与当地的经济发展紧密结合起来，成为当地群众脱贫致富的机遇。要让利于民，与当地共享资源，为当地企业提供优惠的产品，使当地企业用得上电，用得起电；另外，进一步开拓

---

① 《中电投：中缅密松电站合作项目互利双赢》，中国新闻网 2011 年 10 月 03 日。

周边国家的市场,为当地农产品加工业、矿业、冶金业的发展创造条件,实现互利多赢。

1. 要寻找"利益汇合点",让利于民

利益关系是政治社会风险的集中点,各社会群体的政治争夺就是围绕利益展开的,移民的安置、社会的矛盾也是利益问题的体现。如果我们的企业海外经营过分追求纯粹的经济利益,不注重建立本土化的公共关系,很少实施本土化的经营战略,很容易引起"排华"情绪。企业要正常经营,在利益分配上处理好与当地政府、社会和劳动者的关系是非常重要的。企业要汇集众多的不同利益集团的各种不同诉求,找出化解的方式方法。

(1)在利益分配方面要促进互利多赢。企业的海外形象不仅仅是盈利状况,还有社会责任。单边发展的思路只会引发东道国政府与民众的不满,一些对中国或者意识形态仇恨的人,则会对来自中国的企业不抱好感。这将会刺激其国内那些分配新财富的极端分子们为争夺企业控制权的斗争,最终酿成较大的社会风险。企业的发展一定要立足于带动当地经济社会的发展,促进当地的就业、技术进步、财政增收,实现利益共享。

(2)利益让渡方面要让利于民。所发的电大部分将出口到中国,中国能够获得我国所需的重要能源等重大利益,同时,如果电站生产与销售带来的巨额利润流向政府和特权阶层手中,而当地居民使用不到电,也负担不起电费,这将会引起国际议论和较大的社会风险。人民不能分到一杯羹,就会怨恨,从而被西方利用。这实际上也不是我们愿意看到的。周边国家的经济不发达,电力市场狭小,本地市场消费不了;但同时,周边国家一些地方严重缺电。公司要做到逐步减少电力输送回国的比例,增大本地电力消耗的比例,为当地企业提供优惠的电价,使当地企业用得上电,也用得起电,还应进一步开拓当地的电力市场,向周边国家的经济腹地输送电力。如此,遭受社会风险的可能性也可大大降低。

2. 与当地经济融为一体,形成"利益共同体"

随着越来越多的中国企业和中国资金进入周边国家市场,国际舆论中涉及中国企业的负面报道日益增多。西方社会对中国崛起抱有复杂的心态，舆论的夸大甚至假人权名义的指责时有发生。今后中国企业在运行期将会遇到企业利润增长与社会责任承担等问题。企业要统筹考虑经济效益和生态效益、局部利益和整体利益、当前利益和长远利益。实施本地化战略，包括投资的本地化、融资的本地化等，使企业发展与当地经济融为一体。而且也一定能够做到同相关各方形成轻易拆解不开的多方面的和不同领域、不同层次的"利益共同体"。①

（1）选择合理的资本结构。企业"走出去"在投资方式上尽量采用合资形式。如果能够与东道国的企业合作开发，不仅可以降低进入东道国的投资门槛和投资风险，也能够有更多机会享受到相关待遇，较快地融入当地社会，树立与当地"分享"利益的良好形象。采用合资形式以取得一定的本国企业身份，可以使合资方分担一部分投资风险；可以根据东道国情况以债务形式出资，通过产品分成获得收益，这样可以避免直接取得控股权所带来的固有化风险。

（2）选择合理的融资结构。企业"走出去"投资可考虑多元化融资，可利用银行借贷、民间借贷、信托资金、国外基金、股权置换等方式获取建设资金。积极与当地银行和企业合作，尽可能获取当地贷款。必须有内部资金的，也要根据所在国情况，以债务的形式出现。通过在东道国招股或出售证券和发行债券等形式使融资本地化，可以将企业利益和东道国当地金融机构等的利益"捆绑"在一起，当东道国发生政权替换等投资风险时，将连带其本国相关方面受损，东道国必然"投鼠忌器"。

3. 把自然资源的开发与人力资源的开发结合起来

电站建设将使部分村民失去他们赖以生存的村庄和土地，并带来一系列社会问题，包括打工和土地的纠纷，增加对周边国家的移民。电站建设要把水能资源的开发与人力资源的开发结合起来，适当考虑解决当地人就业问题。周边国家文化教育较落后，熟练工人较缺乏，工程技术人员少，一般劳务人员较多，素质较低，大量使用当地劳动力也存在风险。

（1）雇用一定比例的当地员工。消除民族情绪影响，化解来自东道

---

① 郑必坚：《关于我国发展战略的新思考》，《经济日报》2012年1月20日。

国社会团体的压力,发挥当地人力优势,可以降低政治风险扩大的程度。本地人更为熟悉缅甸当地的政治环境、经济状况和文化习俗,具有信息和人脉关系等优势,也有利于企业发展。因此,境外投资最好应尽量使用当地员工。如果当地员工缺乏足够的经营才能和对企业的忠诚,就可能使企业蒙受经营上的损失,因此我国企业在东道国当地招聘任用骨干员工及管理人员时应严谨挑选聘用。

（2）要善用当地的员工。企业要正常经营,注重与当地融合和本土化,处理好与当地政府、社会和劳动者的关系是非常重要的。如果企业所用的管理人员几乎都是从中国去的,这就让当地的民众认为中国企业是在有意脱离当地社会,从而产生了误解和敌意。提升当地员工为管理人员,可以更好地使公司尊重当地的风俗习惯,融入当地的社会生活。如果企业能加强与当地各界利益上的融合,那么产生社会风险的可能性就会降低。

（3）正确处理劳资关系。企业在"走出去"的过程中,要重视当地的经济民生发展。当地员工的工资水平过低,会导致企业经营和当地发展不一致。如能做到劳资双赢,利润必须与工人分享以及为工人提供许多服务等,就可以避免很多不必要的风险。当企业遭遇政局动荡时,很有可能造成当地的员工失去良好的工作机会,这会迫使当地的劳工组织同政府交涉,让政府不得不慎重考虑自己的外资政策。

三 要更加注重履行社会责任,实现和谐发展

社会责任强调企业作为社会的有机组成部分,是社会的和谐因素。当中国的企业在周边国家进行投资和商业运营时,就成为当地社会的一分子,需要扮演一定的社会角色,承担一定的社会责任。企业如果不能较好地融入当地社会,可能为其长期可持续经营带来种种障碍。企业要想把项目做好,立足点必须是当地社会,扎根于当地,造福于当地,要承担一定的公益事业。在财力允许的情况下以无偿的形式投资教育、卫生、扶贫等,回馈当地社会。这样企业就可以塑造自己在当地良好的"公众形象",得到当地政府和广大群众的长期拥护和支持。

1. 企业的发展要有利于推进社会和谐

在我国进行对外直接投资的过程中，面对的最大困难不在于资金、技术或资源整合能力，而在于面对复杂的众多利益团体如何进行良好的沟通。它是体现在经济上的一种民族主义，即东道国国民为表示对自身民族认同，不惜以各种手段损害其他民族的经济利益。对中国企业存在防范、猜忌等复杂心态，必然对企业"走出去"形成了阻挠和掣肘。应对这类风险，应从以下三个方面入手。

（1）注重文化沟通与融合。企业发展往往会遇到与当地社会风俗文化不相适应的问题，要减小在对外直接投资中的风险，除遵守当地法律，按照当地政府规定的工作程序办事外，还需要全面适应东道国的社会心理、文化习俗。要熟悉和尊重当地的文化传统和风俗习惯，必须培养良好的国际文化沟通和交流能力，了解投资东道国的商务实践和习惯，学会按照它们的思维和行为方式来办事。企业在整合资源、建立企业文化以及与当地文化融合时需要更加注意。增强跨文化沟通的敏感性，识别文化差异，加强文化认同，使企业更好地融入当地社会。

（2）企业在获得利益的同时也应对当地社会有所回报。企业应积极承担社会责任，每年从获取的利润中拿出一部分回报到当地，用于人民生活条件的改善和生活质量的提高，如以公司的名义在当地投资建设学校和医院，向学生发放了教材、校服、文具等，为当地百姓提供文化教育、医疗卫生服务；公司利用修建电站的公路，改善当地的基础设施，向社区提供清洁稳定的水电供应，使电站的建设不仅是一条电力通道，还将形成交通通道和贸易通道；公司还可设立奖学金，资助当地的优秀青年到中国留学等。使公司逐步本土化，成为地地道道的东道国公司，成为受当地人民欢迎的"友好型"外来投资者。

（3）要承担一定的公益事业。为了体现中国企业的人文关怀，必须真正让当地居民感受到实惠，不是简单把钱交给政府，在财力允许的情况下以无偿的形式投资教育、卫生、扶贫等，回馈当地社会。同时在解决电站的水、电、路、通信问题时，一并解决当地百姓的困难，让居民短时间内迅速体会到电站建设的好处。

2. 电站建设要注重生态保护

任何人类活动都会对环境造成一定影响。发电活动也不例外,无论是水电、火电、核电、风电和太阳能发电都会对环境造成影响。努力降低人类活动对环境造成的负面影响是可持续发展的需要。人类在水电百年发展过程中,对保护环境的认识不断深化,随着技术进步,保护环境的能力不断提高。水电是当前唯一可大规模开发的可再生清洁能源已成为共识。电站建设无论建设期还是建成后的运行期,都必须维护好河流的生态系统,要采取措施,提前应对,使生态的负面影响降到最低。

(1) 建设生态环境友好的水电工程。发展水电符合人类社会和资源、环境协调发展的要求,对发展中国家尤其如此。要实现中国水电发展的目标,必须用科学发展观对待水电资源开发,促进人与自然的和谐发展,建立与生态环境友好的水电工程建设体系,从而保证水电自身发展的健康和可持续。传统的建设方针是在安全、技术可行、经济合理的前提下,再考虑生态环境问题。今后则需要从规划、勘测、设计、施工、运行管理各个阶段的环节,把生态环境问题放在重要位置来考虑。现在,历史赋予我们的责任是挑起大坝建设与生态保护两副重担,在水利水电工程建设中正确对待、科学处理生态问题。恢复植被,建设坝区生态园区。在工程建设中普遍加强了对营区、道路两侧、荒地等处的绿化工作,使植被得以恢复,环境得到美化。一些工程还建成了独具特色的坝区生态园区,形成一道亮丽的景观。

(2) 建设科学发展的绿色水电工程。工程建设与环保水保设施建设、生态环境建设同步。加强工程精细施工及加固技术的应用,工程中大量洞挖、坑挖、边坡开挖改变了原有的自然地形、地貌,使生态环境受到破坏和影响,与建设生态环境友好的大型电站工程的要求不相适应。尽量减少工程建设对自然环境造成的影响,开展工程精细施工及加固新技术的应用。其中包括精细边坡开挖技术、复杂环境条件下爆破开挖技术、精细开挖爆破成洞和锁口技术等的应用。加强复垦造地技术的研究与应用,加强施工场地复垦造地、料场生态修复,特别是要做好保护和回填地表土的工作。合理选择砂石料场、弃料场,保护良田耕地、森林草场,减少对原有地形、地貌的破坏,把对环境的影响降到最低程度。

(3) 建设人与自然和谐的水电工程。运行期间，仍要坚持认真对待水电开发对地区历史文化特别是少数民族地区历史文化带来的影响，不仅要恢复原来的宗教、文化景观，而且还要开发出新的文化景观和自然景观，参与社区文化，广交各界朋友，从而融入东道国社会文化之中。电站要解决当地城镇和农村的能源问题，提供更便宜、更可靠、更稳定的电能。改变了历代来靠柴火照明、做饭的历史，为农户节约了大量体力、劳力，进而更好地投入到其他的农业生产中。随着农户电能使用的增长，减少了林木的砍伐，能有效促进山区的生态保护。

3. 掌控话语权，规避舆论风险

过去，我们只注重与周边国家政府建立友好关系，不注重在民众中宣传中国形象，周边国家民众未能获得更真实、全面的信息。针对周边各国变化了的形势，我们对于各怀鬼胎的舆论不能听之任之，不能凡事总是采取回避、低调的策略。在加强经贸往来的同时，注重加强文化宣传和规避舆论风险。

（1）要更加主动地防控舆论风险。缅甸政府为摆脱被西方孤立的状况，有可能屈从于西方的各种压力；受西方媒体的挑拨，一些居民也会跟风炒作。企业要有充分的舆论准备，对社会有利的事情要做，但该说的话也要大胆地说，增加透明度。有时低调行事往往会使事情更复杂。企业将更多的事实真相及时讲出来、传播出去，主动地消除某些外国媒体的恶意炒作。对企业做了大量对当地社会有益的事，要广泛宣传，例如，中缅合作的耶涯水电项目并网发电，使缅甸全国总装机容量增加了近50%，有效改善了缅甸电网的供电质量，缓解了缅甸电力紧张的局面，改善当地交通，促进当地经济发展。又如，西方媒体总说，企业把90%的电力输回中国，我们要表明，企业是首先保证缅甸当地用电需求后，剩余的电才输送回国。

（2）要主动宣传企业"走出去"的互利共赢。企业要加大互利共赢的宣传，要算细账。例如，从直接经济利益来看，电站建成投产后，当地政府可以通过税收、免费电量、股权分利等获取经济收益，运营期结束移交当地政府后，政府可增加不少固定资产，并可再获得运营收益。从间接收益方面来看，随着电站的建设运营，将为当地培养一批电力技术和管理人才，为当地提供优质低价的电力，提升当地电力工业水平，为当地经济社会发展提供有力的能源保障，改善投资环境。配套建设的公路和水文、气象和地震观测站网也将为改善当地民生创造良好的条件。在项目建设高峰期，需要大量劳动力，能显著增加当地就业机会。上述好处要通过各种媒体和渠道向当地老百姓宣讲，让他们广泛知晓，以便消除其猜忌心理。

第三节　统筹好沿边开放与生态保护的关系

近些年，在湄公河水利开发利用、水资源分配、水资源污染防治、生态环境保护等方面，中国与周边国家都发生了一系列的争议，已经成为影响中国周边安全不容忽视的因素。特别是在当今世界淡水资源日益匮乏的状况下，国际河流水资源利用极可能成为国家、不同地区、不同利益团体间竞争利用并引发矛盾冲突的导火索。如何开发利用共享的淡水资源，以满足各个国家的用水目标，维护国际河流生态系统成为一个共同关心的问题。

一　湄公河流域生态问题的起源及现状

湄公河是东南亚大陆的心脏与灵魂，超过6000万人依赖湄公河及其支流的水源，支持他们的粮食、食水、运输及其他的日常生活。湄公河是仅次于巴西的亚马孙河流域，拥有全球最多品种鱼类的大河。近年来，湄公河流域生态环境遭到破坏，恶化的趋势并未得到根本的扭转。

1. 湄公河流域森林资源的锐减，可能引发生态灾难

湄公河流域森林覆盖率虽然相对较高，但由于人口增长、过度采伐以及非法木材交易，导致湄公河流域内的森林资源正在遭受浩劫。例如在越南，由于战争和战后重建，已丧失了90%的森林面积。泰国为发展农业和林木种植园，65%的森林被砍伐；泰国东部的森林覆盖率已经从69%下降到16%。云南山地面积占国土面积的94%，石漠化重点县多达65个；陡坡耕地面积大、过度垦殖使草甸、森林和湿地面积缩小，使土壤侵蚀总量、土壤侵蚀模数、年均侵蚀深度都有不同程度的恶化趋势，

— 239 —

并且石漠化现象非常严重。据第三次土壤侵蚀遥感调查结果显示，云南省水土流失面积13.4万平方公里，占全省面积的34%，年流失土壤5亿多吨，是全国年流失土壤总量的10%。云南"三年连旱"干旱造成昭通、曲靖、昆明、楚雄等13州市91县市、区631.83万人受灾，242.76万人遭受不同程度饮水困难；造成大春农作物受灾651.08千公顷，成灾376.17千公顷、绝收62.48千公顷；因灾造成全省需救助人口231.38万人；全省直接经济损失23.42亿元，其中农业损失22.19亿元。①

2. 生态防护功能削弱，濒危物种的生态环境逐渐缩小

湄公河流域自然地带和生物群落交错性明显，使自然生态环境表现出明显的脆弱性特征，自然环境稳定性差、山地自然灾害频繁、植被容易遭受破坏等，生态恢复和重建的难度很大，湄公河流域生态日趋脆弱，对全球气候变化十分敏感。近年来，全球变暖，印度洋暖湿气流减少使高原内部的旱化现象不断加剧，北麓源头地区大气降水减少、冰川退缩、雪线升高，草原沙漠化现象明显，源头地区降水和河川径流量减少。由于过度垦殖和毁林开荒，森林采伐量超过其生长量，使林草植被遭到破坏，森林生态功能严重减弱。森林、湿地、草地等不同程度退化，物种生存条件受到破坏，导致了物种和种群数量的减少，如牛羚、巨蜥、长苞冷杉、紫果云杉等珍稀和经济动植物种类及数量明显减少。甚至导致许多物种还未被发现就已经绝种，大湄公河流域地区有200多个物种接近灭绝。

3. 水污染事故频发，加剧了下游国家对水质安全的担忧

云南位于大湄公河流域的上游，对流域有一定的影响能力，上游地区水资源的开发利用或多或少地会对下游产生影响，水资源污染也可能被传递到下游国家。云南环境污染的危害和影响，实际上已远远超出云南本身的范围，不仅影响到云南的发展，而且污染物通过传输、迁移、扩散，对周边地区和大湄公河次区域产生了较大影响。云南九大高原湖泊水质受到严重污染的有滇池、异龙湖、星云湖、杞麓湖，尤其是滇池

---

① 《云南大旱631万人受灾　未来10天内仍无有效降水》，《北京晚报》2012年2月21日。

水污染治理状况仍不尽如人意。2008年阳宗海水体砷浓度上升，水质由二类急剧下降为劣五类。2011年，曲靖市企业将铬渣倒入水库共造成77只牲畜死亡。尽管国际河流还没有发生大面积的污染事故，但下游国家担心和疑虑增加。

二 湄公河流域各国对生态问题的分歧

围绕着湄公河流域生态问题，近年来在中国与湄公河流域国家之间展开了博弈。处于下游的 GMS 五国，以及一些别有用心的国际舆论经常拿中国说事，在 2010 年的大旱之年达到鼎盛。而且，随着时间的推移，此类情况将会越来越频繁，越来越严重。历史原因和现实发展需要使各国提出不同的利益诉求。由于各流域国所处的地理位置不同，流域各国由于关注点不同，社会经济发展水平的差异，带来需求的不同，从目前流域的开发情况看，各流域国由于关注点不同，利益冲突集中在水量分配、水生生态两个方面。流域各国从自己国家利益的角度出发，强调本国利益而往往忽视他国的利益。一般来说，上游国最为关注的是航运和水电建设，而下游国则偏重灌溉、防洪、渔业等。所秉持的理念、意识也迥然有别。反映的问题本身既包含着深刻的见地，也存在一定的局限；在观点与观点之间，既有共识，又有对立，既有交叉点，也有相悖处。

1. 对水资源利用的分歧——鱼与熊掌能否兼得

下游国家一方面反对中国在上游建电站；另一方面又希望从中国进口电力。下游国家担心上游水库会控制下游供水量，从而掌控下游国家的生存命脉，因此极力反对的是上游国家修建对下游影响巨大的大型水利设施，认为大型水利设施蓄水量大，截流时间长，水量控制能力强，减少下游国家的现有用水量，因此对下游国家的影响大，并引发下游严重的生态灾难。提出上游国家的发展必须考虑其他利害相关国家的利益，绝不能以牺牲他国为代价，上游国家修建大型水利设施之前，必须通过与流域国家没有直接利害关系的第三方独立评估机构的可行性报告。这样的报告既包括经济社会效益，也包括生态安全。

上游国家认为大型水利除发电外，还具有蓄水、调节水量、发展渔业、航运和生态环境保护等方面的综合作用，设施运作的方式是充分考虑下游防洪、抗旱、生产、生活和生态需求。汛期蓄水发电,减少上游来水,旱季开闸发电向缺水的下游送水,还能减少海水入侵。上游开发水资源,不仅对下游没有害处,相反,还会通过蓄水调节,减少汛期洪水流量和增加枯水期的流量,提高下游地区的防洪、灌溉和航运能力,有效缓解下游洪涝灾害,减少湄公河三角洲地区的海水倒灌。中国对跨境河流的开发利用一直采取负责任的态度,充分考虑对下游的影响和下游国家的正当利益。

2. 对水资源分配的分歧——面临的蛋糕将越来越小

水资源作为国家领土完整与主权的重要组成部分,其所有权与不可侵犯权是国际法中的重要原则。国际河流水资源通过自然越境而打破了各流域国领土的完整性,使其成为多国共享的资源。在国际法中,对国际河流水量分配及利用并没有明确规定,因此在水资源紧缺的情况下,各国之间因水龃龉不断在所难免。[①] 下游国家认为上游地区对河流的利用和开发拥有难以约束的天然控制权。上游地区水资源的开发利用或多或少地会对下游产生影响,下游地区的国家担心上游国家过度地开发利用水资源影响它们的利益。湄公河水量矛盾主要集于中下游国之间,80 年代末,泰国政府希望从湄公河内取水,以满足泰国中心区和重要大城市曼谷的水需求,并灌溉东北部大面积的土地。为此与老、柬、越产生长时间的意见分歧。越南方面认为,泰国调水灌溉东北部呵叻高原的计划,抽取了湄公河枯季径流约 1/3 的水量,在亚洲开发银行的干预下,泰国的计划没有得到实施。

上游国家认为湄公河的生态环境面临的最大威胁,并不是水利工程,而是该流域多年来大量植被遭破坏。在湄公河流域一些国家,大片的森林树木遭到砍伐,木材被出售以赚取收益。这导致整个湄公河流域的"集水区"破坏严重,无法积蓄足够水源,从而使得湄公河水量越来越少。但水资源不能只准许下游国家利用,而不允许上游国家利用。根据国际水法,沿岸国和人民均享有公平合理利用跨界水资源的权利。中国

---

① 孙广勇等:《国际河成纷争新源头:全球"水破产"将引发冲突?》,《环球时报》2010 年 3 月 31 日。

的水资源人均拥有量只有2220立方米，在全球范围内属于缺水国家。中国用全球7%的水资源养活了占全球21%的人口，既说明了中国水资源的短缺，也说明了中国水资源利用所取得的成就。国际河流水资源的公平合理利用与分配必须在尊重"领土完整"与"领土主权"的基础上，进行国家间密切合作，它与流域内区域经济合作、社区发展与区域和平稳定等问题密切相关。

3. 对下游水量减少的分歧——上游同样面临的问题

上游与下游面临同样的水量减少和干旱问题，下游国家纷纷将矛头指向上游国家，认为正是因为在上游修建水坝断流截水，才造成湄公河流域的河水干涸。资料显示，中国建水库后，流量减少了4%。近年来，湄公河流域出现干旱，2009年，中国西南省份和大湄公河次区域有关国家遭受百年一遇的旱灾，旱灾造成大湄公河次区域缺水。由于大旱，湄公河流经泰国和越南境内某些河段的水位大降，当地农业生产受到严重影响。老挝及缅甸也出现缺水及船只停航等情况。下游国家认为，这不仅是由于自然干旱，是上游国家截留了水。干旱可以怪罪上游，那么，2011年泰国遭遇数十年来最为严重的洪涝灾害，洪水持续4个多月，造成全国数千万人受灾、1/3省份被淹，708人洪涝灾害中罹难，首都曼谷有100多天浸泡在水中，多个工厂停产，洪灾造成的全面经济损失恐超过20亿美元。①

上游国家认为，水资源减少的原因还在于随着气候变暖，上游地区的雪山规模逐渐缩小。中国西南省份和大湄公河次区域有关国家都在遭受百年不遇的严重干旱，造成缺水的根本原因在于气候灾害。尽管湄公河是水资源最丰富的地区，但受气候变化的影响非常明显，水资源已有逐年减少的趋势。一方面由于近几个世纪以来，全球变暖，印度洋暖湿气流减少，喜马拉雅山乃至整个青藏高原的不断隆升，使高原内部的寒旱化现象不断加剧，北麓源头地区大气降水减少、冰川退缩、雪线升高，草原沙漠化现象明显，澜沧江源头地区降水和河川径流量减少。另一方面，因为过度砍伐森林造成森林涵养水源减少，致使大湄公河次区域干

---

① 《泰国洪灾死亡人数上升至708人 3人失踪》，中新网2011年12月15日。

流及其支流的流量减少，尤其是在枯水季节的流量明显减少。随着世界人口的不断增长和经济社会发展以及气候变化导致水资源时空分布不均，缺水已经成为世界上绝大多数国家面临的共同问题。虽然中国也存在缺水问题，但中国政府一直坚持合理利用和保护水资源原则。

4. 对下游国家生态环境的分歧——二律背反的理论

下游国家认为湄公河上游的开发活动给下游造成生态、环境和经济方面的多种影响，从而影响到了下游国家人民的生活。来自于农业、工业和采矿业的硝酸盐、杀虫剂、重金属和碳氢化合物等污染物已经造成了湄公河流域地表水的富营养化，并严重威胁当地居民的身体健康。农业、渔业需要上游泥沙带来肥沃的土地和营养物质，下游国家担心上游多建大坝拦截了下游的泥沙，从而减少湖中鱼类的营养来源；湄公河每年的洪水泥沙在柬埔寨和越南的低洼地森林和洪泛平原沉积下 10～30 毫米厚肥沃的表土。每年从上游冲到湄公河三角洲的冲积物有 1.6 亿～1.65 亿吨。如果在上游建成这些大坝，每年该三角洲的冲积物将大幅减少到 4200 万吨。一旦冲积物减少，淹没面积减少或输沙量减少，农田不能得到每年沉积下来的泥沙，生产率就会大大地降低，湄公河三角洲的水稻产量将急剧下滑。需要增加施用大量的化肥来补充土壤的肥力，由此将增大农民所负担的成本，而且化肥的排放会污染居民的饮水和鱼类的生存环境。而且，三角洲的高度将降到海平面以下，这个过程将随着气候变化引起的海平面上升加快。

上游国家认为在湄公河流域，农业生产严重依赖杀虫剂和化肥，来自农田的各种化学物质、养分和沉积物流入湄公河，导致水质下降，破坏了野生生物栖息环境。如同样是泥沙问题，上游国往往认为水土流失导致国土流失，认为下游国从河流泥沙获得大量营养物质，维持其土地的肥力。下游国家获得的利益越多，上游国家的利益损失就越大。千百年来，正是由于上游国家大量的营养物质输送，才造就了湄公河三角洲和红河三角洲，如果继续下去，水土长期的流失，生态结构也失去了平衡，物质循环不能正常运行，导致生态系统中水分循环，大气流动，矿物质循环的正常结构和循环被打乱。上游国家的水土一旦流失殆尽，而遭到大自然的报复的就不仅仅是上游国家。历史上盛极一时的"巴比伦文明",由于上游扎格罗斯山和波斯高原侧坡上大面积森林和草原遭到摧残和破坏之后,造成"两河流域"(幼发拉底河和格里斯河)千里沃野处于土壤侵蚀之中。

三 湄公河流域生态问题对我国的影响

境外对湄公河流域生态问题的反应是一个老问题,古已有之。随着经济全球化和区域经济一体化的加速发展,澜沧江—湄公河流域的开发合作进入了快速发展时期,各种矛盾不断产生。不合作就不会有摩擦,合作越多,摩擦也就越多。加之全球气候异常而导致湄公河流域极端天气增多,旱涝灾害频发,从而引发人们对湄公河流域生态问题的进一步关注,针对中国的指责和批评越来越多,口气也越来越强硬。来自非政府组织和西方国家的批评,大多缺乏调查研究和实际材料,盲目跟风、炒作;针对中国水电开发的有些批评明显带有偏见和煽动性。

1. 湄公河流域生态问题对中国周边安全环境的影响

围绕水资源的开发利用产生的矛盾,境外一些人(包括区域内外的一些媒体和NGO)已经形成这样的认识:中国在湄公河上游建坝不仅能够调节水流量,而且还便于控制其他国家的经济和政治。中国把对国际水资源的利用和"对水资源利用形成的威胁"作为一件有效工具,以此来牵制东南亚国家。这些分歧又被西方国家所利用,牛津大学研究湄公河开发的专家伊芙琳·吴认为,湄公河的水利、灌溉以及航运开发都将朝着有利于中国的方向发展。湄公河流域呈现给我们的是政治经济力量和地理优势之间的紧密联系。这条河流最下游的国家政治和经济力量最弱。相反,处于河流最上游的中国经济和政治实力最强,必然在湄公河开发领域占据主导地位,并且得到的实惠也最多。[①] 这种新版"中国威胁论"影响地缘政治,影响周边国家对中国的认知,误导周边国家的民众对中国的认识与态度,继而影响本国政府对中国行为的判断,诱发中国与周边国家之间的潜在冲突,刺激周边国家采取防范中国的行为。

---

① 《中国开发湄公河上游威胁生态环境》,http://www.voanews.com/chinese/w2007-02-26。

2. 湄公河流域生态问题对中国与 GMS 国家投资合作的影响

2011 年，缅甸政府以密松电站项目可能会破坏密松的自然景观，破坏当地人民的生计，破坏民间资本栽培的橡胶种植园和庄稼，气候变化造成的大坝坍塌也会损害电站附近和下游的居民的生计为由，搁置由中国电力投资集团与缅甸军方支持的公司合资兴建中缅密松水电站合作项目。密松水电站开工以来，已投入巨额资金，坝区移民全部完成，项目"四通一平"（通路、通水、通电、通信和场地平整）已全面开始施工，场内道路、水厂、油库等工程已初具规模，坝下游跨江大桥正在进行施工，主体溢洪道及引水系统上部土石方开挖工程也已开始施工。项目搁置，造成的损失将远不止直接投资和财务费用，开发完成伊江项目建设的目标也将无法按期实现，中缅双方损失都不可估量。

3. 湄公河流域生态问题对中国与 GMS 国家经贸合作的影响

近年来，境外对我国开发水电的越来越多的指责，中国与 GMS 国家合作开展区域间的电网互联和电力贸易、电网和电源项目的开发、建设及经营等很难开展。原计划泰国 GMS 公司投资修建中国的景洪电站，其所发电量也全部输往泰国，这在当时是中国第一座外商直接投资并控股的大型水电站。1998 年，中泰两国政府签署的中国云南向泰国送电 3000 兆瓦的备忘录，即从 2013 年起泰国向中国云南购电 1500 兆瓦，从 2014 年起再增加购电 1500 兆瓦。从实施的结果来看，泰国还是放弃了对景洪电站的投资，而是由中国自己完成了电站的建设。并且，大规模向泰国输电也因泰国方面的不积极而被搁置。

4. 湄公河流域生态问题对中国与 GMS 国家交通运输合作的影响

澜沧江—湄公河国际航运 2000 年开通，10 多年来逐步发展，逐年上台阶，运输品种从单一的件杂货发展到现在的集装箱、重大件、冷藏鲜货、国际旅游多品种兼有的综合运输服务。但一些极端环保主义的反对声不断，认为湄公河天然河床在不断地演变，河道的开辟使一些鱼类失去了产卵的条件，巨大的搬运工作冲刷河槽和河岸，挟走冲刷下来的产物——泥沙等。2011 年 10 月出现了震惊世界的湄公河惨案，两艘商船在湄公河金三角泰国水域遭遇袭击，中国船员共 13 人全部遇难，澜沧江—

湄公河国际航运被迫中断。以后又接连发生中国商船在湄公河航行中遭到缅甸陆上、老挝陆上不明身份人员的炮火袭击事件。

5. 湄公河流域生态问题引来外部势力的介入

湄公河水电之争背后隐现的是美、日等区域外大国借机介入湄公河开发，从而加强其对中国的战略牵制。2009年，美国高调宣布"重返东南亚"，对于湄公河下游国家的一些非政府组织和媒体所散布的"中国水坝威胁论"，介入湄公河地区事务成为美实现"重返东南亚"的一个重要突破口。美国政府与东盟签署《东南亚友好合作条约》，随后与四个湄公河下游国家磋商并建立了"美湄合作"新机制，计划在环境保护、健康保健和教育三个领域展开合作。日本一直将东南亚地区视为其"经济后院"和"入常"以便实现其政治大国梦的重要支持力量。2010年，日本与湄公河流域国家举行会议，抛出了"绿色湄公河"计划。无偿援助该地区建立"东西经济走廊"物流网，以抗衡中国参与的"南北经济走廊"建设。

四 处理好水电开发与生态环境保护的关系

各流域国从国家利益的角度出发，没有水能资源的国家反对有水能资源的国家开发水能资源，它们可以把电站建设的负面效应无限夸大，强调他国对本国造成的损失，甚至被外部势力所利用，而忽视一些正面的影响作用。有水能资源的国家为自身的发展，利用和开发本国的水能资源，强调水能资源的正面的效应，而忽视一些负面的影响作用。

1. 历史地、辩证地看待水电开发与生态环境的关系

（1）水电对人类曾做出了巨大的贡献。任何人类活动都会对环境造成一定影响，发电活动也不例外。人类在水电百年发展过程中，对保护环境的认识不断深化，随着技术进步，保护环境的能力也在不断提高。水电是当前唯一可大规模开发的可再生清洁能源已成为共识，西方国家无不优先开发利用水能资源，并且，其开发程度、运用力度都远高于中国现行水平。美国胡佛水电站的建设和运营至今已有80年，使美国西部70万公顷的荒漠得到可靠水源而变成良田，并造就了拉斯维加斯新城。

（2）人类对水能资源的利用是不会改变的。未来能源增长趋势决定水电能源持续增长是一种必然趋势，一是传统的能源生产和消费中对环境的破坏是巨大的，以煤为主的能源结构对大气环境质量，对生态环境产生了巨大的负面影响。二是无论是我国还是东南亚国家对能源的需求不断增大，不能满足经济增长的需要。水电的生态环境影响只是对流域范围的，但如果不开发建设水电，影响破坏的将是全球的生态环境。

（3）水电对生态环境的影响具有两面性，尽可能做到趋利避害。不可否认，水电的发展对环境产生了一定的负面影响，如改变了河流的自然状态，河流流速减慢，对河流的自净能力产生影响，加剧了河流的污染等。但水电建设对生态也产生正面影响，并且利大于弊。它避免了燃煤发电所带来的烟尘、二氧化硫、二氧化碳、废水、废渣，减少环境污染。在保证生态环境约束条件下有序发展水电，成为有效解决能源与环境问题，实现可持续发展的现实和有效的选择。

2. 加快水电增长方式的转变

（1）从单纯工程水电向生态水电转变。维护好河流的生态系统，要采取措施，提前应对，使生态的负面效益降到最低。一是建设生态环境友好的水电工程。从规划、勘测、设计、施工、运行管理各个环节，把生态环境问题放在重要位置来考虑。二是建设科学发展的绿色水电工程，保护良田耕地、森林草场，减少对原有地形、地貌的破坏，把对环境的影响降到最低程度。运行期间，不仅要恢复原来的宗教、文化景观，而且还要开发出新的文化景观和自然景观。

（2）从单纯水电工程向生态工程转变。要统筹考虑经济效益和生态效益、局部利益和整体利益、当前利益和长远利益。要客观和系统评估水电开发活动的生态环境影响。要认真对待水电开发对少数民族地区历史文化带来的影响。要让水电开发建设成为当地群众脱贫致富的难得机遇。要确保流域生态安全和增强流域可持续发展能力。要统筹考虑上下游的水电开发与生态保护问题，最大限度地减轻对下游水资源利用及生态环境的不利影响。

（3）从单纯水电工程向社会工程转变。电站的发展一定要立足于带动当地经济社会的发展，促进当地的就业、技术进步、财政增收，实现利益共享。要让水电开发建设与当地的经济发展紧密结合起来，成为当地群众脱贫致富的难得机遇。进一步开拓电力市场，为当地企业提供优惠的电价，为当地农产品加工业、矿业、冶金业的发展创造条件，与当地共享电力资源，实现互利多赢。真正做到建一座电站，保一方水土，促一方经济，富一方百姓。

五 处理好沿边开放与环境保护的关系

云南作为 GMS 的生态屏障和大江大河的上游地区，在环境生态方面承担了重要义务和责任。我们将坚定秉承可持续发展的理念，宁可牺牲一些发展速度，也要保护好生态环境；宁可减少一些资源开发，也要避免对下游区域带来不利影响；宁可生产生活受到一些影响，也要使流经云南的条条江河清澈。云南将一如既往奉行睦邻友好政策，以邻为伴、与邻为善，绝不做以邻为壑、损人利己的事。将继续加强与有关国家的对话与合作，共同利用和保护跨界河流水资源这一共同财富，使之造福沿岸人民。让江河依然清澈，森林依然茂密，天空依然明净，大地依然翠绿。

1. 坚定生态立省，构建 GNS 的生态屏障

（1）实施水资源可持续利用，推进生态安全保障体系建设。大力推进重点天然林保护、重点生态区域绿化、自然保护区建设以及防护林建设，巩固和提高森林特别是天然林覆盖率，提高云南生态系统的安全保障能力。

（2）集中精力治理环境问题，推进环境质量保障体系建设。加强水环境保护，重点推进防治工业污染、控制生活污染、削减农业污染、处置医疗和危险废物等污染防治工程，提高防污治污能力，杜绝国际河流水污染事故。

（3）加快产业结构的调整，推进生态经济体系建设。把环境作为经济结构调整和增长方式转变的重要措施，推动产业结构优化升级，加快发展先进制造业、高新技术产业和现代服务业，减轻经济发展对资源环境的压力。

（4）实施生态移民工程，推进人口生态体系建设。贫困问题是生态安全的最大威胁，一些地区"一方水土养不了一方人"的矛盾进一步加深，加快劳动力的转移，在正常城市化过程中化解，使人口规模逐渐减小，向生态承载力范围内回归。

（5）人水和谐，科学发展，推进生态文化体系建设。自然是人类智慧的母亲，大自然孕育、教化了人类，提供了取之不尽、用之不竭的智慧宝库。促使人与自然和谐共生、共融共通、互谦互让，最终实现良性循环和全面发展。

2. 建立一个合理的水资源分配方案，化解分歧

在全球化的今天，共享国际河流已经成为一个共生区域。各国如果立足于争，有可能得到更多水资源，但也可能失去整个区域的安全信任，破坏自己的安全发展空间。实际上，面对水资源短缺危机，任何一个国家都不可能独自面对。

（1）水资源分配的基本原则。国际河流的各流域国间拥有公平的水权，而公平水权并不等于平均分配的水权，要根据国际河流的具体水文特点、流域内社会经济的发展水平和各流域国的用水实际需求，确定各国所占有的不同水权份额。水资源利用优先权要分级，依据流域内水资源的具体条件，对维护社会安定、推动经济发展及保持流域良好生态环境的各用水目标，进行权重评价，以确定水资源有效利用优先权级别。通常，流域居民生活用水需求拥有最高用水优先权。

（2）生态用水量的确定。河流水资源的可利用量必须是在扣除维护水生生态系统良性循环所需的生态水量后的剩余水量。主要以枯季最小天然径流量，或以不同气候区域水资源时空分配特征确定生态用水与可利用水量两者的百分比。

（3）各国用水目标的协调。把生态用水、生态水量、生态流量等放在重要的位置上。充分考虑各流域国过去、现在及即将开展的水资源利用方式、已利用水量及所需水量，承认现状用水优先原则，对水资源进行合理分配。

（4）考虑各国对国际河流水量的贡献量。各国境内产水量，对国际河流的水资源贡献量，在水权分配中应给予一定的权重。上游区国家水贡献量大但利用量小，要坚持以水贡献量作为水权分配的指标之一，维护国家水资源主权。

3. 合作是消除一切分歧的最好方式和手段

鉴于跨境水资源跨境、共享的特点，以及流域内各国开发利用间的相互关系与相互影响，国际合作成为实现跨境水资源永续利用的基本条件。一方面，经济发展要求更多自己领土内的更多的资源开发，这是各国的主权，不容别人的干涉；但另一方面，处在同一条河流中下游的国家，对可能涉及的担忧和要求也存有一定的合理性。莱茵河的有效国际合作机制、多瑙河流域成功开发、跨境水资源的整体综合开发、公平合理利用和协调管理成为国际河流开发的示范。水资源合作是水资源的公平合理利用的最好方式和手段，可以促进各国社会经济的可持续发展。同时，积极广泛的国际合作又能够使各国消除隔阂，抛弃成见，促进与周边国家的睦邻友好，保障本国水资源的安全。跨境水资源的合作既满足了自身的需要，又可以兼顾到邻国的利益，是实现多赢的最佳选择。①

（1）合作才能实现共赢

水资源的跨境、共享特点也决定了国际合作的必要性。就 GMS 各国目前状况而言，流域各国单独或隔绝实施的行为，只会导致 GMS 水资源矛盾或危机的加剧，不可能实现对跨境水资源的公平合理利用，对全流域生态系统的保护和保全，以及对现有或可能发生的水危机的有效解决。只有通过合作才能实现对跨境水资源的公平分配，对水资源的公平分享，以及对水资源利用开发的公平负担，也才能最大限度地预防和减少水资源利用活动对其他国家造成的损害。GMS 各国必须在富有诚意、平等协商的基础上积极进行合作，才能最大限度地维护各国利益，从而有效预防和避免水资源利益冲突，这也是国际社会解决水资源冲突的良方。

（2）参与建立大湄公河次区域生态环境合作机制。中国要积极参与国际区域合作环境组织。享受国际水法和流域开发水资源的开发和利用，其前提是参与国际河流水资源的开发与保护的国际合作或活动，成为国

---

① 赵敏：《国际法视角下中亚跨境水资源国际合作问题探析》，《新疆师范大学学报》2009 年第 2 期。

际水法的签约国或成员国，才能进入有实质性介入的方式参与。建立协商机制，妥善处理国际河流开发。在国际河流开发利用过程中，为了避免纠纷，与相关国家建立协商机制，公平合理地分配水资源，既维护中国的利益，保障中国的权益不受损，同时顾及相关国家利益。建立流域各国的信息共享机制，富有诚意的国际合作首先就体现在资料信息交流上，在建立国际河流水环境监测站网的基础上加强交流与合作，互通信息，建立生态环境监测机构，形成国际河流流域的生态环境监测网路。建立国际河流利益共享机制，在确保国家利益的基础上，积极履行相关国际义务，在国际河流的开发上可以考虑与相关国签订国际合作开发水资源协议，实现共同开发，要以流域的整体利益为基础，强调国家间的合作与协调。建立对有关环境影响进行通知、协商和谈判的机制。流域国在从事可能对其他流域国造成重大不利影响的水资源利用活动之前，有义务及时通知其他可能受影响国，以便使受影响国能够客观地评估项目的潜在影响。

第四节　统筹好沿边开放与国内发展的关系

国内发展是沿边开放的坚实基础，沿边开放是国内发展的强大动力。统筹国内发展和沿边开放的基本要求是，以宽广的眼界观察世界、分析形势，用全球战略眼光来筹划云南长远发展问题，抓住战略机遇期，综合考虑政治经济外交、改革发展稳定等各种因素，充分利用两个市场、两种资源，最大限度地发挥市场在资源配置中的基础性作用，扩大需求，促进消费，维护国家经济安全，推动经济社会和人的全面发展。云南省30年沿边开放的实践证明，每当云南的战略思路把握住重要战略机遇，立足本地的实际，立足以人为本，符合国家的宏观战略，云南的经济社会就会快速发展，人民的收入水平和生活水平就会有明显提高。一旦战略思路偏离这一基本要求，云南的经济社会发展就会受挫，人民的生活水平就难以明显提高。定位准确才能把比较优势凸显出来，思路清晰才能抓住机遇，路子正确才能取得事半功倍的成效。

一 沿边开放要走符合云南实际的发展路子

云南与广西毗邻，两省（区）同是中国的西部地区，是中国面向东盟开放的前沿和促进中国与东盟合作发展的重要平台，经济发展处于同一水平。在面向东南亚开放方面，云南曾经走在前列。1992年，云南率先参加大湄公河次区域经济合作，起步比广西参与GMS合作早了13年；1993年，西南地区联合举办的面向东南亚的昆交会要比广西举办的中国—东盟南宁博览会早11年。但从2002年开始建立中国—东盟自由贸易区以来，广西的对外开放有了较快的发展，2002~2010年，广西的对外贸易以年均32.8%的速度增长，比云南对外贸易年均29.1%的增长速度高出3.7个百分点；广西与东盟的贸易以年均39.1%的速度增长，比云南与东盟的贸易年均24.9%的增长速度超出14.2个百分点。2002年，广西对东盟的贸易额低于云南3.1亿美元，到2010年超出了云南19.3亿美元；2002年，广西的人均生产总值还低于云南116元，到2010年就高于云南4470元。广西在如此短的时间内超过云南，并迅速拉开了与云南的距离，一方面反映了广西抓住机遇，寻找到了一条科学的发展路子；另一方面也反映出云南重大的战略失误，丧失了发展的机遇。

表 5-1 云南与广西主要经济指标

年份	生产总值（亿元） 云南	生产总值（亿元） 广西	人均生产总值（元） 云南	人均生产总值（元） 广西	贸易总额（亿美元） 云南	贸易总额（亿美元） 广西	实际利用外资（亿美元） 云南	实际利用外资（亿美元） 广西	与东盟贸易额（亿美元） 云南	与东盟贸易额（亿美元） 广西
2002	2231.8	2437.2	5178	5062	22.26	24.30	1.12	6.85	9.56	6.42
2003	2458.8	2733.2	5647	5964	26.68	31.92	1.68	4.56	10.03	7.39
2004	3081.9	3320.1	6733	7196	37.50	42.88	1.42	5.97	12.76	10.01
2005	3472.3	4063.3	7833	8762	47.38	51.80	1.89	8.74	15.57	12.24
2006	4007.0	4829.0	8970	10296	62.30	66.60	3.00	4.50	21.74	20.18
2007	4721.7	5885.8	10496	12408	87.80	92.70	3.95	6.84	29.78	29.08
2008	5700.1	7171.5	12587	14966	95.99	132.84	7.77	9.71	27.63	39.87
2009	6168.2	7700.3	13539	15923	80.19	142.06	9.10	10.35	31.51	49.47
2010	7220.4	9502.3	15749	20219	133.68	177.06	13.29	9.12	45.57	64.85

资料来源：各省各年的统计公报，计算增长速度未考虑 CPI 因素。

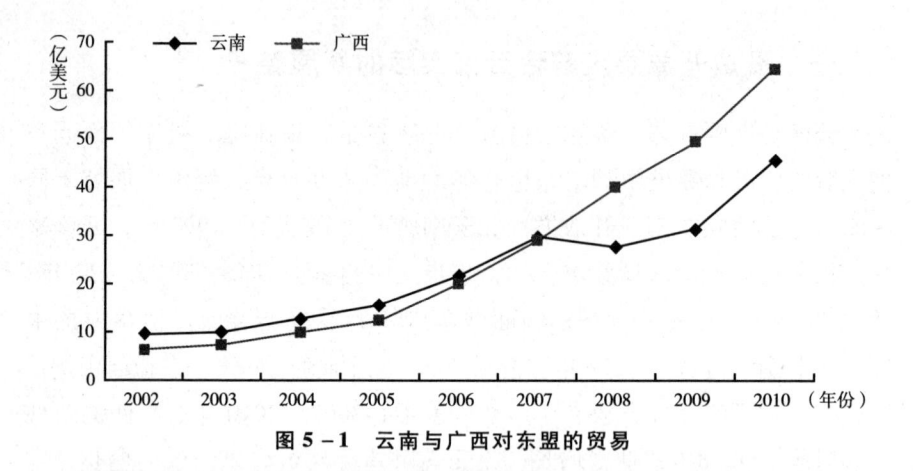

图 5-1 云南与广西对东盟的贸易

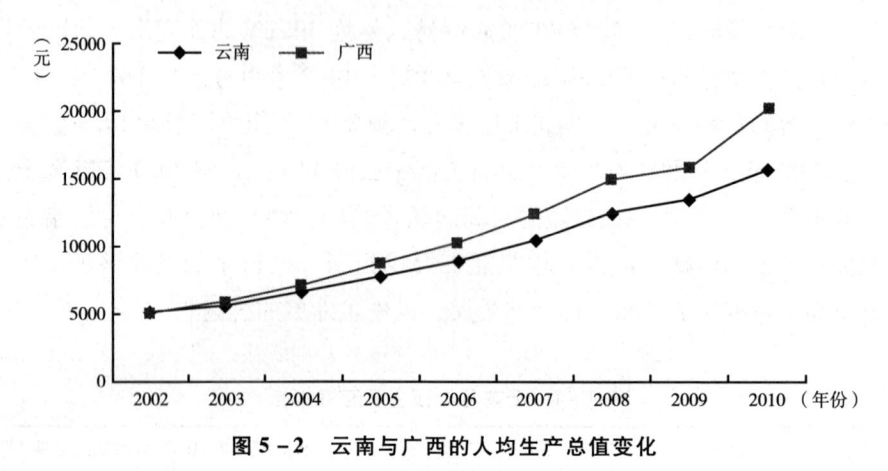

图 5-2 云南与广西的人均生产总值变化

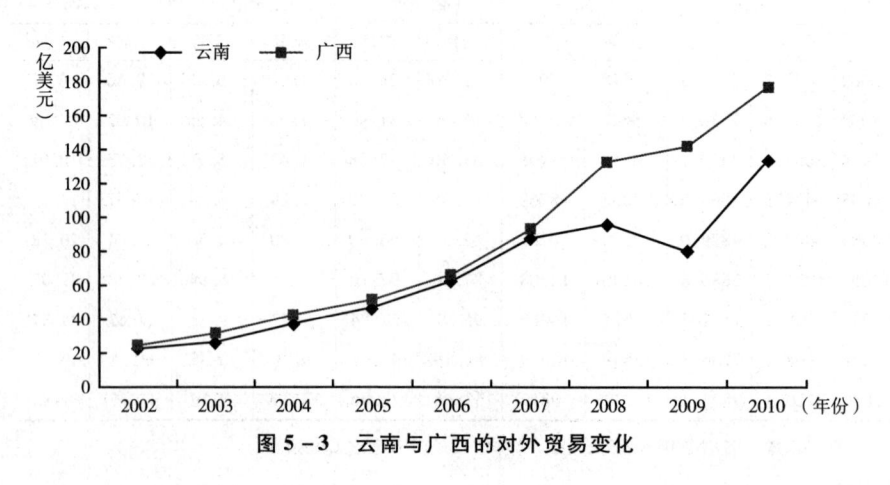

图 5-3 云南与广西的对外贸易变化

第五章
云南沿边开放的宝贵经验

1. 准确的战略定位

广西既沿海又沿边，地处华南经济圈、中南经济圈、西南经济圈与东盟经济圈的接合部，是中国走向东盟的重要门户，在国际国内区域合作中具有不可替代的战略地位和作用。过去，广西的区位优势并未得到充分发挥，沿海开放无法与邻近的珠江三角洲竞争，沿边开放也不能与拥有 4000 多公里边境线的云南相比。胡锦涛总书记指出："和其他沿海省份相比，广西沿海城市发展较慢，但劣势也可以转化为后发优势，关键是要定好位，要有一个切合实际的发展思路。"广西成功的经验就是，准确定位把比较优势凸显出来；思路清晰就能抓住机遇，路子正确就能取得事半功倍的成效。广西抓住中国—东盟自由贸易区加快建设的机遇，把沿海与沿边的优势很好结合起来，以开放的思维和全球化视野，对广西重新定位，立足北部湾、服务三南、面向东南亚。突出一个接合点和一个出海口，即中国—东盟自由贸易区的接合点，中国西部地区唯一出海口。准确的战略定位使广西的战略地位和作用立即凸显出来，中国—东盟博览会落户广西，大量的产业向广西集聚，新的经济增长极迅速培育起来，大大激发了区域发展的活力。

相比较云南，在对外开放中的定位就明显出现了一些偏差。沿边开放 20 多年了，云南开放的思路始终停留在务虚的构想阶段，而且构想越来越大，从东南亚到南亚、西亚，到非洲、欧洲。目前，一些地方官员运筹帷幄，准备大展宏图。披露出来的发展思路中，都是以自己的行政辖区为圆心来制定的，具有扩张性的经济发展指南。令人不安地显露出帝王思想：发展蓝图规模宏大，不仅包括本行政辖区，而且涵盖了周边地区，周边国家乃至整个亚洲、整个太平洋、印度洋地区，要成为三亚（东亚、东南亚、南亚）的中心、两洋（太平洋、印度洋）的枢纽、亚欧的通道。这种带有战略性的对外开放思路，从表面上看具有大局观念，有利于地区经济协调发展。但仔细分析就会发现，这是一厢情愿的所谓区域发展布局[①]，既违背云南的基本省情，同时又违反了市场经济规律，是一种想当然的发展思路。云南的许多区域经济合作开花不结果，缘于

---

① 乔南：《官员"战略布局"冲动当止》，《人民论坛》2007 年 3 月 15 日。

本身就缺乏合作基础。重想象、轻实践；重炒作、轻实际；好高骛远、空中楼阁的战略思路将云南省最大的优势变成最大的劣势。

2. 明确的市场目标

中国与东盟的合作，是国家的对外开放战略，既是云南的机遇，也是广西的机遇。广西立足国家战略利益，结合广西实际深刻把握我国对外开放的总体态势，把加强与东盟的合作作为广西对外开放的市场目标，很好地把广西的对外开放融入国家的整体战略之中。首先是承办中国—东盟博览会与中国—东盟商务与投资峰会，提升了广西的国际影响力，把广西推到了世界大舞台。广西本不属于湄公河流域的省区，但广西积极参与大湄公河次区域经济合作，主动参与"两廊一圈"战略的实施，使广西与东盟的合作日益紧密。随着中国—东盟博览会落户南宁，以及北部湾经济区建设上升为国家战略，广西在中国与东盟合作中的地位大大提升，给广西带来了实实在在的利益。东盟因素推动广西加快对外开放和经济发展速度，2002年，广西与东盟的贸易额占广西进出口总值的26.4%，到2010年就上升为36.6%。即使是在金融危机期间，广西与东盟合作，共同抵御了金融危机，与东盟的贸易一直保持着较强的增长势头，也正是与东盟贸易的稳步增长，支撑了广西整个对外贸易的稳步增长。

而云南的对外开放到目前还没有一个明确的市场目标，云南最大的贸易伙伴是东南亚，但云南部分官员认为，在中国—东盟自由贸易区的建设中，广西抢占了先机，云南还需另辟蹊径，由太平洋战略向印度洋战略转变，由东南亚向南亚转变。沿边开放偏离了自己的市场目标，结果，云南与东盟的贸易在2008年就出现了下滑，导致2009年云南整个外贸的大幅度下跌。实际上，云南与广西在面向东南亚的开放上，各有各的优势，各有各的劣势；广西的优势，云南替代不了；云南的优势，广西也替代不了。云南有许多独具的优势，如昆曼国际公路、澜沧江—湄公河国际航运、中缅油气管道、种植替代等都是令广西望尘莫及的。云南不战而屈人之兵，沿边开放的文章还未破题，就把目标转向南亚、西亚、非洲、欧洲，使云南与东盟的合作一直打不开局面，使云南在中国—东盟自由贸易区建设中失去很多机遇。这无异于"丢了西瓜，捡了芝麻"。2010年，云南与东盟贸易达到45.75亿美元，同比增长45.2%，高于中国与东盟贸易的增速7.7个百分点，与东盟贸易占全省进出口比重为34.2%。而云南与南亚国家贸易仅为9.3亿美元，占全省进出口比重为7%。云南与南亚既不接壤，又无通道连接，没有任何优势可言。云南与南亚的合作，还需通过广西，绕道马六甲海峡。云南沿边开放变成了抢地盘，扩范围；着重于口号，而不重实际；着重于概念，而不重内容；着重于炒作，而不重科学；着重于官场，而不重市场。对具体合作的内容、方式心中无数，对如何合作更不了解。错过了与东盟合作的最佳时期，区位优势一直无法成为现实优势。

3. 切合实际的发展路子

广西的沿边开放着重于新经济增长极的打造，云南着重大通道的建设。广西突出内生的动力，云南外在的力量。广西新一轮对外开放是紧紧抓住了中国—东盟自由贸易区、次区域合作的机遇，实施"东靠西联、南向发展"的区域合作战略，就是要沟通东中西、面向东南亚，充分发挥连接多区域的重要通道、交流桥梁和合作平台作用，以开放合作促开发建设，培育新的经济增长极，大力发展外向型经济。战略突出了广西的区位优势，体现了国家总体对外开放部署，应对了经济全球化的趋势。切合实际的对外开放路子使北部湾经济区迅速成为中国西部大开发重点发展地区，面向东盟开放的合作示范区。中石油投资的1000万吨炼油项目，还有武钢、柳钢合作的1000万吨钢铁项目，1000万亩速生林支撑的林浆纸一体化项目，年榨大豆千万吨的粮油项目，年产量超千万吨水泥项目，总装机容量达1200万千瓦的电力项目等不断向北部湾经济区集聚。

进入21世纪后，云南省做出了建设连接东南亚、南亚国际大通道的战略决策。提出只有建设好国际大通道，进一步扩大开放，才能给云南带来前所未有的大发展。云南沿边开放的路子显然出现了偏差，首先，大通道并不一定带来大开放、大发展。古今中外，没有任何一个国家或地区的开放与发展是靠大通道建设带动的。数百年来，巴拿马运河沟通了太平洋与大西洋，但巴拿马的经济并未获得发展，苏伊士运河沟通了地中海与红海，但埃及并未因此成为经济中心；就是联通欧亚的第一座欧亚大陆桥的中国与俄罗斯，沿线也没有获得太多发展的机会。其次，云南与东南亚、南亚之间并不缺通道。一千多年前就有通道相连，特别是在二战时期，云南省就有公路、铁路、水路进入东南亚，云南与南亚，除了著名的史迪威公路外，甚至还有输油管道连接。至今，云南至少有上百条公路、铁路、水路与东南亚国家连接。云南与越南有公路、铁路相通，"大通道"已建成上百年了，2010年，云南与越南的贸易不及广西与越南贸易的1/4。云南与南亚不接壤，但中国的西藏有通往南亚国家的通道312条，常年性通道有44条，季节性通道268条。其中，通往尼泊尔的有184条，通往印度的有44条，通往克什米尔地区的有12条。由此看出，中国与东南亚、南亚的合作，缺的不是通道，是自身的发展。

二 发挥比较优势要防止掉入"比较优势陷阱"

比较优势理论长期以来被作为指导云南沿边开放、参与国际分工、开展国际贸易、实现其经济发展的准则。云南在沿边开放中具有一定的比较优势，多年的沿边开放也是在比较优势上做文章，力图使自己的比较优势得到充分发挥，使自己的比较劣势得到克服。比较优势原则，有相当大的合理性，在很大程度上，对云南的发展有指导意义。云南沿边开放30年的成功，在某种程度上可以说得益于以区位优势为基础的开放型经济发展战略的实施。在沿边开放初期，比较优势原理可以成为云南面对周边国家做出选择的一个基本原则，而随着形势的发展，比较优势和比较劣势是会发生变化，甚至会相互转化，但云南的沿边开放思路一直陷入或者陶醉于自己自然资源的、区位的，或者既有的潜在比较优势而不能自拔。结果是比较优势不断消失，比较劣势日益突出，其竞争优势也日渐削弱，陷入了"比较优势陷阱"不能自拔。

1. 区位优势是会转化的

比较优势战略由于过分强调静态的优势，而忽略了沿边开放的竞争优势。古代的南方丝绸之路能在远洋运输不发达的条件下发挥作用；二战时期的滇缅公路、中印公路能在中国的海岸线被封锁的环境下发挥作用。但历史上的优势并不表明现代的优势，历史上的优势是落后生产力水平的优势，在落后生产力水平下能产生的优势，在先进生产力水平下，不一定还会产生优势。随着全球经济一体化的发展，云南传统"区位优势"赖以存在和发挥作用的条件已发生了深刻的历史性变化。云南通往东南亚、南亚的国际大通道既面临着国内的激烈竞争，也面临着国外的严峻挑战；既有已存的运输路线与方式的竞争，也有将会出现的新的运输线路的竞争。不同经济发展阶段的产业结构、生产力水平和人们的生活方式都决定了运输需求的数量与质量。交通运输作为最主要的基础产业，其发展不仅要适应不断扩大的运输需求，而且要顺应时代要求及时转变发展方式。

GMS 的"东西经济走廊"直接连通中南半岛上的太平洋港口和印度洋港口，北上接通我国广西的南宁，可从陆路上直接沟通我国与印度洋国家的经济联系。2009 年依据 GMS 跨境运输协定，在亚行的帮助下，老挝、越南、泰国三国交通部长和亚行、世行机构代表齐聚老挝沙湾拿吉省老泰友谊二桥参加东西经济走廊过境运输便利化启动仪式。这标志着大湄公河次区域东西经济走廊交通运输便利化正式开始实施。按协议，上述三国将允许每年总数为 1200 辆的运输车（每个国家各 400 辆）自由过境，对过境货物实行"一站式"海关检查，不需要装卸货物及转换车辆等便利化措施，减少物流管理成本和风险。[①] 2008 年，日本提供 2000 万美元的无偿资金，援助建立"东西经济走廊"物流网，以抗衡中国参与的"南北经济走廊"建设。GMS 的"东西经济走廊"一旦建成，云南再建沟通太平洋与印度洋的国际大通道就名不符实了。从 2009 年的实施情况看，已有部分泰国的货物通过东西经济走廊，进入越南后，北上抵达中国广西的凭祥口岸。泰方政府与中方政府已达成共识，通过广西的凭祥口岸进口泰国水果。2011 年，广西首条南宁至曼谷的货物运输线路正式开通。自此，广西有了全国线路最长、跨国最多的货运线路。该线路由凭祥友谊关出关，途经越南、老挝、泰国，全程 1934 公里，运行 30 多小时。这也是中国对东盟国家陆路运输时间最短、最便捷的直达运输通道。线路开通后，南宁到曼谷的货物运输时间将缩短 100 多个小时，运

---

① 《老挝、越南和泰国 东西经济走廊过境运输便利化开始实施》，《老挝经济社会报》2009 年 6 月 17 日。

输成本也将大大减少。①

2. 区位优势的作用不可能是无穷大

区位优势一直是云南制定发展战略，特别是跨越式战略的重要依据。因为地理位置在区域经济发展中占有重要地位，经济中心往往会出现在区位优势明显的枢纽地带。比较优势建立在各国资源和要素禀赋差异的基础上，比较优势无论是区位优势或是自然资源的优势，是大自然赋予云南的恩惠，比较优势是个天大的便宜，哪怕样样落后于人，但总有机会成本比人低的，区位优势是垄断优势，是云南"人无我有、人有我优"独具特色的。云南应该说在沿边开放方面、在与GMS合作方面有区位优势，但如把这一优势放大到整个亚太地区、印度洋地区乃至非洲、欧洲，就完全违背初衷。云南地处三亚（东亚、东南亚、南亚）两洋（太平洋、印度洋）的接合部，即北靠中国13亿人口的大市场，南连东盟10国市场，东临亚太地区，西承印度洋地区，是沟通中国与东南亚、南亚、太平洋和印度洋的中界地区。于是提出了要把云南建成我国通往东南亚、南亚的国际大通道，建设第三座欧亚大陆桥等。实际上，任何一个省份，任何一个国家，都可以以自己为圆心来划定经济圈，这个经济圈可以无穷大，哪怕是一个最贫穷的地区。

从多年的实践看，云南所具有的自然资源和区位的比较优势，在国际竞争中已不具有垄断优势。在当今世界，支撑经济发展的不仅仅是位置优越、资源丰富，更重要的是一系列与市场经济发展要求相适应的制度安排、激励机制和创新精神，靠大自然的恩赐来发展云南经济已成幻想。20世纪90年代后期以来，云南经济开始下滑，10年的西部大开发，10年的大通道建设，云南沿边开放丧失了许多机遇，走了不少弯路，云南省人均地区生产总值从1998年的全国第25位下降到2003年的第29位，一直到2010年持续保持全国倒数前三名的位次。云南经济在"七五"期间和"八五"前期与全国已经缩小的差距又重新拉大了，直接导致了云南人民的生活水平和收入水平在全国的地位下降。1998年，云南

---

① 《南宁—曼谷开通直达货物运输通道　全程达1934公里》，《南国早报》2011年7月7日。

省人均地区生产总值相当于同期全国平均水平的 69.1%，到 2010 年，云南省人均地区生产总值 15749 元，只相当于同期全国平均水平 29678 元的 53%。云南与发达地区的差距就更大，已出现被边缘化的趋势。云南省人均地区生产总值与全国平均水平的差距由 1998 年的不到 2000 元，扩大到 2010 年的近 1.4 万元。

表 5－2 1977 年以来云南省主要经济指标与全国的差距变化

单位：元，%

年份	人均生产总值 全国	人均生产总值 云南	云南/全国	农村居民人均纯收入 全国	农村居民人均纯收入 云南	云南/全国	城镇居民人均可支配收入 全国	城镇居民人均可支配收入 云南	云南/全国
1997	6054	4042	66.8	2090	1374	65.7	5160	5558	107.0
1998	6308	4355	69.0	2160	1387	64.2	5425	6042	111.0
1999	6551	4452	67.9	2210	1435	64.9	5854	6250	106.0
2000	7086	4637	65.4	2253	1479	65.6	6280	6324	101.0
2001	7651	4866	63.6	2366	1533	64.8	6860	6797	99.0
2002	8214	5179	63.1	2476	1608	64.9	7703	7628	99.0
2003	9111	5662	62.1	2622	1697	64.7	8472	7643	90.2
2004	10561	6733	63.8	2936	1864	63.5	9422	8870	94.1
2005	13939	7802	55.9	3255	2041	62.7	10493	9266	88.3
2006	15973	8961	56.1	3587	2250	62.7	11759	10069	85.6
2007	18713	10496	56.0	4140	2634	63.6	13786	11496	83.3
2008	22698	12570	55.4	4761	3103	65.2	15781	13250	83.9
2009	25188	13539	53.8	5153	3369	65.4	17175	14424	84.0
2010	29678	15749	53.0	5919	3952	66.7	19109	16065	83.7

资料来源：各年的《中国统计年鉴》《云南统计年鉴》。

3. 比较优势受到比较劣势的制约

云南沿边开放面临着良好的机遇和巨大的潜力，同时也存在着诸多的问题和重重困难。优势和劣势，潜力和障碍都十分突出，反差对比鲜明，其中优势常常被劣势所制约。这种立体矛盾的现实使我们既要看到经济合作的可能性与迫切性，更要看到实现经济合作的复杂性与艰巨性。云南一直把区位优势比喻为中国—东盟的"桥梁""前沿""跳板""通道""走廊""枢纽""中心""基地"及"平台"，但这一优势是潜在的

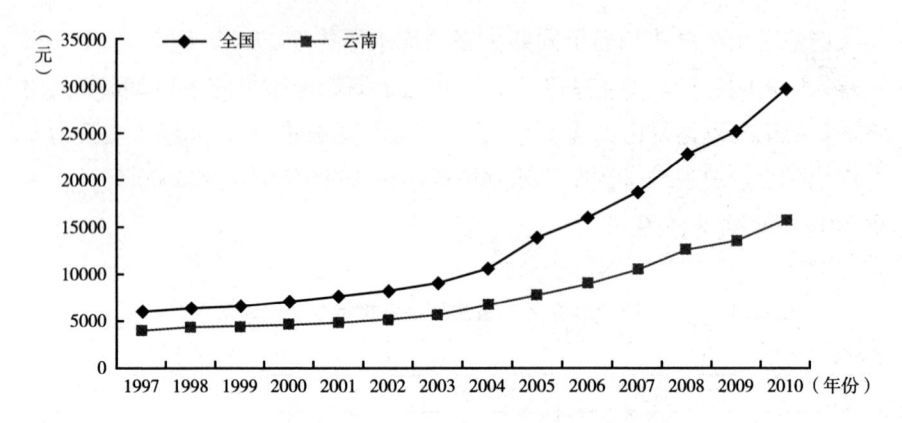

图 5-4 云南省与全国人均 GDP 比较

优势，并非现实优势，更未形成经济优势。区位的优势往往受交通的劣势制约，交通的发展又受资金、体制的制约。100 多年前，在云南修建老滇越铁路的云南段（河口—昆明）全长 469 公里，在南北海拔高差 1807 米的线路上，平均 3 公里 1 个隧道、1 公里 1 座桥涵。于 1903 年 10 月开工修建，1910 年 1 月正式通车，耗时 7 年。而云南修建的新滇越铁路（玉溪—蒙自）全长 141 公里，不到老滇越铁路的 1/3。由国家铁道部与云南省政府合资建设，早在 2005 年开工，预计工期为 4 年。如今 7 年的时间已经过去了，什么时候能建成通车，还遥遥无期。70 多年前，在云南修建滇缅公路，从昆明到畹町全长 965.4 公里，1937 年年底动工，1938 年 9 月全线贯通，耗时不到 1 年。

尽管云南近些年来在交通与设施建设方面有了一定进步，但是我们的通道观仍然停留在"大通道"的层面上。这种狭隘的通道观的致命弱点就是认为"只要有了优势的通道，自然能够带动经济的快速发展"。实践证明，这种通道经济观是落伍的。云南同样存在着区位的劣势，从云南的现实情况看，在国内远离政治中心、经济中心，与周边国家的经济往来是以公路运输为主。这样一种贸易通道抛开别的因素不谈，存在运输成本高昂的问题，任何物资的进出和人员往来都要比沿海发达地区要花费更高昂的成本，进一步削弱了云南以原材料和初级产品为主的市场竞争力，以陆路和内河水运为主的贸易优势可能会让位于以海运为主的沿海地区。大通道的建设起码要具有五个最基础的条件，这就是有利可图、有章可循、有货可运、有市可销、有安全保障。大通道的建设对区域经济合作至关重要，但广大人民群众得到的实惠还是不多。投资者要有利可图才有投资的积极性，运货企业要有利可图才有可能利用这条运输线。但时至今日，这些条件还不完全具备。云南与周边国家合作往往是见物不见人，基础设施改善了，人民的收入水平并未提高。由于云南始终处于"通道式经济"阶段，进出口商品以过境为主，进口的商品80%以上销往外地，出口的商品80%以上来自外地，对当地经济发展的带动十分有限并在逐步减弱。由于是以过境贸易为主，交通走廊并没有带动当地的经济发展，边疆民族地区的大多数群众（特别是占当地人口80%的农民）并没有进入对外开放的进程，也没有参与周边国家的经济合作，更没有分享到对外开放带来的好处。

第五节 统筹好沿边开放与优惠政策的关系

沿边开放的进程与各种经济政策之间的关系是紧密相连的。从历史实践过程出发，不仅要研究国家的沿边开放政策，还要研究政策产生的背景和随后的执行情况，以及随之而来的经济社会变化。改革开放以来，我国在沿边开放方面的政策主要有发展边境贸易、开放沿边城市和设立边境经济合作区。但是与沿海开放相比，效果要远远落后于沿海开放，沿边地区的发展远远落后于沿海地区。长期以来主要依靠与周边国家的贸易尤其是边境贸易的往来，且规模不大；以口岸为依托的窗口和通道的作用不明显；制造业没有发展起来，与接壤国家的合作不足，相互间经济互补的优势没有充分发挥。为了推动沿边开放，云南省把着力点放在向国家要政策、要项目上。中央赋予云南省不少特殊政策是其他地区没有的，但要来的政策又不会用，由于战略目标的偏差，使许多优惠的政策流于形式，企业并没有享受到多少实惠。如昆明进出口商品交易会、瑞丽姐告边境贸易区，都错过了构建平台、吸引外资、提升开放的最佳时机，致使中央赋予云南的政策优势和体制优势没有在最佳机遇期内发挥出来，也使云南省丧失了许多良好的机遇。

一 政策变动、边疆经济遭到重创

云南省是旅游资源大省，自然和人文旅游资源都十分丰富，打造成为我国面向东南亚、南亚重要旅游集散地和全国一流、世界知名的现代旅游目的地的区位优势十分明显。但多年来，云南旅游的资源优势、区位优势一直没能发挥出来。边境游起步于20世纪90年代初。丰富的旅游资源和便捷的通关手续吸引了众多游客，曾经一度创造了旅游的"云南模式"。但随着政策的变化，云南成为单一旅游目的地，欧洲、美洲客源进入云南后，很难再进入东盟，或进入东盟后，难以进入云南。近年来，泰国、越南分别接待国际游客1500万人次和420万人次，但云南不能与东盟的旅游市场对接，没能有效地吸引这些游客，因此流失了许多国际游客。

1. 云南跨境旅游一度是国内出境游的热点

20世纪90年代初开始，云南省与接壤的各国边境地区都相互开展了跨境旅游活动。原始美丽的生态，充满历史味道的建筑，纯朴率真的面孔，神秘的东南亚风貌吸引着人们的目光。跨境旅游曾经是国内游客最为热衷的休闲度假方式之一，加上越南、缅甸、老挝旅游相对较低的出行成本，更是曾经一度成为云南乃至国内旅客跨境旅游的首选地。统计数字显示，1991年开通中缅边境1日游，当年在德宏出境游就高达29万人次。从西双版纳州打洛口岸出境旅游者1994~2004年累计达到787余万人次。

2. 云南跨境旅游受到巨大的打击

由于有部分公民到境外参与赌博活动，2005年后政府严格控制人员的进出境，同时取消了边境的跨境旅游。境外赌博与跨境旅游并无多少联系，参与境外赌博的人也不是利用跨境旅游这条途径出入境的。国家政策"一刀切"，城门着火，殃及池鱼。跨境旅游人数中异地旅游办证人数比例占90%，停止跨境旅游业务，对边境旅游业的发展无异于釜底抽薪，西双版纳州的打洛口岸从2005年封关后，日均出境旅游人数从2400余人次，下降到日均100余人次，全县1100多名旅游直接从业人员和间接从业人员待岗。整个勐腊县与旅游相关的企业大多或转行，或倒闭。

云南省边境旅游收入每年减少20多亿元。①

3. 边疆民族地区的社会经济发展受到了不同程度的影响

德宏州旅游业从2005年也开始降温，到瑞丽的国内游客由2000年的320万人次降到了2006年的115.7万人次。整个旅游业严重萎缩，星级酒店入住率总体下降一半多，旅行社业务下降近7成，服务行业大批裁员，这不仅影响了瑞丽旅游业的发展，也给就业和社会稳定带来了巨大的压力。西双版纳州的打洛口岸2005～2006年，共接待国内外游客37.46万人次，比2004年同比下降68%；出入境旅游人数下降97%；旅游综合收入下降48%。2010年，到腾冲旅游的国内外游客达到380.2万人次，其间组团参加边境旅游的仅为663人次。同时，取消了边境的跨境旅游既扰乱了旅游市场秩序，也使我国边境管理增加了压力。不法分子利用游客想到境外旅游的好奇心，欺骗、诈骗甚至敲诈勒索。据云南边防统计数据显示，仅2010年，中缅边境德宏段查获的非法出入境的人员就多达约1700人。

4. 重启跨境旅游，为沿边开放注入新活力

经国家批准，2011年1月1日河口口岸恢复边境旅游异地办证，符合条件的云南省和外省公民，都可以参加经国务院批准的边境旅游线路旅游，极大地推动了口岸边境旅游的发展。越南老街—河口，越南老街—河口—建水—泸西—石林—昆明，越南老街—谷柳—沙巴1日或2日游及河内—下龙湾—吉婆岛5日游等旅游线路很受青睐。截至2011年12月30日，云南河口口岸全年出入境旅客达到332.8万人次，其中，组团跨境游旅客25.5万人次，较上年同期增幅50%；车辆通关157127辆次，增幅24%；国际联运列车通关343列次。入境旅游人数排名前三位的国家分别为越南、日本、韩国，越南游旅客占入境游旅客总数达98%。② 跨境旅游已成为中国河口—越南老街口岸旅客流量的主要增长点。河口县加大餐饮、住宿等基础性设施建设的投入，加强与越南老街省的交流与合作，依托口岸和边城等区位优势，重点打造边境旅游和跨境旅游品牌，

---

① 《云南重启打洛中缅边境旅游　曾因跨境赌博关7年》，中国广播网2011年12月29日。
② 《云南河口年通关332万人次　跨境游为主要增长点》，中广网昆明2012年1月3日。

加大"河口旅游"的宣传。特别是随着中越两国国民经济的快速发展，许多中越两国公民也将跨境旅游作为休闲度假的首选方式。

二 优惠政策只开花，不结果

改革开放30年来，国家对云南省实施了一定的政策倾斜。从1992年国家把昆明等城市定为沿边开放城市以来，首先在云南构筑了面向东南亚市场的交易平台。1993年，国家动员西南六省七方的力量在昆明联合举办昆明进出口商品交易会，但并没有形成中国与东南亚的商务中心和商贸平台。2000年国家批准设立了"瑞丽姐告边境贸易区"，正式启动了全国唯一的"境内关外"特殊管理模式。即在瑞丽口岸划出1.9平方公里为边境贸易区，海关等部门撤出贸易区，进口物资"入境不入关"，出口物资"出关不出境"，共享有16方面的优惠政策，但并没有带来产业的积聚和加工贸易的发展。还有，国家对云南周边国家"替代种植"项目下的进出口商品一律实施零关税，并给予一定的资金扶持，这是只有云南省才能享有的优惠政策。

多年来，云南省把对外开放的着力点放在向国家要政策、要项目上。在东南亚有一个"大湄公河次区域合作"，云南就向中央要一个"孟中印缅次区域合作"；在中亚有一个"上海合作组织"，云南省就向中央要一个"昆明合作组织"，在广西有一个"中国—东盟博览会"，云南就向中央要一个"中国—南盟博览会"；东施效颦，弄得自己更加"四不像"。但云南省要来的政策又不会用，致使出现政策的浪费。不少地方政府都搞一些区域合作论坛，甚至成为官员的"秀"场，把区域合作当成了"政治秀"，注重于作姿态、发宣言，意在吸引眼球，博取媒体喝彩，但对具体合作的内容、方式心中无数，对如何合作更不了解。要来的政策又不会用，错过最佳时机。

1992年中国参与大湄公河次区域合作以后，为了支持云南的沿边开放，国家动员各方力量，在昆明举办昆交会，由商务部、云南、四川、重庆、贵州、广西、西藏六省（区、市）及成都市人民政府联合主办，其初衷是要在昆明办成海内外多家机构参与协办，以东南亚为重点的区域性进出口商品交易会和中国与大湄公河次区域合作的会展中心。自

1993年举办首届以来，到2010年昆交会已经举办18届。通过18年来坚持不懈的努力，昆交会的举办也取得一定成绩，已发展成为集对外经贸洽谈、商品展览、招商引资、经济合作等为一体的国际商务平台，对中国西南地区扩大对外开放，深化与东南亚、南亚的交流与合作，起到了积极的推动作用。但一直没有做大、做强，做成商贸的大平台，致使中国—东盟博览会永久落户广西南宁。1993～2010年，中国与东盟的贸易额由300多亿美元增长到3000亿美元，增长了9倍；云南省的对外贸易总额也由8.4亿美元增长到133.6亿美元，增长了近15倍；而中国昆明进出口商品交易会的进出口总额由8.3亿美元增长到13.3亿美元，18年仅增长60%。昆交会在中国—东盟自由贸易区中的地位越来越低，在云南沿边开放中的作用越来越小。

三 优惠政策消化不良

加工贸易作为快速发展的一项重要的对外贸易方式，在加快外向型经济增长，提升产业技术发展，增加劳动力需求上都产生过积极而深远的影响，对促进外经贸蓬勃发展起到了不可忽视的重要作用。从总体上看，云南省发展加工贸易，由于地处内陆，远离海港，远离经济发展中心，远离国际市场，物流成本高，对"两头在外"加工贸易型外资企业吸引力不强，全省利用外资占全国比重仅为1%，规模小、水平低。云南经济发展水平低，市场发育程度低，生产要素集聚程度不高，产业配套能力相对较弱，基础设施较为薄弱，投资成本相对较高。

1. 特殊的优惠政策未能发挥政策效应

2000年4月经国务院批准，设立了"瑞丽姐告边境贸易区"，正式启动了"境内关外"特殊管理模式，边境贸易区实施出入境管理，投资贸易、税收、工商管理、金融管理等方面的优惠政策。按照"境内关外、双线管理"，集贸易、加工、仓储、旅游四大功能为一体的特殊模式实行管理。瑞丽对缅甸贸易占到了云南省对缅贸易的60%以上，但是往来的客商并没有带来多少产业链上的项目，以初级产品为主的贸易对当地的产业带动甚微。2008年2月，昆明出口加工区正式验收并封关运行。昆明出口加工区规划面积2平方公里，首期围网建设0.58平方公里。区内的投资商不出国门，就能享受有关优惠政策，通关速度和便利程度也大大提高，这将非常有利于昆明市乃至云南省两头在外、大进大出的加工贸易发展，昆明出口加工区也将成为云南承接东部地区加工贸易项目梯度转移的重要基地。但到了2011年，昆明出口加工区正式批准引进围网内加工贸易和保税物流企业10家，其中，保税物流企业6家，加工贸易企业4家，涉及电子防盗、等离子产品、农作物种子生产、珠宝玉石加工等领域。2011年1~7月，昆明出口加工区完成进出口额仅为2000万美元。①

表5-3 云南省加工贸易进出口差额与增值率

单位：万美元

年份	对外贸易总额	加工贸易总额	加工贸易占对外贸易的比重	加工贸易进口额	加工贸易出口额	增值率
2000	181283	17537	9.7	8155	9382	15.0
2001	198906	21903	11.0	7617	14286	87.6
2002	222635	21707	9.8	7937	13770	73.5
2003	266767	23089	8.7	9667	13422	38.8
2004	374777	39517	10.5	15670	23847	52.1
2005	473822	71860	15.2	29268	42592	45.5
2006	623174	113582	18.2	48169	65413	35.7
2007	877975	115778	13.2	47349	68429	44.5
2008	959936	50825	5.3	15085	35741	136.9
2009	801912	27512	3.4	12968	14545	12.1
2010	1336795	45874	3.4	20164	25710	27.5

注：增值率＝（加工贸易出口/进口）。
资料来源：《云南商务发展报告》，2004~2010年各年。

2. 加工贸易仍然是云南的薄弱环节

随着科学技术的发展和经济全球化进程的加快，随着中国与东盟共建自由贸易区的建设，也为云南加工贸易发展带来机遇，有利于云南省利用国内和国外两种资源，开拓国内与国外两个市场。2000年后，云南

---

① 《昆明出口加工区完成进出口额2000万美元》，云南网2011年10月11日。

图 5-5 云南省加工贸易变化

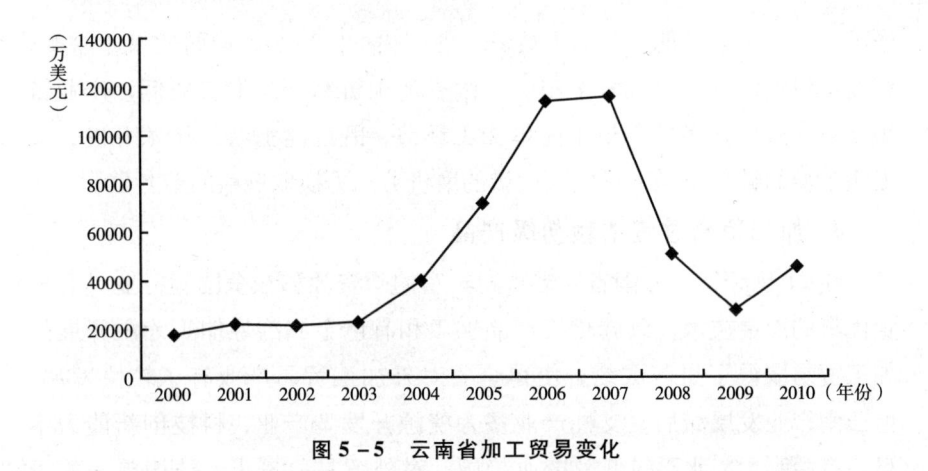

省凭借省内丰富的磷资源和在全国同行业具有一定优势的冶金技术,以磷化工产品加工和有色金属冶炼加工为主开展的加工贸易取得了显著成绩,使得全省对外加工贸易产业有了较快发展。到 2006 年、2007 年,云南省的加工贸易发展到较高阶段,加工贸易额突破了 10 亿美元,占当年全省贸易总额的 18%、13%。2008 年后,国家调整了宏观政策,限制"两高一资"(高耗能、高污染和资源性)产品出口。云南省的加工贸易受到较大的限制,开始一路下滑,到 2010 年,加工贸易额仅为 4.5 亿美元,仅占当年全省贸易总额的 3.4%。在云南对外贸易快速增长的大环境下,加工贸易不升反降。

3. 加工贸易一直处于初级阶段

自 1978 年党的十一届三中全会制定对外开放政策后,加工贸易在我国从无到有,从小到大,到 1996 年,加工贸易进出口额已占我国进出口贸易总额的半壁江山,并在对外贸易中一直保持着两位数的强劲增长势头,成为我国问鼎贸易大国的主要支柱。云南省加工贸易开始于 20 世纪 80 年代,经历了一个缓慢发展的初级阶段。云南省地处内陆边疆,对外加工贸易发展起步晚、规模小,产业化程度低,在全省外贸总额中所占比重明显低于一般贸易。2000 年云南省加工贸易进出口总额为 1.7 亿美元,占当年云南省外贸进出口总额的 9.6%。云南省对外还开展了诸如钻石加工、望远镜及电气仪表等机电产品装配、木材加工、化工原料以及医药产品加工等其他产业加工贸易,但规模均比较小,同时发展不平衡、产业不稳定的现象也比较突出。云南省加工贸易产品附加值低,产业链短。整个过程云南只参与了简单加工环节,既远离上游的技术开发,又无缘下游的销售市场,只能以大量的廉价劳动力换取低廉的劳务费。

4. 加工贸易过度依赖初级产品

在21世纪初,云南省凭借省内丰富的磷资源和在全国同行业具有一定优势的冶金技术,以磷化工产品加工和有色金属冶炼加工为主开展的加工贸易取得了显著成绩,使得全省对外加工贸易产业有了较快发展。但云南产业发展滞后,支柱产业多为资源开发型产业,科技创新能力不足,资源利用率水平较低,产业趋同。对外贸易总量小、结构单一的矛盾没有根本解决,已成为云南省在做大做强对外加工贸易产业道路中的"瓶颈"。云南的有色金属冶炼、磷化工产品在加工贸易额中所占比重高达70%以上。但制造业没有发展起来,已成为阻碍云南省做大做强对外加工贸易产业的关键环节。2008年,由于国家宏观政策调整,限制高耗能的资源性产品出口,云南省优势特色产业在外向型经济中的作用难以有效发挥。

主要参考文献

陈文敬等：《振兴之路：中国对外开放 30 年》，中国经济出版社，2008。

邹东涛等：《发展和改革蓝皮书》，社会科学文献出版社，2008。

张蕴岭：《中国与周边国家：构建新型伙伴关系》，社会科学文献出版社，2008。

陆建人：《东盟的今天与明天》，经济管理出版社，1999。

王正毅：《边缘地带发展论》，上海人民出版社，1997。

张蕴岭、周小兵：《东亚合作的进程与前景》，世界知识出版社，2003。

张蕴岭：《东亚合作——寻求协调一致的方式》，世界知识出版社，2004。

山本吉言：《国际相互依赖》（中译本），经济日报出版社，1989。

彼得·罗布森：《国际一体化经济学》（中译本），上海译文出版社，2001。

贺圣达等：《走向 21 世纪的东南亚与中国》，云南大学出版社，1997。

曹大明主编《云南与湄公河次区域五国经济技术合作系列丛书》，云南美术出版社。

莫小莎：《广西边境地区县域经济发展研究》，广西民族出版社，2004。

王士录、王国平：《从东盟到大东盟——东盟 30 年发展研究》，世界知识出版社，1998。

车志敏主编《云南省跨世纪发展战略研究》，云南科技出版社，1995。

刘稚等：《参与中国—东盟自由贸易区建设与云南发展》，中国书籍出版社，2004。

贺圣达主编《新世纪的云南对外贸易》，中国书籍出版社，2004。

贺圣达、陈铁军：《新世纪云南外经发展战略》，云南人民出版社，2003。

陈铁军：《云南区域经济协调发展论》，云南人民出版社，1999。

王林忠主编《滇桂合作应对中国—东盟自由贸易区》，广西人民出版社，2003。

云南商务年鉴编纂委员会：《云南商务年鉴2012年》，云南民族出版社，2013。

图书在版编目(CIP)数据

云南 30 年的沿边开放历程、成就和经验/陈铁军著.—北京：社会科学文献出版社，2015.3
（西南边疆历史与现状综合研究项目.研究系列）
ISBN 978 - 7 - 5097 - 6415 - 2

Ⅰ.①云… Ⅱ.①陈… Ⅲ.①沿边开放 - 经济史 - 云南省 - 1984 ~ 2013　Ⅳ.①F127.74

中国版本图书馆 CIP 数据核字（2014）第 193851 号

西南边疆历史与现状综合研究项目·研究系列
云南 30 年的沿边开放历程、成就和经验

著　　者 / 陈铁军

出 版 人 / 谢寿光
项目统筹 / 宋月华　范　迎
责任编辑 / 孙以年

出　　版 / 社会科学文献出版社·人文分社（010）59367215
　　　　　 地址：北京市北三环中路甲 29 号院华龙大厦　邮编：100029
　　　　　 网址：www.ssap.com.cn
发　　行 / 市场营销中心（010）59367081　59367090
　　　　　 读者服务中心（010）59367028
印　　装 / 三河市尚艺印装有限公司
规　　格 / 开　本：787mm×1092mm　1/16
　　　　　 印　张：18.25　字　数：278 千字
版　　次 / 2015 年 3 月第 1 版　2015 年 3 月第 1 次印刷
书　　号 / ISBN 978 - 7 - 5097 - 6415 - 2
定　　价 / 89.00 元

本书如有破损、缺页、装订错误，请与本社读者服务中心联系更换

▲ 版权所有 翻印必究